船舶柴油机拆装修理工艺

陈珍加　罗振辉　陈　欣　编

哈尔滨工程大学出版社

内容简介

本书全面、系统地总结了国内外大、中、小型船用柴油机的基本原理、结构特点，重点突出了拆装与修理工艺、调试方法和故障分析及排除方法。

全书共分为九章，讲述了船用柴油机各主要零部件的拆装和修理工艺程序，以及柴油机最新的电子调速器和电喷技术，收集了国内主要船厂工程技术人员、轮机钳工以及船舶轮机员的生产技术和经验，体现了当前修理柴油机的主要技术标准及工艺水平。内容切合实际、通俗易懂、深入浅出、图文并茂。

本书可作为专业人员的培训教材，亦可供广大修船钳工和工程技术人员作为生产工作中的手册。对于从事柴油机工作的人员及有关专业的师生，也是一本较好的参考书。

图书在版编目(CIP)数据

船舶柴油机拆装修理工艺/陈珍加，罗振辉，陈欣编.
哈尔滨：哈尔滨工程大学出版社，2007.8
ISBN 978-7-81133-005-2

Ⅰ.船… Ⅱ.①陈…②罗…③陈… Ⅲ.①船用柴油机-装配(机械)②船用柴油机-维修 Ⅳ.U664.121

中国版本图书馆 CIP 数据核字(2007)第 126676 号

出版发行 哈尔滨工程大学出版社
社　　址 哈尔滨市南岗区东大直街 124 号
邮政编码 150001
发行电话 0451-82519328
传　　真 0451-82519699
经　　销 新华书店
印　　刷 肇东粮食印刷厂
开　　本 787mm×1 092mm 1/16
印　　张 12.5
字　　数 260 千字
版　　次 2007 年 8 月第 1 版
印　　次 2007 年 8 月第 1 次印刷
定　　价 21.00 元
http://press.hrbeu.edu.cn
E-mail:heupress@hrbeu.edu.cn

序　言

改革开放以来,我国的柴油机制造业已有了很大的发展,除国产机型外,合资品牌(例如HHM-MAN-B&W 长冲程 MC 系列)也有了较大的增长。我国的上海、大连已成为船用柴油机制造中心,他们制造的柴油机已大量安装在国产船和外国定造的船舶上,质量稳定可靠。国外各柴油机制造公司都通过增大缸径、提高增压度和平均有效压力等途径提高柴油机的单缸功能。他们相继设计制造了超大缸径的长冲程低速重型柴油机,并已装船使用。德国、丹麦、瑞士、意大利、日本都已制造了单缸功率 4 000 kW 以上的柴油机。

中速柴油机的发展相当迅速,平均有效压力已提高到 3 MPa 以上。它与长行程低速柴油机(其最大特点是转速低、耗油少,如 MAN-B&W 公司的 L90MC-E 型超长行程柴油机,转速 60 r/min,最低油耗 157 g/(kW·h))的竞争相当剧烈。各大型柴油机在技术上的发展主要表现在以下几个方面。

1.降低柴油机的油耗。这是世界各柴油机制造公司的课题,他们主要从长行程化、提高最高爆发压力、改进燃油喷射系统、减少冷却损失、降低转速、使用劣质燃料油、改善增压器与柴油机的配化等方面进行研究与改进,并取得了优良的效果。

2.改进柴油机的性能,即提高平均有效压力以提高单缸功率。为此对扫气、增压系统以及燃油系统等都进行了相应的改进,例如电喷技术的应用等。

3.解决随功率的增大机械负荷也增大的问题,即解决燃烧室部件和运动部件以及轴承等的强度。

4.降低热负荷,即改进燃烧室部件的结构、冷却等。

5.改进磨损和润滑。随着无人机舱和机舱集中控制的发展,需要改进汽缸套与活塞组、排气阀与阀座及十字头轴承的结构与润滑方法。

6.改进保养维修,即提高易损部件的可靠性与耐久性、简化整体与部件的结构及制造各种专用维修装置和工具。

7.改进操纵,即解决柴油机运转时的自动监控技术,从而达到自动化、集中化、遥控化。

船舶柴油机之所以得到如此迅速的发展和广泛的应用,主要是因为它具有以下特点。

1.船舶柴油机的热有效率的利用比其他发动机高。高压汽轮机为 24%~35%,汽油机为 22%~30%,燃气轮机为 20%~30%,而柴油机则为 36%~50%。

2.船舶柴油机的燃油可用中质或重质柴油以及其他混合燃油,而且耗油较低。柴油机的耗油比汽油机低了 30% 左右。二行程超长行程型柴油机的单位耗油量达到了 157 g/(kW·h),甚至更低,中、小型柴油机的单位油耗一般为 160~260 g/(kW·h)。

3.船舶柴油机的功率和单位功率质量已经得到很大的发展。柴油机单缸功率已发展到 6 000 kW 以上,单位千瓦质量最轻的已达到 0.6 kg/kW。

4.船舶柴油机动力装置的总尺寸及质量,特别是大功率中速柴油机的发展,使总尺寸和总质量大大缩小。功率相等的机器本身的质量,中速柴油机只有低速柴油机的 30%~40%。对于机器本身的体积来说,中速柴油机的高度只有低速柴油机的 40%左右,因而体积小得多。质量小、体积小,这对于船舶来说具有重要的意义。

5.船舶柴油机的启动比蒸汽轮机动力装置方便，且启动时间短。

6.船舶柴油机的安全性高。柴油的闪点比汽油高，挥发性比汽油差，因而不易引起火灾和爆炸。

7.船舶柴油机附近的温度较低，便于操作管理。

8.船舶柴油机可以实现自动化、集中化、遥控化控制。

编　者

2007 年 6 月

编者的话

柴油机具有功率范围大（从几千瓦到数万千瓦）、转速范围大（从几十转到几千转）、省油（平均耗油率比汽油机低30%左右，又可使用劣质燃料油）、排气污染低、安全可靠、可实现自动化控制等特点，得到了从地面、海上到空中最广泛的应用。船舶柴油机是现代船舶最主要的动力装置。动力装置离不开拆装、修理以及调试，要想拆装和修理达到技术标准，最根本的是要熟悉机器各零部件的工作原理、结构特点，从而才能制定出拆装、修理的最佳工艺流程。本书从这点出发，进行编写，同时也收集了柴油机最新的修理技术规范、标准。

在本书编写过程中，得到了广州文冲船厂高级工程师潘瑞爱，高级技师张铁中、吴细荣，工程师庄来顺、江哲的大力帮助，在此致以衷心的感谢！本书编写时参考了已出版的多种相关书籍，对这些书籍的编作者，在此一并表示谢意。

本书由广州文冲船厂高级工程师陈珍加担任主编，由广州文冲船厂主任工程师赵家桢审核。广州文冲船厂技工学校校长罗振辉，中山大学硕士研究生陈欣参加了本书编写。

由于编者水平有限，不妥之处在所难免，恳请广大读者批评指正。

编者

2007年6月

目　录

第一章　船舶柴油机基本结构和工作原理 …… 1
　第一节　概述 …… 1
　第二节　柴油机基本结构特点 …… 1
　第三节　柴油机的工作原理及特点 …… 3
　第四节　船舶柴油机的分类 …… 9
第二章　船舶柴油机的主要部件及检验修理工艺 …… 11
　第一节　机座 …… 11
　第二节　机架 …… 13
　第三节　汽缸 …… 16
　第四节　汽缸盖 …… 24
　第五节　活塞组件 …… 31
　第六节　连杆组件 …… 49
　第七节　曲轴组件 …… 57
　第八节　主轴承和推力轴承 …… 69
　第九节　滑动轴承 …… 72
第三章　柴油机燃油和润滑系统的组成、原理、拆检工艺与调试 …… 75
　第一节　燃油系统 …… 75
　第二节　润滑系统 …… 92
第四章　柴油机冷却和配气系统的组成、拆检工艺与调试 …… 97
　第一节　冷却系统 …… 97
　第二节　配气系统 …… 98
第五章　柴油机的控制系统 …… 103
　第一节　启动装置 …… 103
　第二节　换向装置 …… 109
　第三节　调速装置 …… 112
　第四节　操纵系统 …… 122
第六章　废气涡轮增压器 …… 126
　第一节　增压柴油机的概念 …… 126
　第二节　废气涡轮增压器的原理与结构 …… 127
　第二节　涡轮增压器的拆装工艺 …… 131
　第四节　涡轮增压器的检修工艺 …… 134
　第五节　涡轮增压器的常见故障及排除方法 …… 137
第七章　柴油机主要部件的拆装工艺 …… 139
　第一节　拆装前的准备 …… 139
　第二节　柴油机主要部件的拆装工艺 …… 139

第三节　柴油机主要部件的安装工艺……………………………… 146
第四节　运动部件装配中心线校正工艺…………………………… 151
第八章　柴油机曲轴开档差的调整工艺………………………… 158
第一节　曲轴开档差的基本概念…………………………………… 158
第二节　影响曲轴开档差的因素…………………………………… 161
第三节　根据开档差分析主轴承高低的方法……………………… 165
第四节　曲轴开档差调整工艺……………………………………… 173
第九章　柴油机的试验和故障分析……………………………… 176
第一节　概述………………………………………………………… 176
第二节　柴油发电机的试验………………………………………… 176
第三节　主机系泊试验……………………………………………… 180
第四节　主机航行试验……………………………………………… 183
第五节　柴油机常见故障及排除方法……………………………… 184

第一章　船舶柴油机基本结构和工作原理

第一节　概　　述

柴油机是由燃料在汽缸内部,在一定量的空气中被压缩并在一定压力、温度下直接燃烧做功,并通过曲柄连杆机构转变为回转运动,输出功率并使工作循环周而复始的一种发动机。柴油机与汽油机的区别在于燃料的燃烧是否需要外界点火。

船舶柴油机,是以柴油作为燃料的内燃机。船舶柴油机与其他热力机相比,有以下主要优点:一是热效率高;现代船舶柴油机的热效率高达约50%,确实遥遥领先于其他热力机;二是燃烧系统组织得合理;现代船舶柴油机已采用耐热合金钢为材料的燃烧室部件,因此在中、低速船用柴油机中,能使用劣质柴油为燃料;三是现代船舶柴油机有着广阔的功率范围,可以为各种功能的船舶提供动力;此外,动力装置附属设备数量少,中小型船舶柴油机的附属设备,大多数为柴油机本身驱动;这样,它可适用于机舱容积小的船舶;并且它的质量轻,便于集中管理和远距离操纵。正由于船舶柴油机具有上述优点,其需求在船舶的应用上与日俱增,在动力装置中占绝对优势。当然,船舶柴油机在技术上也有制造精度要求较高、结构较为复杂等难点。目前船舶柴油机的主要发展趋势具体如下。

1.降低柴油机的油耗;在低速及中速柴油机采用劣质重油以降低航运成本;在低速柴油机中采用长冲程降低转速以提高推进效率。

2.近代船舶柴油机已开发了集中化、遥控化、操作自动化的技术,以适应无人机舱的需要。

3.提高柴油机易损件的使用周期,简化更换过程。

第二节　柴油机基本结构特点

柴油机的结构形式繁多,具体结构也不完全一致,但大体上均由主要部件和辅助机构组成。而柴油机的主要部件又可分为固定部件和运动部件两大类。图1-1和图1-2分别为四冲程和二冲程柴油机的横剖视图。

一、四冲程柴油机的基本结构

四冲程柴油机的主要部件如图1-1所示。它由如下部件组成。

固定部件——如图中的机座1、机身4、主轴承3、汽缸套6、汽缸盖7等。

运动部件——活塞8、活塞销9、连杆10、连杆螺栓11、曲轴13等。

配气机构——凸轮轴14、顶杆15、摇臂16、进气阀17、排气阀18、气阀弹簧19等。

燃油系统——高压燃油泵20、高压油管21、喷油器2等。

辅助部件——进气管5、排气管12等。

此外，柴油机还必须具有润滑、冷却、控制、调速等系统的零部件。

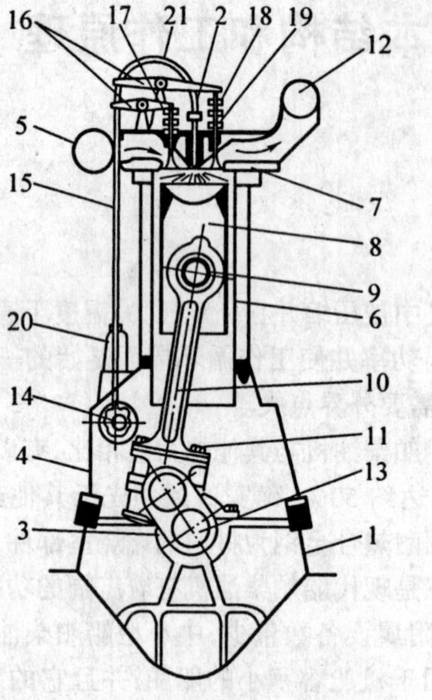

图 1-1　四冲程柴油机的主要部件

1—机座；2—喷油器；3—主轴承；4—机身；5—进气管；6—汽缸套；7—汽缸盖；8—活塞；9—活塞销；10—连杆；11—连杆螺栓；12—排气管；13—曲轴；14—凸轮轴；15—顶杆；16—摇臂；17—进气阀；18—排气阀；19—气阀弹簧；20—高压燃油泵；21—高压油管

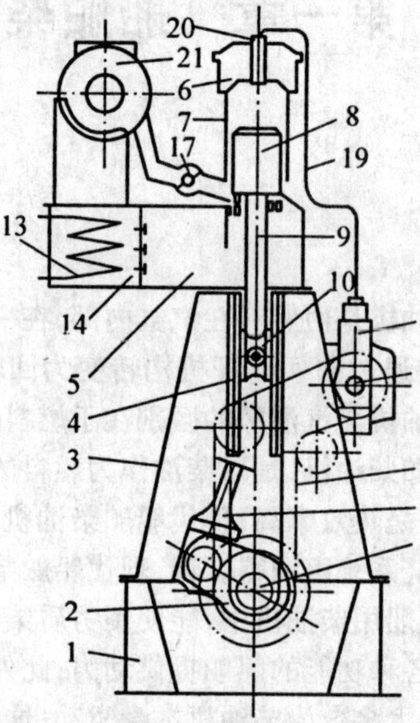

图 1-2　二冲程柴油机的主要部件

1—机座；2—主轴承；3—机架；4—导板；5—扫气箱；6—汽缸盖；7—汽缸体；8—活塞；9—活塞杆；10—十字头；11—连杆；12—曲轴；13—空气冷却器；14—口琴阀；15—凸轮轴；16—凸轮轴传动链；17—排气转阀；18—燃油泵；19—燃油管；20—喷油器；21—增压器

二、二冲程柴油机的基本结构

图 1-2 是一台十字头式增压二冲程柴油机，它的组成部件与图 1-1 所示的筒式四冲程柴油机不同。

固定部件——比四冲程机增加了机架 3、汽缸体 7、导板 4、扫气箱 5 等。

运动部件——比四冲程机增加了活塞杆 9、十字头 10 等。

配气机构——凸轮轴传动系统只有排气转阀 17，进气阀被扫气口所取代，直流扫气式只有排气阀装置。

燃油系统——与四冲程机相同。

增加了增压系统——有增压器 21、单向阀（口琴阀）14、空气冷却器 13 等。

三、柴油机的常用名词解释

柴油机的常用名词术语如下（见图 1-3）。

1. 上止点

活塞在汽缸内运动到最上端的位置，也就是活塞顶面离曲轴中心线最远的位置，俗称上死点。

2. 下止点

活塞在汽缸内运动到最下端的位置，也就是活塞顶面离曲轴中心线最近的位置，俗称下死点。

3. 冲程(行程)

指活塞从上止点移动到下止点的直线距离，常用 S 表示。它等于曲轴半径 R 的 2 倍($S=2R$)。活塞移动一个冲程，相当于曲柄转动 180°。

4. 缸径

汽缸内径，常用 D 表示。

5. 汽缸工作容积

活塞在汽缸中从上止点移动到下止点所扫过的空间容积，如图 1－3(b)所示，也可称为活塞的排量，以 V_s 表示。$V_s=0.25\pi D^2 S$。

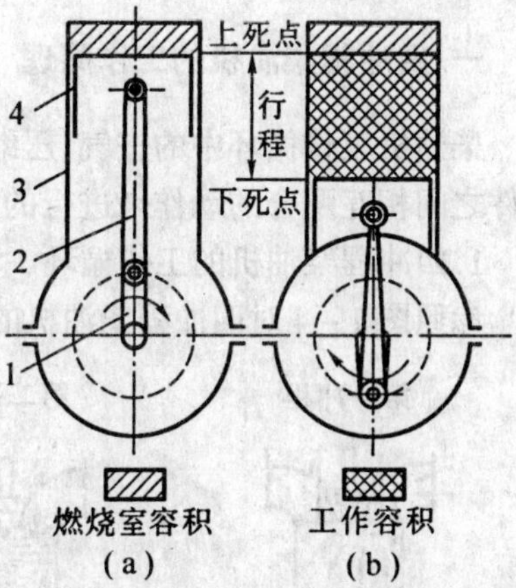

图 1－3　曲柄连杆机构原理图

6. 压缩容积

活塞在上止点时，在活塞顶上的全部空间(活塞顶与汽缸盖底面之间所包含的空间)，称为压缩容积，或称为燃烧室容积，以 V_c 表示，如图 1－3(a)所示。

7. 汽缸总容积

活塞在下止点时，活塞顶上的汽缸容积，就是汽缸的总容积，以 V_a 表示。它是工作容积和压缩容积之和，即 $V_a=V_s+V_c$。

8. 压缩比

汽缸总容积与压缩容积之比值，称为压缩比。一般用字母 ε 表示。即

$$\varepsilon=\frac{V_a}{V_c}=\frac{V_c+V_s}{V_c}=1+\frac{V_s}{V_c}$$

压缩比越大，压缩终了时的气体压力和温度就越高，燃油着火就容易，启动性能好。压缩比大，燃气有足够的膨胀做功的余地，可以提高柴油机的热效率。压缩比的大小随柴油机的机型而异，大型低速柴油机的 ε 值一般为 11～13，它是柴油机的一个重要性能参数。

9. 压缩压力

进入汽缸的空气被活塞压缩到上止点时，所具有的压力称为压缩压力。压缩压力依机型的不同而有差异，一般约为 3～6 MPa。

10. 爆炸压力

柴油机在额定功率下工作冲程之初，燃油强烈燃烧，使汽缸内的压力急剧升高，此时的压力称为爆炸压力(或叫爆发压力)。爆炸压力依机型的不同而有差异，一般约为 6～15 MPa。

第三节　柴油机的工作原理及特点

柴油机把燃油的化学能转变为机械能，一般经过四个过程：进气(吸入空气)、压缩(将空气压缩)、燃烧(喷入柴油燃烧)及膨胀(燃气做功)、排气(将废气排出)。这四个过程构成了一个工作循环，周而复始地连续进行。上述工作过程的具体实现可分为四冲程和二冲程两

种。

一、四冲程柴油机的工作原理

柴油机工作循环中的进气、压缩、燃烧及膨胀、排气四个过程，是通过活塞、连杆、曲轴等部件之间相互配合的动作来进行的。

1.四冲程柴油机的工作循环

参照图 1－4 对四冲程柴油机的工作循环加以说明。

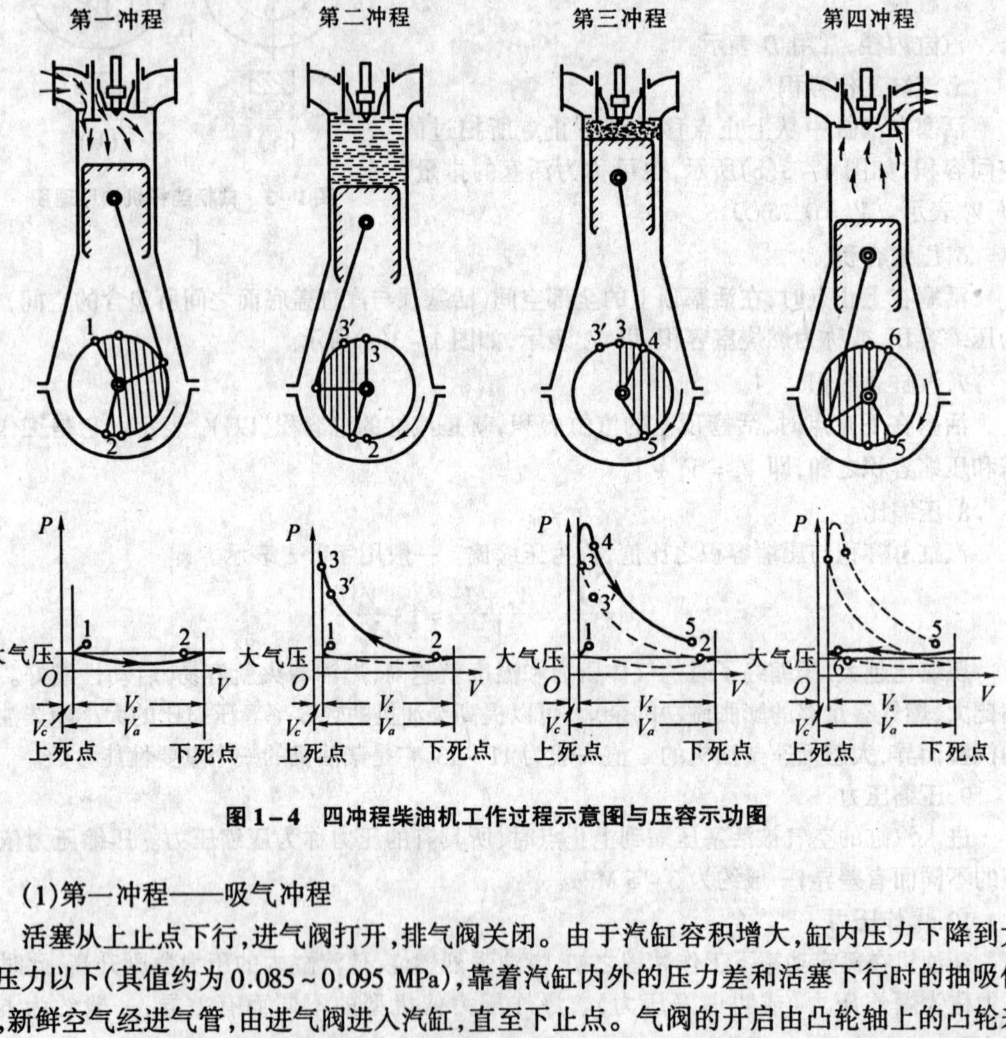

图 1－4　四冲程柴油机工作过程示意图与压容示功图

(1)第一冲程——吸气冲程

活塞从上止点下行，进气阀打开，排气阀关闭。由于汽缸容积增大，缸内压力下降到大气压力以下(其值约为 0.085～0.095 MPa)，靠着汽缸内外的压力差和活塞下行时的抽吸作用，新鲜空气经进气管，由进气阀进入汽缸，直至下止点。气阀的开启由凸轮轴上的凸轮来带动。凸轮轴的转速是曲轴转速的一半。进气阀在活塞到达上止点前 15°～20°曲轴转角时就提前打开，目的是保证当活塞到达上止点时，阀口能有较大的通路面积。进气阀的关闭不在下止点，而是在下止点后 20°～40°曲轴转角，目的是延长充气时间。进气阀提前开启、迟后关闭的角度大小与柴油机的转速有关。一般来说，柴油机的转速越高，角度越大。这个冲程的总角度约为 220°～250°曲轴转角。

(2)第二冲程——压缩冲程

空气的压缩过程是活塞从下止点向上运动，自进气阀关闭开始(点 2)至活塞到达上止点(点 3)的期间进行的。活塞将在第一冲程中吸入的新鲜空气压缩到 4 ~ 6 MPa(或更高一些),温度升至 600 ℃ ~ 700 ℃。这个温度保证了喷入汽缸内的柴油自行发火(柴油的自燃发火温度为 210 ℃ ~ 270 ℃)。第二冲程的总角度约为 140° ~ 160°曲轴转角。

(3)第三冲程——工作(燃烧及膨胀)冲程

这个冲程是柴油机的工作冲程。当活塞上行至距离上止点约为 10° ~ 30°曲轴转角时(点 3′),喷油器将柴油以雾化状态射入汽缸,同高温高压的空气混合,自行发火燃烧。汽缸内的气体温度上升到 1 400 ℃ ~ 1 800 ℃,压力升高到 5 ~ 13 MPa(最高达 22 MPa)。燃烧终止约在活塞越过上止点后 40° ~ 50°曲轴转角(点 4)处。从上止点(点 3)起的短促时间内,缸内边喷油燃烧,边膨胀做功,气体压力几乎保持不变。其后就是燃烧产物的膨胀过程。

在燃烧和膨胀的过程中,气体的压力推动活塞下行,通过连杆和曲轴完成对外机械能的输出。这个膨胀过程一直进行到排气阀打开时为止(点 5),此时缸内的压力下降到 0.25 ~ 0.45 MPa,气体温度下降到 600 ℃ ~ 700 ℃。在这个冲程末期,排气已经开始。

(4)第四冲程——排气冲程

在上一冲程末,活塞尚在下行,当活塞下行到距离下止点前 20° ~ 45°曲轴转角时,排气阀即提前打开。缸内废气经排气阀排出汽缸,缸内压力下降到 0.105 ~ 0.11 MPa,气体温度下降到 350 ℃ ~ 450 ℃。当活塞绕过下止点上行时,将废气推出汽缸。为了将废气排除干净,排气阀延迟到上止点后约 10° ~ 15°曲轴转角才关闭,但废气总是无法全部排除干净。

活塞上行到上止点,又从上止点往下行,开始了另一个工作循环。

可见,四冲程柴油机每完成一个工作循环,曲轴要转两周(720°),活塞往复运动了四个行程,每个工作循环只有第三冲程是做功的,其他三个冲程都是为工作冲程服务的,都需要消耗一定的能量。多缸式柴油机这三个冲程(进气、压缩和排气)所需要的能量是由其他正在做功的汽缸供给。对于单缸机则由飞轮供给。

2.四冲程柴油机的示功图

在图 1 – 4 的下面绘出了每一个冲程的示功图,其中纵坐标表示工作压力 P,横坐标表示汽缸容积 V。在 $P-V$ 图中,表示出汽缸在一个工作循环中,燃气压力随活塞位移的变化情况。汽缸内气体的压力和容积是同时变化的,这种变化可以用示功器测绘出来。表示汽缸内压力随容积变化的 $P-V$ 图形,又称为示功图。

在图 1 – 4 下面的示功图,线 1—2 表示进气过程中汽缸内压力随容积变化的情况。在进气过程中,缸内压力低于大气压力。2—3 线段表示压缩过程中,压力随汽缸容积减少而增高的情况,点 3 处的压力就是压缩终点压力。3—4—5 线表示燃烧和膨胀过程。5—6 线表示排气过程。

3.四冲程柴油机的正时图

四冲程柴油机的气阀、喷油定时,可用正时圆图来表示,如图 1 – 5 所示。将四冲程柴油机的工作过程按曲轴转角依次画在一个圆图上,直线表示气阀启闭时刻,圆弧表示工作过程。从图中就可以看出各阶段提前和移后的角度以及它们所占的总角度。表 1 – 1 为四冲程柴油机一般正时角度表,高速柴油机取大

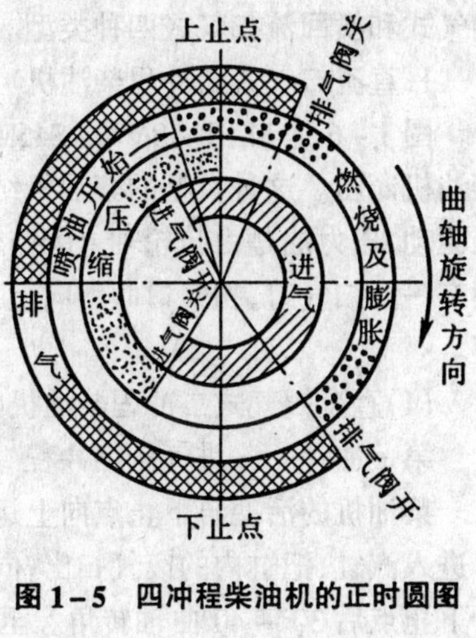

图 1 – 5　四冲程柴油机的正时圆图

数，低速柴油机取小数。

表1-1 四冲程柴油机一般正时角度表

名称	非增压式		增压式	
	打开	关闭	打开	关闭
进气阀	上止点前15°~30°	下止点后10°~30°	上止点前40°~80°	下止点后20°~40°
排气阀	下止点前35°~45°	下止点后10°~20°	下止点前40°~55°	上止点后40°~50°
喷油器	上止点前10°~30°	上止点	上止点前10°~20°	上止点

气阀定时的特点如下。

(1)四冲程柴油机的进气阀和排气阀的启闭都不在上、下止点，而是在上、下止点的前后某一时刻。它们的开启时间都大于180°曲轴转角，如图1-5所示。

(2)进、排气阀的早开晚关，能增加新鲜空气的吸入量，把废气排除得更干净。此做法的原理是气阀的开度是随凸轮转动逐渐加大的，另外则是气体在流动时具有惯性。

(3)气阀提前和延后开、关的时间并不是越长越好。进气阀过早打开，废气将通过进气阀冲入进气管，产生废气倒灌；进气阀关闭过晚，将造成新气流失。排气阀打开过早，将使有效功损失增加；排气阀关闭过晚，会造成废气重新吸入汽缸。

(4)从图1-5中可看出，进气阀和排气阀在上止点前后的一段时间里同时打开，此时的曲轴转角，称为气阀重叠角。适当的气阀重叠角，不仅不会使废气倒灌入进气管，而且还有助于废气的清除和新气的充入。

合适的气阀定时和气阀重叠角随机型而异，一般都是通过多次实验调整才能得出的。

二、二冲程柴油机的工作原理

二冲程柴油机的工作过程是将四冲程柴油机的吸气、排气过程，分别合并在压缩、燃烧膨胀这两个冲程之内完成的。因此，其进、排气布置有很大不同。

二冲程柴油机在结构上由于扫气和排气布置的不同，有直流扫气式、横流扫气式、回流扫气式和横回流扫气式四种类型。

1.直流扫气式二冲程柴油机

图1-6是MAN-B&W-S46MC-C直流扫气式二冲程柴油机。图1-7是直流扫气式柴油机简图。这种类型的柴油机结构上的主要特点是：在汽缸盖上装有排气阀，排气阀由液压驱动，压力油是由凸轮轴上的凸轮推动油缸而提供的；汽缸盖两侧装有喷油器；汽缸下部设有一圈扫气口，扫气口倾斜向上，扫气口周围设有扫气箱；凸轮轴的转速与曲轴的转速相等。

(1)直流扫气式二冲程柴油机的工作循环

第一冲程——进气压缩冲程

柴油机的活塞自下止点向上运动，在遮闭扫气口之前，具有一定压力的新鲜空气从扫气口进入汽缸，把缸内的废气扫出，同时充满汽缸。随着活塞上行，扫气口逐渐被遮闭，此时位于下止点后30°~40°曲轴转角。至下止点后约50°~60°曲轴转角，排气阀关闭。活塞开始压

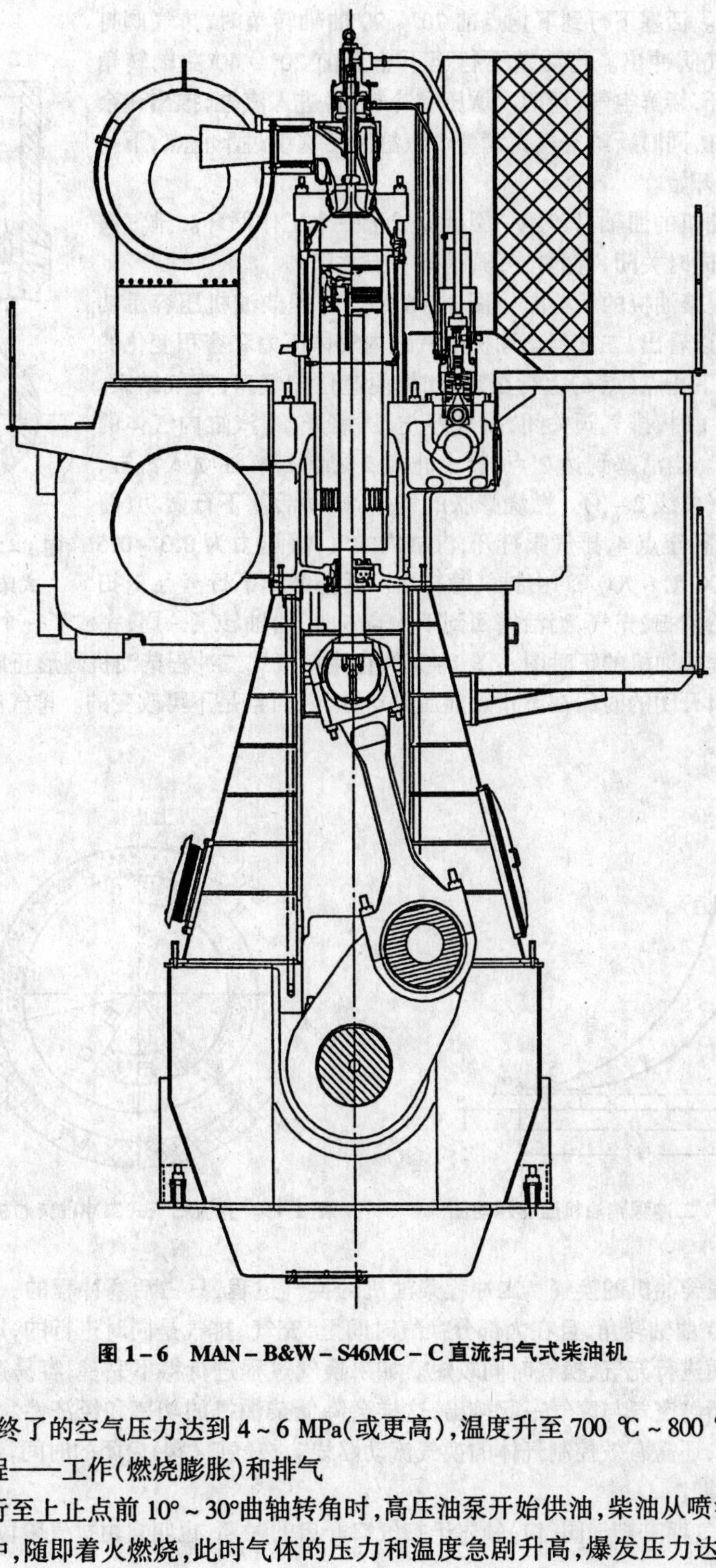

图 1-6　MAN-B&W-S46MC-C 直流扫气式柴油机

缩空气，压缩终了的空气压力达到 4～6 MPa（或更高），温度升至 700 ℃～800 ℃。

第二冲程——工作（燃烧膨胀）和排气

当活塞行至上止点前 10°～30°曲轴转角时，高压油泵开始供油，柴油从喷油器以雾化状态射入汽缸中，随即着火燃烧，此时气体的压力和温度急剧升高，爆发压力达到 5～12 MPa

(或更高),燃烧温度达到1 600 ℃~1 800 ℃。高温高压气体推动活塞向下运动做功。活塞下行到下止点前70°~90°曲轴转角时,排气阀打开,废气经排气阀冲出。当活塞下行至下止点前30°~40°曲轴转角时,扫气口打开,新鲜空气(经两次增压和冷却后)进入汽缸,推出残余废气,清扫汽缸,同时新鲜空气充满整个汽缸。活塞绕过下止点,下一个工作循环又开始。

这样,柴油机的曲轴只转了一圈就完成了一个工作循环。排气阀与扫气口有的同时关闭,有的排气阀稍早一点关闭。

(2)二冲程柴油机的示功图　图1-8是二冲程柴油机压容示功图。从此图可以看出,二冲程柴油机中汽缸内气体压力和容积变化的情况。活塞从下止点(点6)上行至点7时,便遮住扫气口,充气结束。当活塞行至点1时,排气阀关闭,排气停止,压缩开始,汽缸内气体的压力逐渐升高。当活塞到达2′点时(上止点2之前),燃油喷入汽缸,自行发火燃烧(曲线2~3)。燃烧膨胀的气体,推动活塞下行做功(曲线3~4),活塞行至点4,排气阀打开,汽缸内的气体(压力为0.3~0.5 MPa,温度为600 ℃~700 ℃)由排气管排出。活塞继续下行至点5,扫气口打开,开始清扫、充气,当活塞回到下止点6时,曲轴转了一周,完成了一个工作循环。

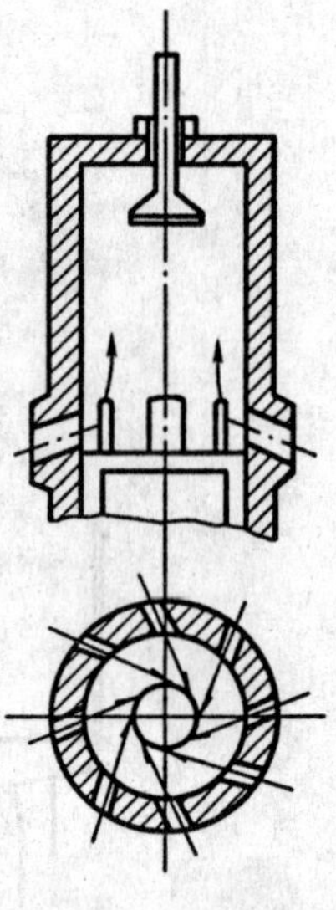

图1-7　直流扫气式柴油机简图

(3)二冲程柴油机的正时图　图1-9为直流扫气式二冲程柴油机圆形正时图。从图中可看到,扫气口开闭的时间在下止点前后是对称的,而且是不可改变的。排气阀开关的时间是可以改变的。

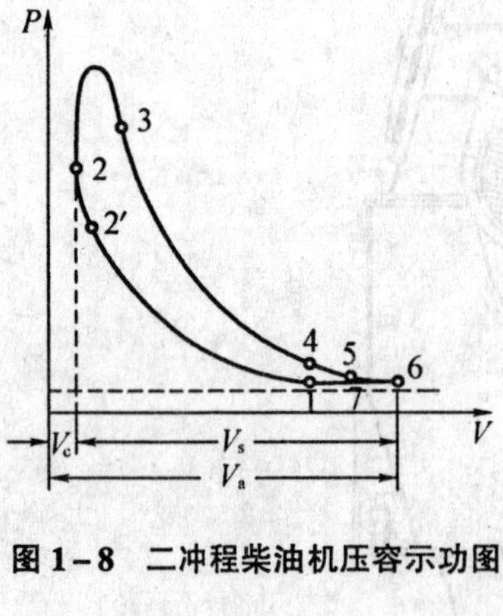

图1-8　二冲程柴油机压容示功图

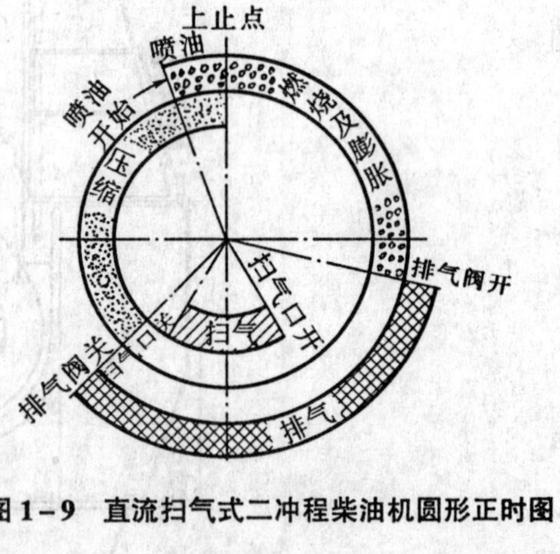

图1-9　直流扫气式二冲程柴油机圆形正时图

(4)二冲程柴油机的换气　二冲程柴油机的换气过程,只占活塞冲程的一部分,一般不大于130°~150°曲轴转角,且在大部分换气时间里,充气、排气是同时进行的,即一方面进行排气,另一方面进行充气,换气时间较短。如果换气过程进行得不完善,容易产生空气与废气的掺混,使新鲜空气与废气一起排出,这样会降低柴油机的功率和经济性。为此,除了提高扫气压力外,还需有效控制气体的换气流动路线。按气口(阀)启闭的时间,通常将换气过程分为三个时期。

①先期排气期　排气阀(口)领先于扫气口开启的时期,也叫自由排气阶段。此时,废气

借助于汽缸与排气管道间的气压差以高速流出。先期排气期的时间虽然很短，但排出的废气量却占总排量的一半左右，对换气过程影响很大。

②扫气时期　是排气口扫气口同时开启的时期。此时，扫气流入汽缸，驱赶废气排出，也叫强制排气阶段。

③后期排气期(或称后期扫气期)　在进排气口对称扫气中，扫气口关闭后的排气期。此时，排气口开着，继续排气，将导致新气流失，对换气不利；而在对非对称扫气中，排气口关闭早于扫气口，可以使汽缸内充气量增加，对换气有利，实现过后充气。

直流扫气式二冲程柴油机有 MAN-B&W、B&W、6ESDZ75/160A、B 型等。

2.弯流扫气式的二冲程柴油机

弯流扫气型式的二冲程柴油机的基本特点是，汽缸盖上没有排气阀装置，进、排气都是通过汽缸下部的扫气口与排气口进行的，扫气空气在汽缸内的流动路线是由下向上，当气流到达汽缸顶部后，又转向由上而下流动。弯流扫气式分为横流式和回流式两种，这两种柴油机都具有结构简单，动作可靠，管理方便的优点，但是，容易引起新气与废气的掺混，空气未能流过的一些死角，都得不到可靠的清扫，所以，换气质量比直流扫气式差些。现代的大型二冲程柴油机都采用气口—气阀式直流扫气系统。

第四节　船舶柴油机的分类

船舶柴油机的应用广泛，形式繁多，一般可根据它们不同的特点进行分类。

一、按工作循环特点分类

1.四冲程柴油机

柴油机活塞往复四个行程(即曲轴回转两周)完成一个工作循环。

2.二冲程柴油机

柴油机活塞往复二个行程(即曲轴回转一周)完成一个工作循环。

二、按进气压力分类

1.非增压式柴油机

自然吸入新鲜空气的柴油机。

2.增压式柴油机

柴油机带有增压器，将新鲜空气预先加压冷却后送入汽缸，可提高柴油机的功率。增压柴油机，按增加压力来分，又有一般增压(增压压力为 0.12~0.15 MPa)与高增压(增压压力为 0.16~0.30 MPa)两种。

三、按构造特点分类

1.筒形活塞式柴油机

如图 1-1 所示，活塞与连杆直接连接，活塞本身下部的筒形部分作为活塞的导向，运动时，活塞与汽缸壁之间会产生侧推力。一般适用于中速、高速柴油机。

2.十字头式活塞柴油机

如图 1－2 所示，活塞通过活塞杆以及十字头与连杆相连接，活塞的导向主要由十字头承担。柴油机工作时所产生的侧推力由十字头的滑板与机架上的导板承担。这类柴油机只适用于大型低速柴油机。

四、按速度分类

1. 高速柴油机

柴油机转速 $n > 1\ 000$ r/min，活塞平均速度 $C_m \geqslant 9$ m/s。

2. 中速柴油机

柴油机转速 $n = 250 \sim 1\ 000$ r/min，活塞平均速度 $C_m = 7 \sim 9$ m/s。

3. 低速柴油机

柴油机转速 $n < 250$ r/min，活塞平均速度 $C_m < 7$ m/s。

五、按汽缸排列分类

1. 单列式柴油机

该柴油机汽缸直立单列排列，是应用最广泛、最常见的一种。

2. V 形柴油机

该柴油机的二列汽缸共用一根曲轴，形成 V 字形。这种柴油机的外形、尺寸较紧凑，长度短，高底较低，宽度稍大，是应用比较多的一种机型。

3. 多列式柴油机

该柴油机汽缸排列成 W 形（三列）、X 形（四列）、星形（五列）等。

第二章　船舶柴油机的主要部件及检验修理工艺

第一节　机　　座

一、机座的工作条件、功用与材料

机座是柴油机的基础,除了支承发动机的全部质量之外,还必须承受燃气压力及各运动部件的惯性力;遇到风浪颠簸时,还要受到额外的扭转、拉伸和弯曲等变形作用力。因此,柴油机的曲轴、活塞等运动机件能否保持正确的位置,在很大程度上决定于机座是否有足够的刚性。如果刚性不足,或因其他原因而变形,就可能引起运动机件失中,柴油机便不能连续运转。

机座还起着收集并贮存润滑油的作用,因此机座有时被称为油池或油底壳。

机座的结构按设计形式分为凹底和平底,按制造方法分为焊接和整体铸造。图 2－1 所示为平底焊接式机座,图 2－2 所示为凹底整体铸造式机座。

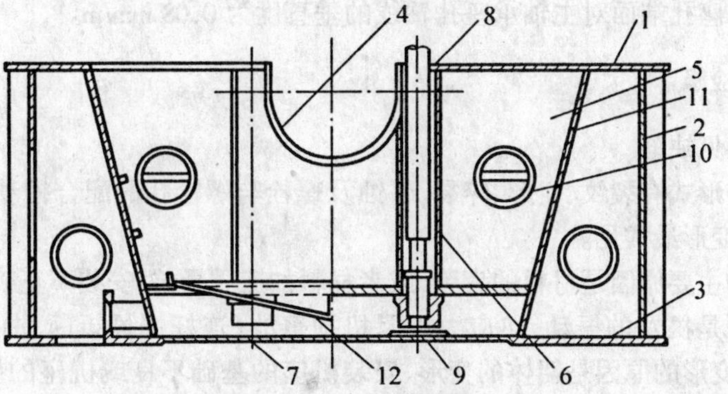

图 2－1　平底焊接式机座

1—上座板;2—纵向侧板;3—下座板;4—主轴承座;5—内横隔板;6—贯穿螺栓通道板;7—底板;8—贯穿螺栓;9—螺帽;10—孔;11—中间侧板;12—滤网

中小型柴油机常用整体铸造机座,材料为 HT200、HT250 等铸铁。中低速大功率柴油机通常用焊接机座,一般为 20 号钢板焊接件或 ZG15、ZG25 等铸钢。

二、机座的技术要求

在安装装配或修理前,对机座进行检查时应注意以下几点。

1.机座不准有裂纹。

2.机座上、下平面应平直,且与主轴承座孔中心线平行,上平面的平行度为

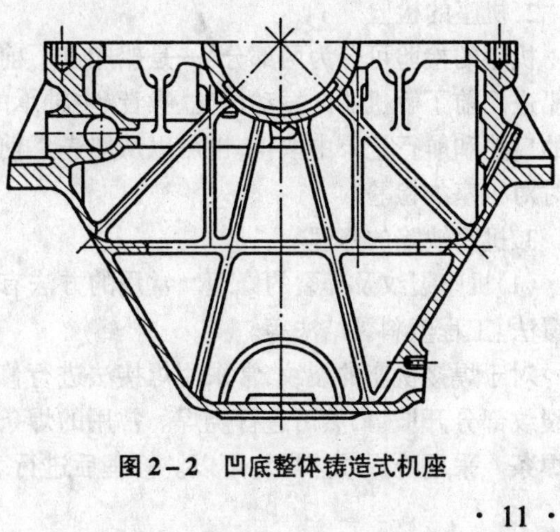

图 2－2　凹底整体铸造式机座

0.05 mm/m，下平面的平行度为 0.10 mm/m。

3.机座主轴承座孔的不圆度和不柱度不得超过表 2-1 的规定。

表 2-1　机座主轴承座孔的不圆度和不柱度　单位：mm

座孔直径	~75	>75~125	>125~175	>175~250	>250~350	>350~500	>500
不圆度与不柱度	0.01	0.015	0.02	0.025	0.03	0.04	0.045

4.主轴承座孔的不同轴度规定为如下数值：机座长度小于等于 2 m 者，为 0.02 mm；机座长度为 2~4 m 者，为 0.04 mm；机座长度大于 4 m 者，为 0.06 mm。

对于十字头式柴油机机座长度大于 4 m 者，其不同轴度允许差值可适当放宽，但不得超过 0.20 mm。相邻之间的偏差不应大于 0.04 mm。

5.机座下平面与垫块必须接触良好，0.05 mm 厚的塞尺应插不进。机座与底座的精配螺栓应是静配合，螺孔必须光洁，并尽量提高光洁度。

6.机座上平面的平面度在 1 000 mm×1 000 mm 范围内应不大于 0.05 mm，全平面内应不大于 0.25 mm。下平面采用手工磨平，只要能满足垫片接触要求即可。

7.止推轴承座孔端面对主轴承座孔轴线的垂直度为 0.08 mm/m。

三、机座的检修

1.机座的常见缺陷

机座的损伤形式有裂纹、变形、碎裂、腐蚀及螺栓与螺栓孔的配合松动等。这些缺陷中以裂纹、碎裂和变形最常见。

机座裂纹的主要原因是材料的疲劳，或者材料加工质量差、安装不正确等造成的。引起机座碎裂的原因是机器的振动、热应力以及机损事故（连杆螺栓折断、曲轴平衡块的断裂等）。造成机座变形的原因是船体的变形、安装机座的基础不良或机座的垫块接触不良、机座本身的刚性差、机座本身的残余应力等。

螺栓与螺栓孔的配合松动是由于柴油机的交变负荷作用，引起螺孔逐渐扩大的结果。腐蚀则是燃烧形成的硫化物等杂质及水侵入机座的结果。

2.机座的检验

机座的检验可分为两部分：一是船舶进厂前的检验；二是修理时的检验。前者为修船厂在船进厂前了解机器的振动情况、噪音、主轴承的温度、润滑油的压力等各种数据，可以从船员的口述和航行记录中取得，也可以从船进厂前的预试航中测得。后者为在柴油机解体修理时对机座的检验。

3.机座缺陷的修理

(1)机座裂纹及碎裂的修理　常用的方法有焊补法、金属扣合法（波浪键扣合法）、钢板包覆法、工程塑料黏结法等。

对于焊接机座的裂纹，常采用焊接法进行修理。修理时必须先进行探伤，钻好止裂孔，在裂纹部分开坡口，然后进行烧焊。常用的焊条有低碳钢焊条、铜铁合金焊条以及铜镍钼合金焊条。采用冷焊或热焊均可以。修理后进行表面检查，并进行灌水试验，灌水高度至机座上平面，历时 0.5 h，不得渗漏。必须注意的是，对机座裂纹进行焊补时，必须在施焊部位附近的曲拐装上开档表，观察开档差变化情况，当开档表读数变化达到 0.02 mm 时，要马上停焊，待冷却后再重新焊补，否则因烧焊造成机座变形会大大增加调整开档差的困难。

对于铸铁机座的裂纹及碎裂，均采用金属（波浪键）扣合法、波浪块扣合法、钢板包覆法、工程塑料黏结法等进行修补。一般均能得到满意的修理效果。

(2)机座变形的修理

①机座上平面的弯曲检修　机座上平面的弯曲度和弯曲情况的测量，目前最常用的方法是激光法、光学仪法，测量数值准确。还有一种简便的钢直尺法。此法需用一根足够长、够硬度的钢直尺，将它搁置在机座的平面上，用塞尺测出机座上平面与直尺之间的间隙，以及间隙沿轴向的长度。上述方法也可测出主轴承座孔内圆表面的高低情况。

对于中部向下弯曲的机座，即中间几道主轴承座孔较两端低，可采用强固法进行校直。其方法是：将机座的精配螺栓全部取出，并取出机座中部的其余螺栓和垫块，然后在机座下平面与基座间的空隙处融入新的垫块，使向下弯曲的部分向上凸起，同时用上述检测法检查机座上平面的平直度。当校直到允许范围后，应对新换的垫块进行修刮，使垫块与机座下平面和基座支承面有良好的接触，并重铰精配螺栓孔及更换新的精配螺栓。若机座相反方向变形时，可用同样的方法校正。

②各主轴承座孔的圆度、圆柱度及不同轴度的检修　测量时，对于薄壁轴承，应严格地将轴承盖螺栓旋紧到规定要求；对于有调整垫片的轴承座孔，应先调整垫片的厚度，使其直径尺寸符合名义尺寸，再测出各轴承座孔的圆度和圆柱度。

各主轴承座孔中心不同轴度的测量，可采用激光或光学仪，亦可用拉线法。测量步骤是：首先以最前和最后两道主轴承座孔的中心点为测量的基准点，光轴（或钢丝）通过这两个基准点，然后测量出各道主轴承座孔内表面到光轴的上、下、左、右的尺寸，即可求出各道主轴承座孔中心对光轴的不同轴度。若测出的数值有较大差别时，可将机座固定螺栓松掉，再次测量，进行比较。

对于各轴承座孔的不圆度和不柱度以及各道轴承座孔的不同轴度，常采用镗孔的方法进行修复。镗孔也是以最前和最后一道轴承座孔为基准，镗孔后必须换新轴承。

较小的不圆度和不柱度以及各道轴承座孔的不同轴度，也可用人工修刮来消除。

机座有严重的损伤，修复有困难或意义不大的必须换新。

第二节　机　　架

一、机架的功用和构造

机架安装在机座和汽缸盖之间，是构成柴油机的主要骨架。机架上部用来安装扫气箱、汽缸体和汽缸盖等零件，下部则用螺栓固定在机座上，并与机座构成一封闭的曲轴箱。二冲程柴油机的机架上装有导板来承受十字头的侧压力。机架要有足够的强度和刚度。

机架一般有箱形机架、F 形机架、A 字形机架以及 A 字形和箱形结合机架等几种。

1.箱形机架

这种机架多为中小型柴油机所采用，由铸铁浇铸而成。为了简化加工手续，提高机架刚性，常将汽缸体与机架合铸成一整体，统称为机体，或将机座与机体合铸在一起。为了拆装曲轴方便，有的柴油机在机身一侧有开口，形状像字母“F”的机架，称为“F”形机架。图2-3所示是国产6250型柴油机的机体，机体两侧有供装拆或检查连杆和主轴承的道门孔2，在机体两侧道门上设有进水总管4和凸轮轴孔3。图2-4为V形柴油机的箱形机架，缸体与架为分开式。

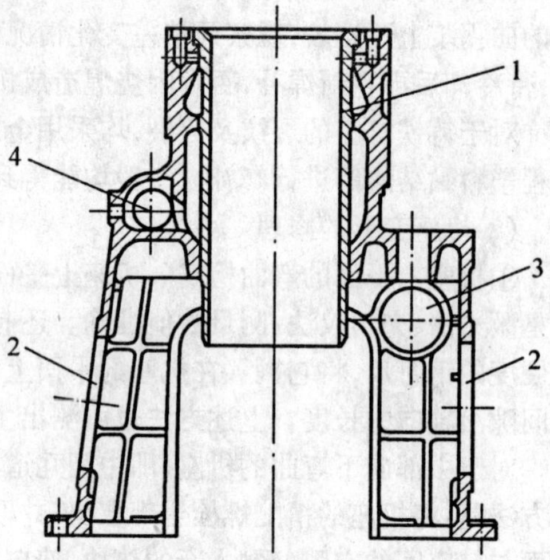

图2-3 6250型柴油机的机体

1—汽缸套；2—道门孔；3—孔；4—进水总管

2.A字形机架

由于这种机架的形状如A字，因此通常称为A字形机架。如图2-5所示的中间部分3。这种机架一般由上、下横梁和倾斜支柱以及它们之间的面板等组成。近代大型低速柴油机一般多采用焊接结构。机架两侧设有大道门和观察用的小道门以及防爆装置。大道门主要供拆装十字头、连杆、导板和轴承等部件使用。机架的内侧设有用于承受运动机构往复运动时所产生侧推力的导板。这种机架构

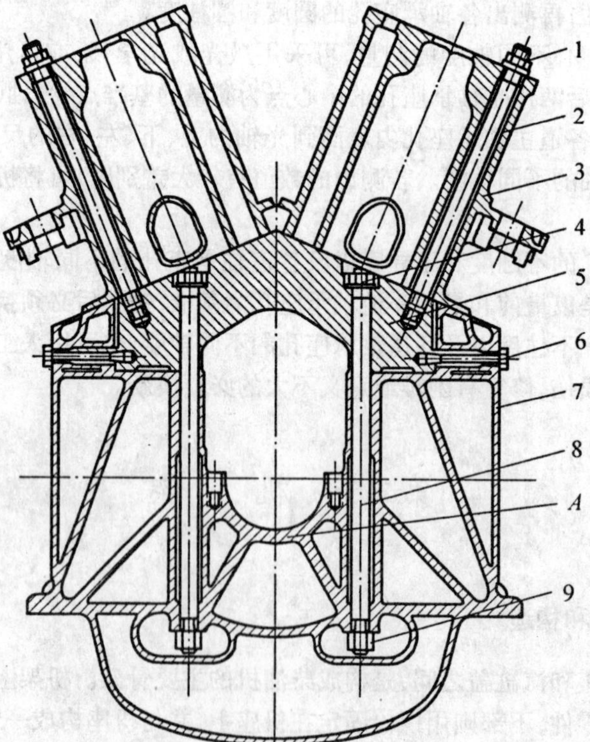

图2-4 MAN VV40/54机汽缸体与机体组装图

1—螺母；2—螺栓；3—汽缸体；4—螺母；5—横梁；6—横向螺栓；7—本体；8—贯穿螺栓；9—螺母

造简单,也便于机器内部的检查和修理。

3.A字形和箱形结合机架

图2-5所示为MAN型柴油机机架,在A字形机架上部装有一个纵向的箱形中间机架6,用它来安装活塞杆填料函及活塞下部扫气泵的气阀组件。其机座、机架和汽缸体用长贯穿螺栓连接成整体。

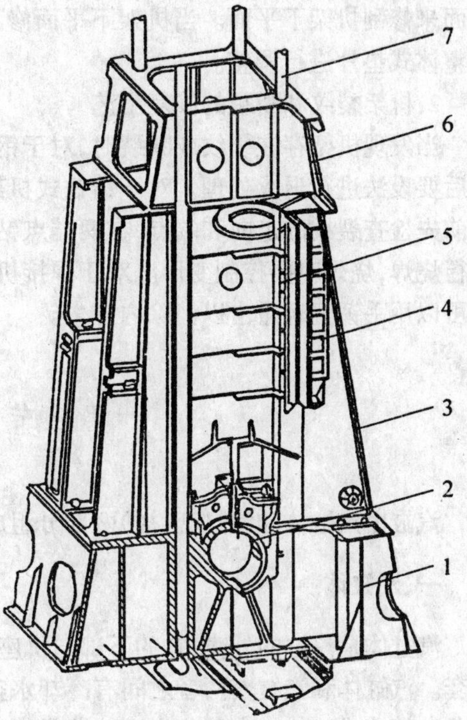

图2-5 MAN型机架

1—机座;2—机座轴承;3—A字形机架;4—正导板;5—副导板;6—箱形中间机架;7—贯穿螺栓

二、机架的缺陷和修理工艺

1.机架的变形与修理工艺

当机架因种种原因而变形后,机架上、下平面与汽缸中心线的垂直度、汽缸中心线与曲轴中心线的垂直度、机架下平面与曲轴中心线的平行度、导板平面与汽缸中心线的平行度等均会受到破坏。机架变形后若不能及时修理,将会使柴油机在运转中产生剧烈的振动,并使部分零件加速磨损以至损坏。

在柴油机运转时,可通过观察机架下平面接合情况来判断机架的变形程度。当接合平面松动而且能用肉眼清楚地看到两接合面的相对位移时(可用塞尺进行检查,若用0.10 mm以上的塞尺插入10 mm以上的深度,则说明机架有了较大的变形),必须及时进行修理。

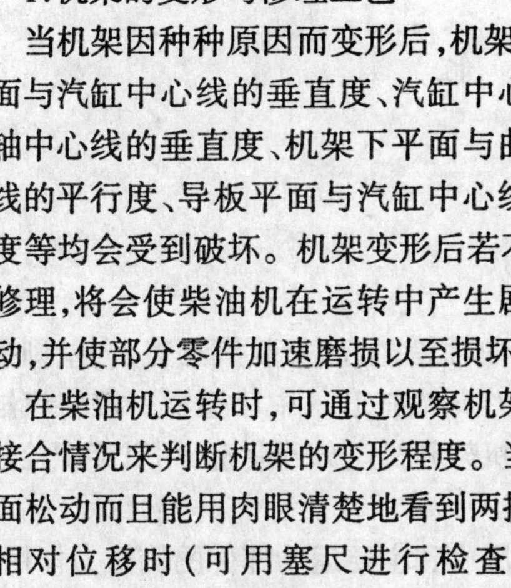

图2-6 机架下平面的变形示意图

造成机架变形的因素很多,如造机时对机架没有进行良好的热处理。有些新造发动机,虽在装配阶段对机架上、下平面进行了精确的加工修刮,但运转一段时间后,机架下平面就变形成如图2-6所示的形状。形成这种变形的真正原因虽未肯定,但对机架没有进行完全而有效的热处理很可能是主要原因。装配时,贯穿螺栓扭力过大、各贯穿螺栓受力不均都会造成机座与机架的初始应力过大而变形。在船舶进坞修理时,船体座墩不当、船在大风浪中航行所造成的船体变形或者船体的刚度不够、各缸爆炸压力相差悬殊都会造成机架的变形。

当确定柴油机机架已经变形,需要进行修理时,首先用塞尺检查测量机架下平面与机座上平面的接触情况,并作好记录;其次检查贯穿螺栓、地脚螺栓的松紧情况,然后再根据存在的问题采取相应的修理工艺。

修理机架变形常采用修刮机架下平面的方法。修整时必须注意以下的问题:机架下平面不仅涉及到运动部件的校中问题,而且还涉及到压缩室的高度(存气)问题,即必须注意解决汽缸中心线、导板平面与曲轴中心线的垂直度问题。为此,修刮时必须以曲轴中心线为基准,而不能以机座上平面为基准。当然,机座上平面与曲轴中心线一般来说是平行的,并且误差不大。修理时，可先检查机座上平面与曲轴中心线的平行度，然后再以机座上平面为基准面来修刮机架下平面。当机架下平面修刮量较大时，为了保证压缩室高度符合要求，允许用整体式垫片进行调整。

2.机架裂纹和断裂的修复工艺

当发现机架存在裂纹或断裂时，对于钢板结构的机架可采用焊补的方法进行修复。焊补后要设法进行退火处理。对于铸铁式机架可采用波浪键、波浪块或覆板法进行修复。修理前先检查裂纹的走向和端点，在两端点钻止裂孔。对于钢板结构，先沿裂纹开坡口，然后进行烧焊，烧焊时要控制变形。对于焊接机架(包括机座)也可用波浪键修复。裂纹焊补后还可以用手锤轻轻敲击以消除内应力。

第三节 汽 缸

汽缸由汽缸体和汽缸套(衬)两部分组成。

一、汽缸体

汽缸体是汽缸的外壳，它的下部与机座相连形成曲轴箱，上部安装汽缸盖，内壁则装汽缸套。汽缸体和汽缸套两者之间有冷却水空间，用以冷却汽缸套。中小型机一般将汽缸体与曲轴箱铸成一体。在某些大型柴油机中，汽缸体与机架和机座分开制造，用贯穿螺栓连接起来。

柴油机工作时，汽缸体不仅要受到汽缸内气体的压力和主要运动部件的侧推力作用，还要受到安装在它上面的各种部件和设备的预紧力作用，以及内外层、上下端温差的热应力等。此外，冷却水腔还会受到腐蚀作用。为此，汽缸体的材料大都采用 HT250、HT350 铸铁或合金铸铁制造。

下面就汽缸体经长期工作后常见的缺陷以及其产生的主要原因和修理工艺加以叙述。

1.缸体变形

缸体变形发生在缸体的上平面与缸套配合的内圆面。这种变形将会造成汽缸中心线与曲轴中心线的垂直度受到破坏。产生这种变形的主要原因是初始应力没有得到很好的消除、汽缸中心线和曲轴中心线的垂直度超过规范、柴油机转速忽高忽低变化频繁、贯穿螺栓扭力不均等。

缸体变形的修理工艺：对于变形不大的，可采用手工拂刮或用专用工具进行修整；对于变形较大的，在强度允许的情况下，可采用机械加工的方法进行修整。修理时必须注意检查汽缸中心线与曲轴中心线的垂直度。

2.缸体冷却水腔出现穴蚀及锈蚀剥落

在冷却水套的上部和冷却水进入口的上部特别容易出现穴蚀和锈蚀。产生这种现象的主要原因是冷却水的气泡聚集而形成酸碱腐蚀和高温燃气与低温冷却水气蚀(气泡中的空气温度很高，水温较低)。缸体的气蚀，可采用生铁焊或无机黏结剂、硅黏结剂等进行修理。黏结剂的修补法，其关键工艺是表面处理，必须把表面的氧化层彻底清除，并用丙酮清洗二三次。为了防止胶流落，固胶方法必须得当。

3.汽缸体产生裂纹

裂纹主要发生在缸体上平面与缸套凸肩接触的凹圆角处(裂纹向内方向发展)、缸体水套密封位等处。产生裂纹的主要原因,除了材料质量、制造方向的缺陷外,操作管理不当也容易造成裂纹。柴油机因缺水而温度过高时马上通水冷却,或停止运转后马上放水,都会造成汽缸体温度急剧变化,导致变形或某些薄弱部位出现裂纹。在开式冷却水循环中,如冷却水硬度较高,水套内易生锈并沉积;若过滤不好易由外界带入杂物。如果保养不及时,冷却水容易堵塞不畅通,降低冷却系统的效能,以致引起过热而产生裂纹。此外,连杆螺栓松脱或折断等机械事故也会引起机体裂纹或破洞。

铸铁汽缸体非工作表面的裂纹或断裂的修复工艺,应根据裂纹或断裂的部位以及这些地方的受力状况来决定。对于一般性裂纹,可用冷焊法、覆板法以及金属扣合法等进行修理。无论采用哪种方法,都必须首先查出裂纹的端点,钻止裂孔,以防止裂纹继续发展。

二、汽缸套

1.汽缸套的功用和工作条件

(1)汽缸套的主要功用

①与活塞、汽缸盖组成燃烧空间;

②作为活塞往复运动的导向面;

③把燃烧后的余热传给冷却水,以保证活塞组件及缸套本身在高温、高压环境中正常地工作;

④在二冲程柴油机中,汽缸套中下部开有气口,供扫、排气之用。

(2)汽缸套的工作条件比较恶劣,直接与燃烧气体接触,在高温高压下工作,且受高温气体的化学侵蚀,同时,它的工作表面因与活塞环摩擦而产生机械磨损,且受到活塞的侧推力。汽缸套的外壁因与冷却水接触,还受到冷却水的冲刷与腐蚀。由于内壁与高温气体接触,外壁受冷却水的冷却,以及上热下冷,从而形成很大的温度差,产生热应力。因此,对汽缸套的材料要有一定的要求,通常采用HT300与HT350灰铸铁、QT700-2球墨铸铁、合金铸铁等。

2.汽缸套构造

汽缸套一般有四冲程柴油机汽缸套和二冲程柴油机汽缸套。二冲程柴油机汽缸套又有直流扫气式和弯流扫气式型式,分述如下。

(1)四冲程柴油机的汽缸套　有干式和湿式两种。

干式汽缸套如图2-7(a)所示,它的外表面不与冷却水接触,冷却水空间被布置在机体中,热量通过汽缸套外壁传给汽缸体,汽缸体将热量传给冷却水。这种结构可以使汽缸套省去冷却水的密封装置,也不会受到冷却水的腐蚀,故缸套较薄,适用于一些小型柴油机。

湿式汽缸套如图2-7(b)所示。由于缸套外壁直接与冷却水接触,因此散热效果好。这种汽缸套其上端需加一只铜质的水密压环,下端需要设密封橡皮圈,以防止冷却水的流出。在四冲程柴油机中这种型式的汽缸套使用较多。

(2)二冲程柴油机汽缸套　由于二冲程柴油机汽缸套需开气口,故一般采用水套式汽缸套。

①直流扫气式柴油机汽缸套　汽缸套下部周围开有一圈扫气口,如图2-8所示。扫气口沿径向有一定的斜度,以使扫气时可形成漩涡,起到改善扫气质量的作用,即将废气扫除干净,并使整个汽缸充满新鲜空气。

②弯流扫气式柴油机汽缸套　图2-9所示为6ESDZ76/160型弯流扫气式柴油机汽缸

套和汽缸体。汽缸套2插入汽缸体1中,缸套上部通过顶圈4座落在汽缸体的上部平面上。顶圈4的刚性较差而弹性较好,允许汽缸套上部受热时向外膨胀,从而可以降低热应力。缸套上部有环状加强筋,因而在缸套与顶圈之间形成良好的冷却水道,致使冷却水的流速加快,冷却腔内不易形成气囊,冷却效果提高。通过这些措施,解决了汽缸套上部受高温易损坏的问题,提高了工作可靠性。这种汽缸套排气口居于汽缸套一侧,部分进气口直接置于排气口的下方,其余则围绕缸套2/3圈顺次排列。国产6ESDZ76/160以及苏尔寿RND型柴油机采用这种汽缸套。现在苏尔寿柴油机已采用钻孔冷却式汽缸套,以提高冷却效果。

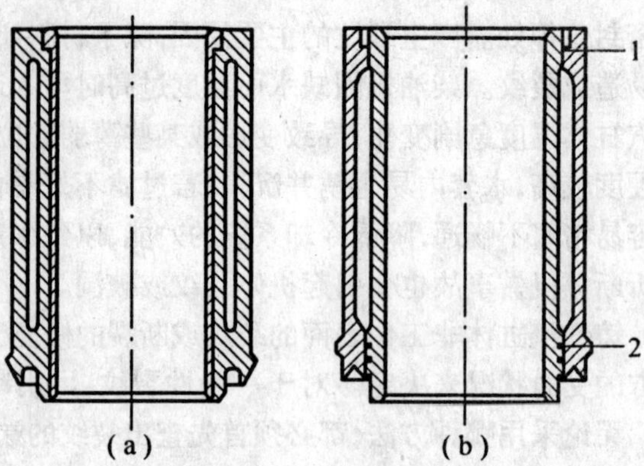

图2-7　四冲程柴油机汽缸套

1—水密压环;2—密封橡皮圈

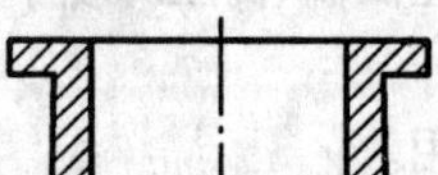

图2-8　MAN-B&W MC汽缸套

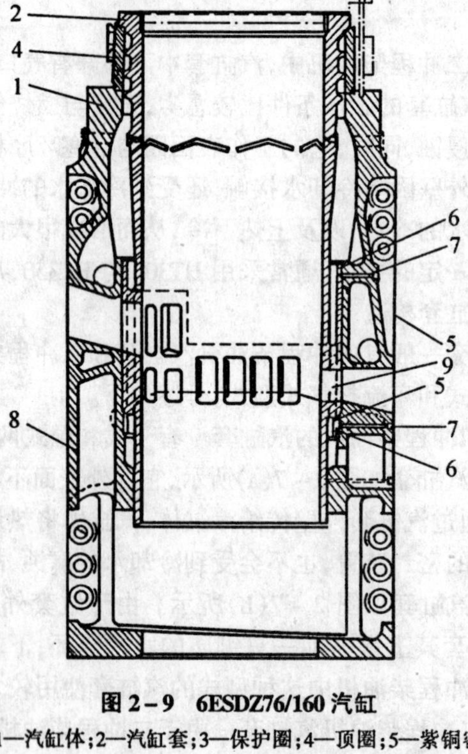

图2-9　6ESDZ76/160汽缸

1—汽缸体;2—汽缸套;3—保护圈;4—顶圈;5—紫铜密封圈;6—橡皮圈;7—检查孔;8—橡皮圈;9—检修孔

三、汽缸套的损伤形式及其原因

汽缸套的损伤主要有:工作内表面磨损、拉缸、裂纹、腐蚀和烧伤;外表面的穴蚀和腐蚀等。

1.汽缸套的磨损

(1)汽缸套的磨损原因

①气体压力及惯性力等使活塞对缸套产生侧压力,活塞沿汽缸壁作往复运动而产生摩擦作用。当机油选择不当或油环安装不正确时,造成汽缸套与活塞环润滑不良,磨损就会加剧。

②柴油、机油燃烧后所产生的固体微粒、金属零件表面摩擦而擦落下来的金属粉末以及随空气带入汽缸套内的灰尘等都使缸套磨损。

③柴油、机油中的硫燃烧后生成二氧化硫和三氧化硫,在燃烧气中的水蒸气达到露点时,就会生成酸,致使汽缸套表面产生腐蚀。

④在燃气的高温高压作用下,在缸套与活塞环之间润滑不良的情况下,二者做相对运动时,将产生熔融黏着,并逐步扩大,即产生熔融磨损。通常说的"拉缸"多指这种情况。

此外,汽缸套材料不佳、活塞环材料太硬而与汽缸套材料硬度匹配不当、装置不当,热应力和机械应力使活塞和汽缸套变形,活塞冷却不良致使环带温度过高,经常在低温下启动和工作等,都会使汽缸套磨损加剧。

(2)汽缸套的磨损规律　汽缸套的正常磨损规律如图2-10所示。

在汽缸套的纵截面上的磨损呈锥形,上部磨损比下部大,且最大磨损位置在活塞处于上止点时,第一道环附近,而沿汽缸套向下磨损逐渐变小。这是因为汽缸上部接近燃烧室,温度较高,活塞运动速度又低,油膜不易形成和保存,以及腐蚀磨损的存在。

二冲程柴油机气口部位的磨损也是比较大的。其原因是该处的几何形状复杂、壁厚不均、热变形大,气口处又受进、排气的冲刷作用,油膜容易破坏,而且在此处堆积杂质,所以容易造成磨损。

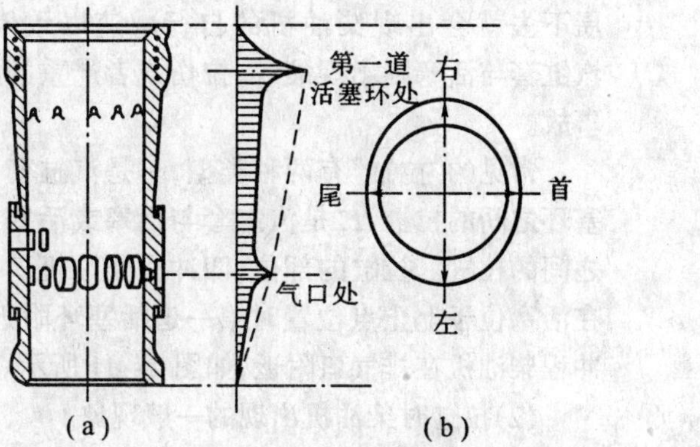

图2-10　汽缸套磨损规律

(a)轴向磨损规律;(b)径向磨损规律

在汽缸套横截面上的磨损呈椭圆形,而且椭圆的长轴在垂直于曲轴中心线的方向(左右方向)上,即横截面的磨损量在左右方向上大于首尾方向。侧推力的作用(指筒形活塞),同时活塞往复运动的转向点也在左右方向,这都是造成磨损量大的原因。故一般十字头式柴油机横截面的磨损,其长轴也是在左右方向。若磨损量的椭圆长轴不在左右方向,就要进行具体分析,最大的可能是汽缸、导板和曲柄三者的中心线没有调整好,即没有做好活塞、十字头和曲柄的校中工作。

(3)减少汽缸套磨损的措施　由以上讨论可知,柴油机运转时,活塞组件在缸套中不断地做往复运动,活塞环与汽缸套之间不可避免地要发生摩擦磨损。当磨损超过规范时,就会破坏活塞环与缸套之间的密封性,引起柴油机功率下降,启动困难,严重时则会造成事故,缩短柴油机的使用寿命,所以在制造、安装和管理等方面必须采取相应措施,以减少磨损。

①选择合适的材料,增加汽缸套的耐磨性。

②采用合理的设计使接触面易形成均匀的油膜。

③工作表面采用松孔镀铬、低温氮化或其他表面处理，提高耐磨性。

④正确安装，保证固定部件和运动部件相互位置正确，其运动零件之间有正确配合间隙。

⑤必须按照使用燃油的性质，适当匹配机油和汽缸油。

⑥正确使用柴油机。运行中，尽量使柴油机保持在正常温度范围内工作。一般水温应为 65 ℃ ~ 70 ℃。

⑦按照规范要求，正确安装气环和油环。柴油机大修后要进行冷磨合(跑合)试车。

2.汽缸套的“拉缸”

(1)“拉缸”产生的原因　活塞部件与缸套的工作表面互相作用而造成划伤、拉毛或咬死的现象称为“拉缸”。一旦有“拉缸”现象发生，就可能造成有关部件的损伤和破坏，后果是严重的。在柴油机制造、修理后的初期跑合以及运行过程中，这种现象都有可能出现。

在柴油机运转时，如果运动件表面的润滑油膜遭到局部破坏，则在二个滑动面的凸起部分首先发生金属接触，引起金属拉伤，然后发生局部黏着和熔化，而熔化部分由于部件的相对运动，又被撕裂。在这个过程中运动件表面形成硬化层，当这些硬化层被破坏时，就会形成很多像磨料一样的硬质颗粒，从而助长了表面的磨损。如果短时间内，由于活塞上下运动和活塞环的旋转运动，而扩展到相当广泛的范围内发生熔化黏着，就会引起大面积的烧伤，再发展下去就会出现柴油机的自行减速以致停车。汽缸套与活塞则出现裂纹、拉伤或者严重的机损事故。

常见的“拉缸”有两种类型，一是汽缸套与活塞环之间的拉缸，二是汽缸套与活塞或活塞裙部之间的拉缸。拉缸的部位，四冲程柴油机多出现在活塞位于上止点位置时第一道活塞环附近，二冲程柴油机在排气口附近，如图 2 – 11 所示。

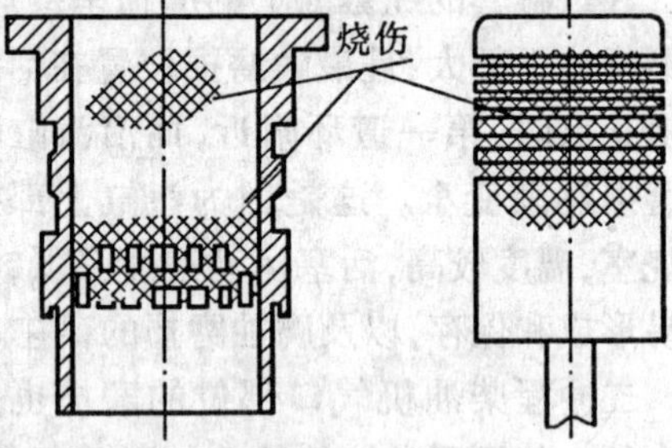

图 2 – 11　拉缸的部位

(2)拉缸时柴油机出现的一般现象

①柴油机转速下降，最后出现自动停车。

②柴油机内部有不正常的声音，由轻微发展到连续而沉重。

③活塞冷却水温度、排气温度、滑油温度升高。

④扫气箱或汽缸下部空间冒烟或出现油焦气味。

(3)造成拉缸的因素

①汽缸润滑不良。主要是滑油质量太差，以及润滑油供油不足或中断，两零件工作面之间不能形成连续均匀的油膜，而造成干摩擦。活塞环弹力不足，引起蹿气而破坏油膜，从而引起拉缸。

②汽缸与活塞产生过热。超负荷时间太长，个别缸负荷太大；活塞运动组件安装不正，破坏了与汽缸套之间的正确间隙，引起过度磨损，产生过热；冷却不良，供水不足；结垢严重，活塞环因积炭黏固环槽中，或活塞环搭口间隙过小，由于膨胀而卡在汽缸套表面上，造成活塞环与缸套的剧烈摩擦。

③磨合不良。新造柴油机或新换汽缸套与活塞环尚未跑合之前，油膜难于形成，突然加载或过早加载引起拉缸。

④汽缸或活塞的变形,如封水橡皮圈太粗,装入汽缸后引起汽缸套变形,缸套胶圈处的内径变小。

⑤活塞环或刮油环折断,其断块在活塞与缸套之间引起擦伤。

3.汽缸套的裂纹

一般中、低速柴油机汽缸套发生裂纹较多,而高速机较少。常见的裂纹发生在上部凸缘处(见图 2-12)、缸套上部及应力集中的气口和布油槽处(见图 2-13),拉缸时也可能产生多处裂纹。壁厚相差悬殊的地方也可能出现裂纹。

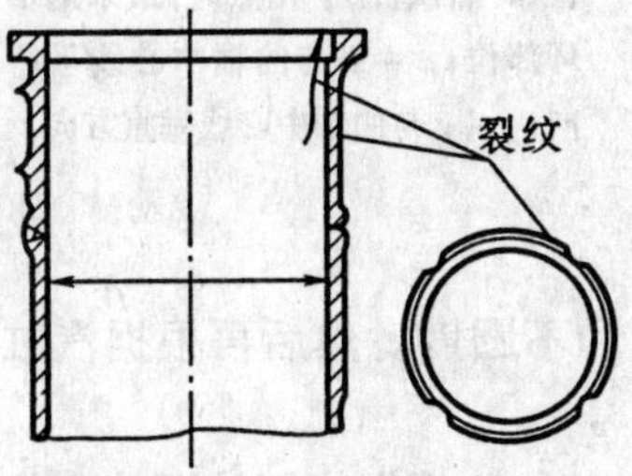

图 2-12 汽缸套上部裂纹

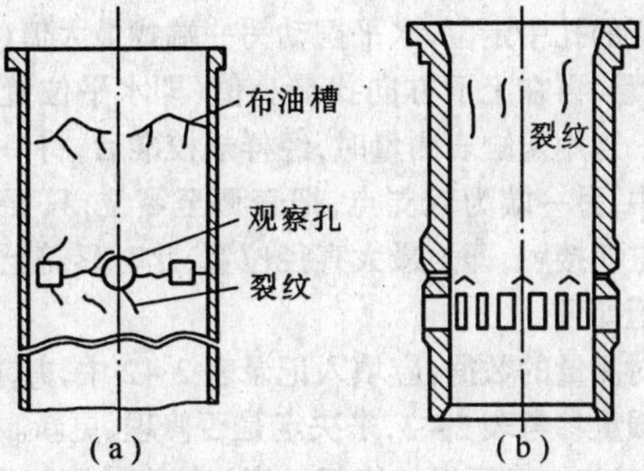

图 2-13 汽缸套裂纹

(a)布油槽及气口处的裂纹;(b)汽缸上部纵向裂纹

产生裂纹的原因有如下几个方面:

(1)设计不合理　圆角半径太小,应力集中过大;冷却区域冷却水流速相差过大,热应力大;材料本身有缺陷。

(2)维修保养不周　零件装配上紧力不均匀,产生机械应力;冷却水腔污垢太厚,冷却不良,局部过热,造成热应力大。

(3)操作不当,冷车时过早加速;长期超负荷工作,产生过热　发现断水或冷却水不足后,立即加入冷却水或冷却水量加入太多,都会造成裂纹。

4.汽缸套的穴蚀

随着柴油机的平均有效压力及转速的不断提高,结构日益紧凑,在汽缸套的冷却表面(外表面)上常发生穴蚀。柴油机工作一段时间后,在缸套承受推力的一侧外表面以及冷却水进口和水流转弯处的外表面上,出现很多直径为 1~5 mm、深达 2~3 mm 呈片状分布的孔群,孔洞表面清洁,没有沉积物,这种现象称为穴蚀。随着时间的增长,孔会逐渐扩大、变深,甚至穿透缸壁。

产生穴蚀的原因尚需进一步的研究,多数认为汽缸套本身存在微观的小孔、裂缝和沟槽,是引起穴蚀的内因。在活塞侧推力呈周期性的变化方向时,由于缸套与活塞之间的热间隙,使活塞横摆时撞击缸套壁,从而引起缸套的高频振动。缸套振动时,水腔容积发生交替增大和压缩,导致气泡的形成和爆破。这些则是引起穴蚀的外因。同时,汽缸套还受到燃油的硫化物和冷却水的腐蚀及不同金属材料的电化腐蚀。

四、汽缸套的修理

1.汽缸套磨损的修理工艺

(1)测量汽缸套的磨损量　汽缸套磨损量可用量缸表或内径千分尺测量同一横截面内首尾方向($y-y$)和左右方向($x-x$)的缸径得到。对于中、小型柴油机,测量位置如图2-14所示,一般分为四个位置,并用样板将每次测量点固定,以便比较磨损量。对于大型低速柴油机由于行程较长并有气口,除上述四个测量点外,应在气口上、下边缘增加两个测量点。

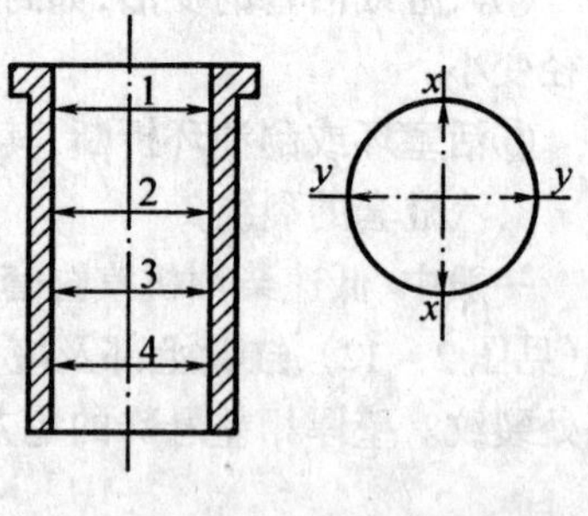

图2-14　汽缸套测量的位置

1—活塞在上死点时第一道活塞环部位;4—活塞在下死点时,最末道活塞环部位;$x-x$ 与曲轴中心线平行方向;$y-y$ 与曲轴中心线垂直方向。

在每个位置进行测量时,先把内径千分尺的一端插在样板的孔中定位,水平摆动另一端找最大值(即找直径的位置),再在上下方向找最小值(即水平位置),摆正后读数。当用量缸表测量时,经样规校准后,将一端插入样板孔中,另一端为双支点,把表调至零位,只要双支点都与汽缸壁接触,即为最大直径位置,此时只需上下摆动找最小值即可。

对测量的数据,应填入记录表2-2中,并求出不轴度和不圆度。然后再根据汽缸套最大磨损量参考表2-3,来决定是否修理、更新。

(2)汽缸套磨损的修复　当汽缸套的磨损极限超过规范时,应根据磨损情况确定修理工艺。目前采用最多的修复方法是换新、镀铬或镗缸。

采用镗缸修理时,还要换新活塞与之相配,以保证其配合间隙。缸径300 mm以下的或单体汽缸可在车床上镗缸,缸径在300 mm以上或长度1 m以上长冲程汽缸套可采用镗排加工。中小型柴油机汽缸套镗缸后还应进行珩磨加工。

当镗缸使缸径增加量为原始直径的0.5%~1.5%时,汽缸套燃烧室部分要进行水压试验,以检验其强度。试验压力为1.5倍的最高燃烧压力,5分钟不漏为合格。

当镗缸缸径增大量超过原始直径的1.5%以上时,汽缸套燃烧室壁须作强度验算。

镗缸这种修理工艺在经济上和管理上都不十分理想,因此较多采用换新缸套的方法。

现在国内外修船厂一般采用镀铬、喷涂的方法恢复汽缸套原有的尺寸。在镀铬前,先镗削消除汽缸套的不圆度、不轴度和凸肩,然后进行镀铬恢复其原有尺寸,镀铬层厚度在0.25~0.30 mm为佳。喷涂层的厚度应较镀铬层厚度厚。

如缸套磨损量还未达到极限时,对于轻微的擦伤、划痕可采用风砂轮将伤痕的棱角(锐边)除去,用油石磨光缸套上的凸肩。可用手工修锉和刮削,或用风(电)砂轮磨削,磨削后用油石磨光。

2.汽缸套裂纹的修理工艺

若汽缸套裂纹已经相当严重,一般是换新。

对于不太严重而且较分散的缸套裂纹,可采用金属扣合法(波浪键修补法)。由于波浪键材料的热膨胀系数与铸铁接近,并且波浪键修补是冷加工,不会产生变形,因此这种修理工艺最为理想。

3.汽缸套外表面腐蚀的修理工艺

湿式汽缸套的外表面腐蚀一般较为严重。在吊出缸套时应仔细检查这些地方的表面有无麻点、腐蚀或锈蚀等现象。同时要检查汽缸套的密封环带表面有无变形,必要时应予以修理。

汽缸套腐蚀严重时，如穴蚀孔洞深达缸套壁厚一半时，则要换新。

当汽缸套腐蚀不深时，将其清理出金属光泽，并涂上铅丹即可。

当有一系列穴蚀时，则可采用喷镀工艺修复，也可采用无机胶黏剂或者硅黏结剂进行修补，要求镀层不影响缸壁的导热性能。

预防穴蚀的方法，可将新制缸套进行表面氮化处理，同时把活塞环也进行氮化。另外，在冷却水中加入重铬酸钾或重铬酸钠。

表 2-2　柴油机汽缸套测量记录表

	船名		柴油机汽缸套测量记录表	测量		第 页　共 页	
	机名			记录		日期	

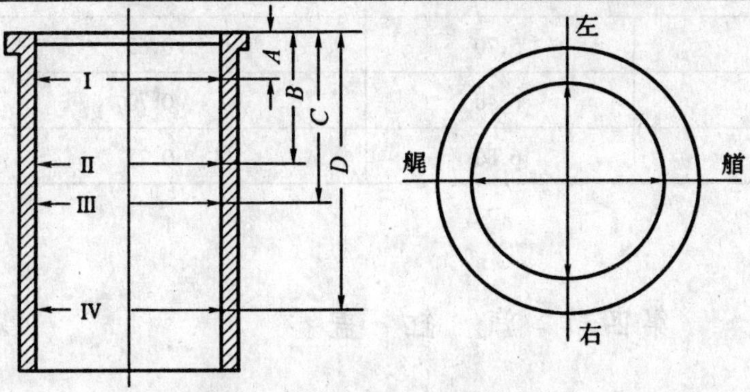

转速 ________ r/min

汽缸名义直径 ________ mm

备注:

附注：*A*—第一道压缩环在上止点位置

B—第一道压缩环在行程中间位置

C—最末道刮油环在行程中间位置

D—最末道刮油环在下止点位置

单位：mm

机名																
缸套编号	1		2		3		4		5		6		7		8	
截面方向	艏艉	左右	艏艉	左右	艏艉	左右	艏艉	左右	艏艉	左右	艏艉	左右	艏艉	左右	艏艉	左右
Ⅰ																
Ⅱ																
Ⅲ																
Ⅳ																
最大不圆度																
最大不柱度																
直径最大增量																

表 2-3　汽缸套内径最大增量、圆度、圆柱度　单位:mm

汽缸套内径	内径增量	圆度、圆柱度
85~200	0.60	0.10
>200~300	1.00	0.15
>300~400	1.50	0.23
>400~500	2.00	0.28
>500~600	3.00	0.35
>600~700	4.00	0.45
>700~800	5.00	0.60
>800~900	5.70	0.65
>900~1 000	6.40	0.70
>1 000~1 100	6.80	0.75

第四节　汽　缸　盖

一、汽缸盖的功用与工作条件

汽缸盖位于汽缸的顶端,用螺栓与汽缸体牢固地连接在一起,中间装设压紧的汽缸垫或铸铁密封环,以保持燃烧室的气密和防止冷却水外泄。

1.柴油机汽缸盖的功用

(1)密封汽缸工作空间,使之形成一个封闭的燃烧室。

(2)用于安装喷油器、启动阀、安全阀和示功阀等部件。有的还安装进、排气阀和铸出进气道和排气道。

(3)在其内部设有冷却水空间,用于降低热负荷。缸盖还开有其他通道和螺栓孔。

2.汽缸盖的工作条件

汽缸盖的底部周期性地受到高温、高压气体的作用,因而受到腐蚀并产生较大的热应力和机械应力。在它上边装设有各种阀件,孔道繁多。在水冷却空间内还受到冷却水的腐蚀以及汽缸盖还受到固紧螺栓螺母的机械应力作用。因此它是一个冷热不均,受力复杂,易受腐蚀的易损部件。

二、汽缸盖的结构与材料

对于大、中型柴油机,一个汽缸具有一个独立的汽缸盖,便于制造、安装,可单独修理。对于小型柴油机,两个或两个以上汽缸共用一个汽缸盖。

汽缸盖的类型有四冲程柴油机汽缸盖和二冲程柴油机汽缸盖两种。后者又有直流扫气式和气口扫气式两种。现分别介绍如下。

1.四冲程柴油机汽缸盖

四冲程柴油机汽缸盖上设有进、排气阀，进、排气通道，以及喷油器、示功阀、安全阀等通道，紧固螺栓孔等。图2－15所示为6300型四冲程柴油机的汽缸盖。从图上可以看出汽缸盖结构的大体情况。

2.二冲程柴油机汽缸盖

(1)直流扫气式柴油机汽缸盖　汽缸盖上无进气阀，在中央装有一个大排气阀或数个周向均布的排气阀。

图2－16所示为MAN－B&W S60MC－C型二冲程直流扫气式柴油机汽缸盖。汽缸盖中央安装排气阀，排气阀的两侧对称地安装着两支喷油器。此外，汽缸盖上还装有安全阀、启动阀和示功阀(图未示出)。它是整体式结构，用耐热钢制成。

(2)气口扫气式汽缸盖　汽缸盖上无进、排气阀。常见的有上、下组合式(例如MAN型、国产6ESDZ76/160型)和内外组合式(例如Sulzer RND型)两种。图2－17所示为6ESDZ76/160型二冲程弯流扫气式柴油机的汽缸盖。

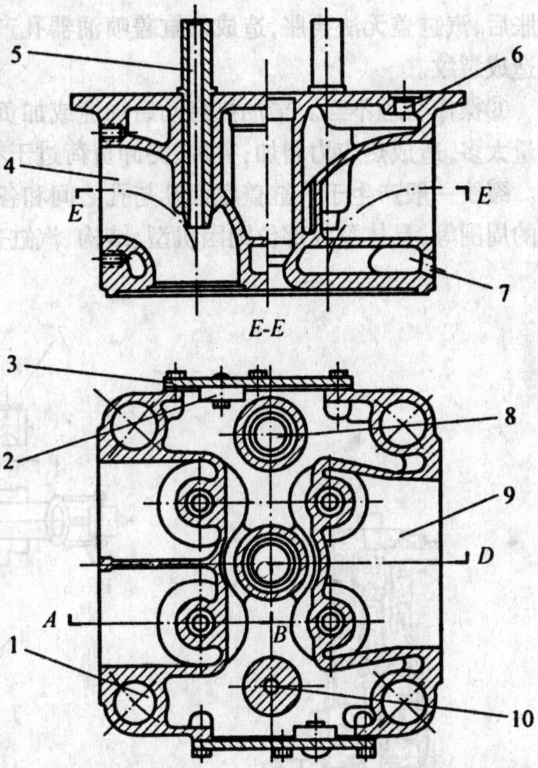

图2－15　6300型汽缸盖

1—螺栓孔；2—防蚀锌块；3—盖板；4—进气道；5—气阀导管；6—螺塞；7—进水孔；8—启动阀孔；9—排气道；10—示功、安全阀孔

上、下组合式汽缸盖的主要特点是根据承受热应力与机械应力的不同，将缸盖分成上、下两部分制造。上盖以承受机械负荷为主，用普通铸钢(或铸铁)制成，下盖以承受热负荷为主，用耐热钢制成。这样的结构，加工制造比较方便，也能合理利用材料。上、下两部分用大螺栓和四只定位螺栓连接固定。这种汽缸盖由于不用装排气阀，一只喷油器直接装于汽缸盖的中部，汽缸盖的其余各附件则装在它的侧面，因此拆装管理比较方便。

Sulzer RND－M等机型已广泛采用钻孔冷却式汽缸盖，大大提高了冷却效果。

三、汽缸盖的检查与修理工艺

1.汽缸盖出现裂纹

(1)出现裂纹的原因

①汽缸盖材料的铸造应力和缺陷(缩孔、疏松、夹渣)。

②结构上的不合理，出现了应力集中的尖角(过渡圆角半径不够大)等。

③由于受高温部位没有适当散热和冷却，或冷却水腔因积垢而效率降低等原因导致热应力过大。

④安装汽缸盖时，没有按照安装工艺要求的顺序上紧螺母，或者各螺栓上紧时用力不均引起附加应力。

⑤在热态汽缸盖上换装喷油器时，喷油器与汽缸盖的连接螺母上得过紧，使喷油器受热膨胀后，汽缸盖无法再胀，造成汽缸盖喷油器孔产生裂纹。在冷机装喷油器时，上力过紧也会造成裂纹。

⑥操作管理不当。柴油机启动后加速或加负荷太快，失水时立即加冷却水或补加冷却水量太多，造成热应力增加；突加、突卸负荷过于频繁和长时间超负荷工作等。

裂纹一般产生于汽缸盖底面孔与孔之间和各孔的圆角处、冷却水腔支承筋的根部、气门座的周围等，具体裂纹部位则因机型、结构、汽缸盖的材料不同而异。

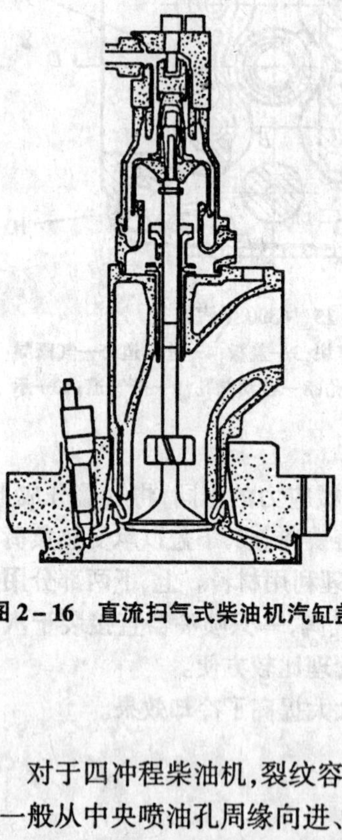

图 2－16　直流扫气式柴油机汽缸盖

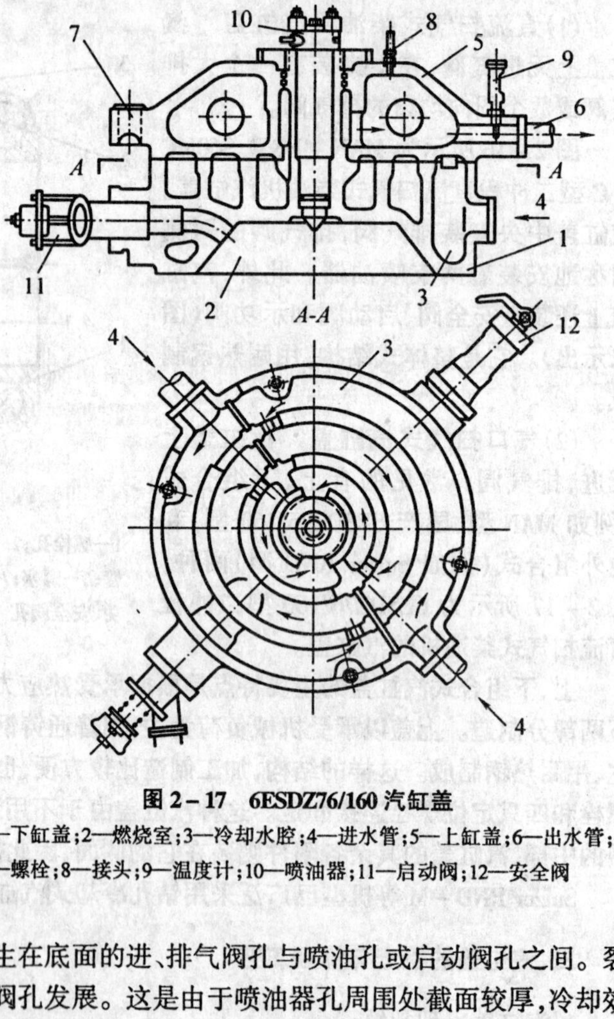

图 2－17　6ESDZ76/160 汽缸盖

1—下缸盖；2—燃烧室；3—冷却水腔；4—进水管；5—上缸盖；6—出水管；7—螺栓；8—接头；9—温度计；10—喷油器；11—启动阀；12—安全阀

对于四冲程柴油机，裂纹容易发生在底面的进、排气阀孔与喷油孔或启动阀孔之间。裂纹一般从中央喷油孔周缘向进、排气阀孔发展。这是由于喷油器孔周围处截面较厚，冷却效果差，以及阀孔之间宽度较小，如图 2－18 所示。

对于二冲程柴油机，则容易产生以喷油器孔为中心向外呈放射状的裂纹。现分述几种典型机型常见裂纹缺陷。

二冲程直流扫气式柴油机气缸盖的裂纹，是从水腔面向触火面扩展。

Sulzer RND 机型汽缸盖的小缸头，在喷油器孔、启动阀孔和安全阀孔周围圆角处容易发生裂纹。

MAN 机型汽缸盖的裂纹发生在下盖，从冷却水侧环形筋的根部开始形成，并沿周向扩展，如图 2－19 所示。此外，在转角处也容易出现裂纹。

国产 6ESDZ76/160 机型，裂纹常发生在两个进水口入口对面的支承筋根部的过渡圆角处，裂纹先在水腔面产生，沿圆周方向延伸，最后沿壁厚方向由水腔表面（冷面）向燃烧室壁（热面）扩展。

图 2－18　四冲程柴油机汽缸盖裂纹

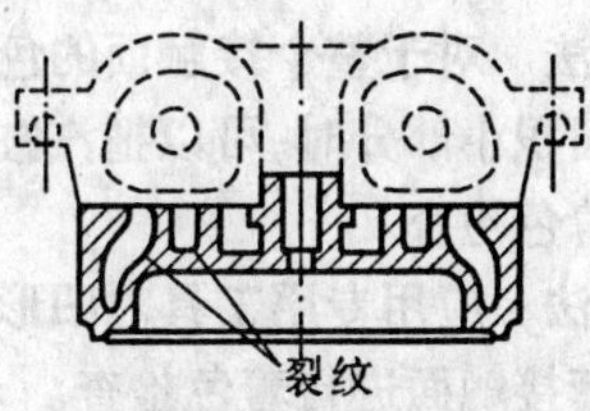

图 2－19　曼恩型柴油机汽缸盖裂纹

(2)裂纹的检查　当出现以下几种情况时，则汽缸盖可能有裂纹，需进一步查明。

①在柴油机运转时，冷却水压有忽高忽低的变化。

②冷却水温度升高，排气烟色带白色。

③吊缸时，若发现活塞顶部或边缘处，或者汽缸套上有锈痕，甚至活塞顶部有积水等现象。

④开车冲车时，若有水汽或水球从示功阀出口处喷出。

对于有怀疑的汽缸盖应进行水压试验。试验压力：冷却水空间为 0.4～0.6 MPa，燃烧室表面为 1.5 倍最大爆发压力，以判断汽缸盖有无潜在性的缺陷。

汽缸盖外表面的裂纹，可用放大镜观察，或采用着色、磁力、超声波等方法进行检查。

(3)汽缸盖裂纹的修理工艺　一旦发现汽缸盖底面或其他部位有裂纹时，必须进行修理或更新，否则裂纹就会很快扩展，以致裂穿。

对于汽缸盖上的细小裂纹，裂纹深度小于壁厚的 3%，可用锉刀、风（电）砂轮或油石等工具予以彻底清除。清除后，汽缸盖可以继续使用。裂纹严重者，只能换新。但为了应急，可采用下述修理工艺进行修理，经修理后，必须做液压试验。试验压力为 0.7 MPa，5 min 内不得渗漏。

①波浪键修补法　按照波浪键修理工艺进行修补，适用于汽缸盖底面裂纹，非燃烧室工作表面裂纹。它是国内外广泛采用的一种修理工艺。

②焊补法　铸铁或铸钢汽缸盖都可以采用焊补法修理，但其工艺难度较大。对于铸铁件，广泛采用低温焊补；应用焊接性能好的镍系合金焊条，并以低电流进行焊补，焊补前必须预热。对于低碳钢或特殊合金钢，焊接时全部零件均应充分预热。焊补后还要充分退火。

③镶套法　此法主要用于汽缸盖上的进、排气阀孔或喷油器孔因裂纹而产生渗漏的情况。为了防止冷却水渗入燃烧室，在衬套端面与缸盖底孔之间用紫铜垫密封。

④无机黏结剂胶合法　这种修理工艺适用于汽缸盖非工作表面裂纹的胶合。

⑤覆板法　这种修理工艺适用于汽缸盖外部裂纹。修理时应先将裂纹两端钻止裂孔，根据裂纹部位将覆板盖在裂纹上，并涂上黏结剂（一般采用环氧树脂），最后用螺钉紧固。

2.中小型柴油机汽缸盖接合面不平整

当出现这种缺陷时，即使将汽缸盖螺母再度拧紧，也仍然有燃气从接合面处向外逸出。

检查汽缸盖接合面是否平整,可采用着色法。对于汽缸盖接合面为凸起者,可在平台上进行检查。先在平台上涂上一层红丹油,然后将汽缸盖轻轻放在平台上,回转几圈,查看汽缸盖平面上色油分布情况。对于汽缸盖接合面为凹形者,可利用汽缸套上平面来进行着色检查。根据色油分布情况采取下述修理工艺。

(1)刮削法　对于整个接触面的色油分布问题不大者,可采用手工刮削法进行修整,用刮刀刮削印痕部分,直至接触面色点完全均匀为止。

(2)车削法　对于整个接触面的色油分布问题很大者,即不平度超过 0.5 mm 或色油斑点仅占整个面积小部分时,可以把汽缸盖放在车床上或磨床上车削光整或磨平,再与汽缸套上平面进行着色检查。

(3)研磨法　应用专用工具对凹形汽缸盖或汽缸套接触面进行研磨。研磨后再与经过修整的汽缸套接触面进行着色检查。

3.汽缸盖冷却水空间里有大量水垢或水锈

这种现象在用江水或海水进行开式冷却循环的船用柴油机中尤为严重。当水垢或水锈的厚度在 2 mm 以上时,就必须进行清洗。汽缸盖冷却水空间的清洗方法有机械清洁法和化学清洗法两种。

(1)机械清洁法　通常用刮刀或钢丝刷伸进汽缸盖冷却水空间掏搅,并不断从一端冲入清水,将刮下的水垢从另一端冲出,直至流出的水不带泥沙为止。

(2)化学清洗法　将化学清洗剂放入汽缸盖冷却水空间,泡浸一定时间,然后放掉,随后用清水冲洗空间,再用中和剂进行中和处理。化学清洗剂可用 20% 盐酸加少量福美林药剂的水溶液(泡浸时间为 24 h)、0.3% ~ 0.5% 磷酸钠水溶液(泡浸时间为 12 h)等除垢清洗剂。

4.汽缸盖底面烧损

汽缸盖底面(燃烧室)若发生烧损,则分情况进行修理。烧损不严重时,可用堆焊或喷焊修复。烧损严重时,则要对材质及铸造工艺进行分析后决定修理工艺或更新(一般换新)。

5.气阀的修理工艺

柴油机工作时,进、排气阀座不仅要承受气阀的冲击负荷,还要受到高温高压燃气的作用和腐蚀。气阀座表面常见的缺陷有:磨损、麻点、凹痕和裂痕。这些缺陷破坏了气阀和气阀座的密封性,影响了柴油机的运转和功率的发挥。气阀常见的缺陷与气阀座相同。气阀的修理工艺较为简单,可用专用磨床或机床进行加工。

气阀座缺陷的修理工艺主要取决于损伤形式及其严重程度。

(1)气阀座面上的磨损小,轻微的麻点或凹痕,可采用手工研磨法修理。

将汽缸盖清洗干净,特别是排气通道,需将结碳刮洗干净。着色检查气阀接触面的接触情况,将色油均匀地布于气阀的锥面上,放入阀座中,起落几次。取出气阀,查看阀座锥面的着色情况,使用刮刀进行必要的刮削。接着进行气阀与阀座的研磨工作。

研磨气阀时,通常用橡皮碗吸住气阀圆盘,在气阀座面当中沿圆周均匀地沾上少量研磨砂,并滴上几滴机油。在主阀杆靠近圆盘处套入一圆形橡皮,用于防止研磨砂进入导管中,并将气阀插入导管中,利用气阀圆盘锥面与阀座面相互研磨。气阀每研磨数次,应转过一个角度再磨,使气阀和气阀座在整个工作面圆周上都能得到磨合。当感到气阀研磨砂研磨钝了,应添加少量新砂。当座面上呈现一圈无光泽的暗黑色环带时,将气阀和气阀座圈洗净,再用滑油研磨三、四分钟,座面就变得光亮了。

常用的气阀研磨砂有中号、细号两种。先用中号的,待气阀和气阀座圈整圈磨到基本配合了，再用柴油洗净，最后换上细的研磨。

研磨好后，应作密封性检查。其检查方法有如下几种。

①在气阀座锥面每相隔 3 ~ 5 mm 画上铅笔线，然后放上气阀，压紧气阀旋转 90°，若所画的铅笔线全部被擦去，即为合格。

②将气阀起落于阀座敲击数次。如阀座锥面上出现一条连续光滑环带，即为合格。

③将气阀压在阀座上，把煤油倒入阀座坑内，数分钟后，擦干煤油并迅速提起气阀。若锥面上是干燥的，则密封性良好，否则应重新研磨。

(2)气阀座锥面有烧伤、腐蚀、锈蚀、工作面宽度过宽(超过 4 mm)等缺陷，气阀座必须进行加工，加工工艺如下。

图 2 – 20 所示是手动阀门铰刀铰气门座的装置示意图。铰刀的心杆 4 与导管采用最小的动配合。如果导管需要换新，应先将新的导管换上再进行铰削。

先根据阀面角(一般为 30°或 45°)，选择铰刀。将整个工作座面铰光洁，再换用 15°和 75°的铰刀将工作座面修整到规定宽度，一般为 1.5 ~ 3.0 mm。两手作用于铰板手上的力要相等，轻重要适度。气阀座圈铰削后的情形如图 2 – 21 所示。

若气阀座圈磨损严重或已多次修理加工，或者气阀座圈已经沉陷，造成气阀流通面积显著减少，致使进、排气阻力增大，换气质量变坏，且下沉量小于 2 mm 时，可用端面铰刀将阀座锥面周围缸盖底平面削平约 2 mm 厚。

一般座面的沉陷以不超过 1.7 ~ 2.0 mm 为限，若超过 2.0 mm，或有裂纹时，通常用镶套法修理，或更换座圈，以恢复气阀座的尺寸。

拆卸旧气阀座圈，一般采用专用工具。

图 2 – 20　铰气门座示意图

1—铰刀；2—气门座；3—汽缸盖；4—心杆；5—垫铁

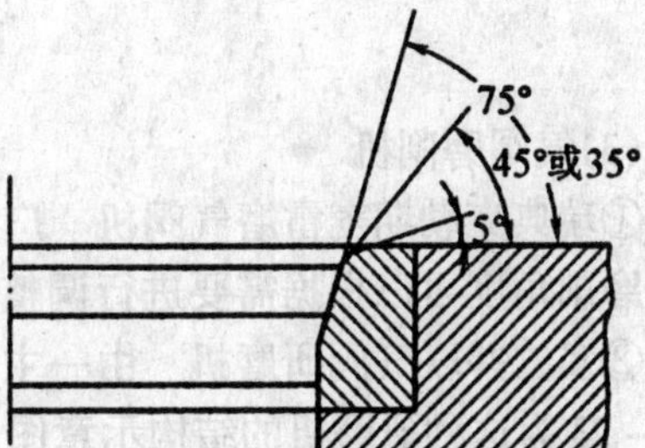

图 2 – 21　气阀座圈的铰削角度

新制造的气阀座圈所用的材料：进气阀座 40CrNi、40Cr、35CrMo，排气阀座 4Cr9Si2、4Cr10Si2Mo 等。也有采用合金铸铁的。气阀座圈与座孔之间的配合，当采用冷镶时，其配合过盈量为 0.04 ~ 0.125 mm；当采用热镶时，其配合过盈量为 0.2 ~ 0.25 mm。

若采用常温压入法，应在压入气阀座圈之前，把气阀座圈和孔擦拭干净，表面涂少许滑油，用专用工具压入。

热镶法。将汽缸盖在炉内均匀加热到 350 ℃ ~ 400 ℃，再迅速压入气阀座圈，然后慢慢冷却至常温。

冷镶法。将气阀座圈冷冻(可采用液氮)，然后迅速将其放入座孔内，升至常温。

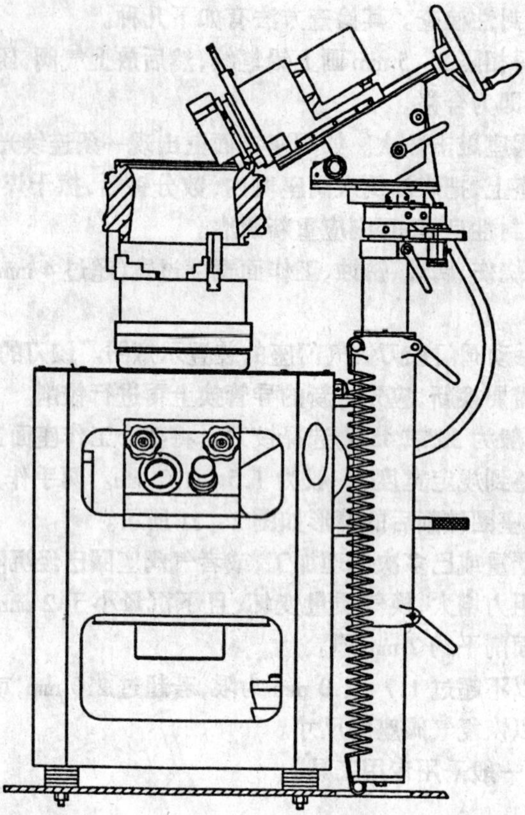

图 2-22　磨气阀机

(3)气阀磨削机

①瑞典克勒期麦雷磨气阀机　广泛用于大型柴油机气阀的磨削,其结构如图 2-22 所示。磨削角度可以根据需要进行调整。

②多缸并联气阀研磨机　由一主轴带动可以同时对几个汽缸的气阀与阀座进行研磨。图 2-23 为这种研磨机的结构示意图。它是利用凸轮将气阀顶起,靠气阀的自重落下来进行研磨。

(4)气阀喷焊　气阀圆盘上的锥面磨损后可用气阀粉末喷焊或气阀等离子弧焊。

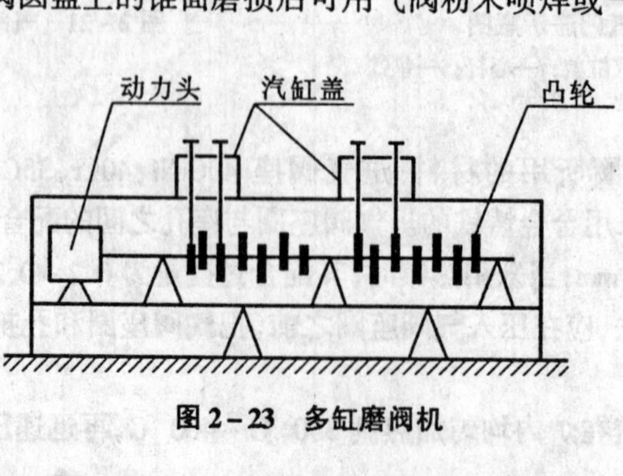

图 2-23　多缸磨阀机

第五节 活塞组件

柴油机活塞组可分十字头式活塞组和筒型活塞组二大类。前者有十字头，用于大型低速柴油机，后者无十字头，用于高、中速柴油机。图 2–24 所示为十字头式活塞组，它由活塞(包括活塞头 1、活塞裙 2)、活塞环 3、活塞杆 4、十字头 5 及滑块 6 组成。图 2–25 所示为筒形活塞组。它由活塞 1、活塞环(包括气环 4 和油环 2)、活塞销 3 以及一些固定位置用的小零件组成。

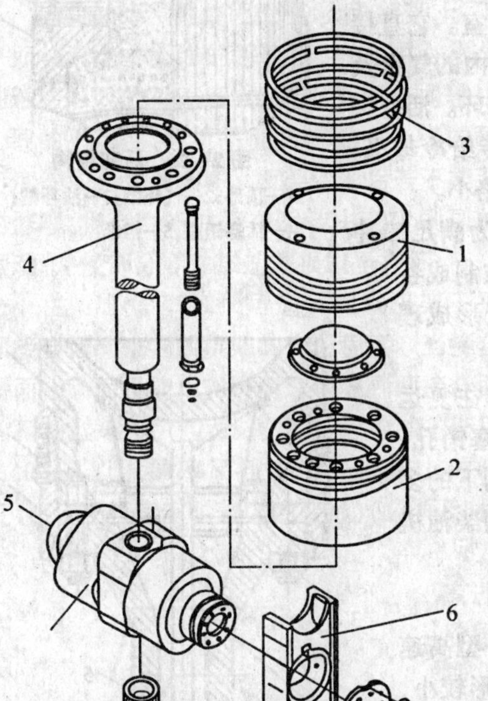

图 2–24 十字头式活塞组

1—活塞头；2—活塞裙；3—活塞环；4—活塞杆；5—十字头；6—滑块

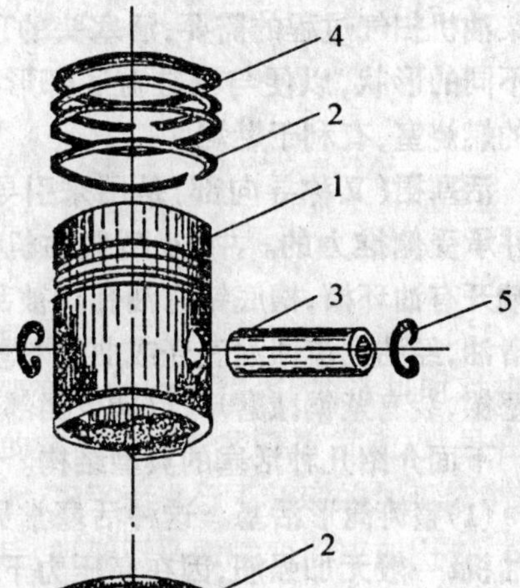

图 2–25 筒形活塞组

1—活塞；2—刮油环；3—活塞销；4—气环；5—卡簧

一、活塞

1. 活塞的功用、工作条件与材料

活塞是柴油机运动部件中主要零件之一，其功用归纳如下。

(1)与汽缸盖、汽缸套组成燃烧室和汽缸工作空间，并保持其气密性。

(2)承受汽缸中最大燃烧压力，并把燃气压力传递给活塞杆、连杆。

(3)筒形活塞还要承受侧压力，并起着活塞往复运动的导向作用。

(4)在二冲程柴油机中，活塞还起着控制气口启闭时刻的作用。

在柴油机工作时,活塞直接承受燃烧产生的高温、高压,而且进行高速运动,因此活塞受到很大的热应力、机械应力和高速运动所产生的往复惯性力的作用。此外,由于活塞所处工作环境的限制,造成冷却与润滑条件较差,所以活塞工作条件非常恶劣。

通常制造活塞的材料:铸铁活塞采用 HT300、HT350 灰铸铁或合金铸铁,QT600 - 3 球墨铸铁,ZG25Mo、ZG35CrMo 合金铸钢;活塞裙采用 HT300、HT350 灰铸铁。

2.活塞的构造

活塞由活塞头、活塞裙等部分组成。在构造上,有的活塞是整体铸造的,有的则是活塞和活塞裙分开铸造组合而成的。

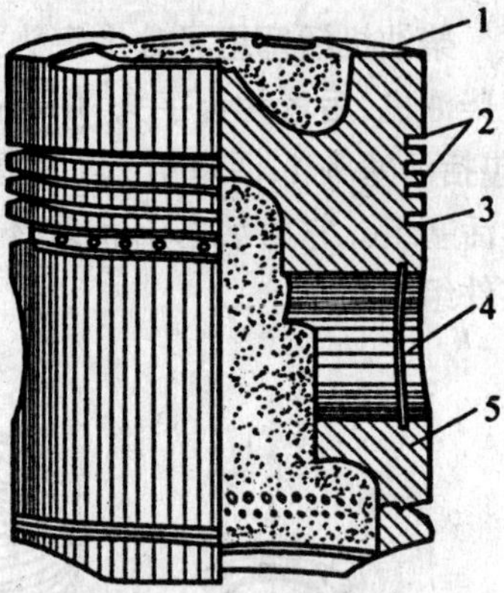

图 2-26 活塞结构

1—顶部;2—气环槽;3—油环槽;4—活塞销座;5—裙部

活塞头的上部和汽缸套、汽缸盖组成燃烧室。它直接与高温气体接触,受热最剧。为了活塞及汽缸内的气密及散热,在头部周围车有数道环槽,用于安装活塞环。活塞头所吸收的热量经过活塞环传给汽缸壁,最后传给冷却水。由于这部分的温度比较高,因此其直径比裙部略小。

为了改进燃料与高压气混合情况,以及为满足二冲程柴油机扫气过程的需要,活塞头的顶部常被制成各种不同的形状,以便与汽缸盖底部形状相配,形成理想的燃烧室,有利于燃烧。

活塞裙(又称导向部)是用来引导活塞作往复运动并承受侧推力的。中、小型柴油机开有活塞销孔,下端开有油环槽,槽底钻有油孔。被刮油环刮下的多余滑油,经油孔流回油底壳或曲轴箱里。大型柴油机活塞裙,装有紫铜减磨环,以减少裙部的磨损。

下面介绍几种活塞的典型结构。

(1)整铸筒形活塞　这种活塞常见于中小型高速柴油机,一般无加强筋,因在高压力下机械变形较小,所产生的热膨胀比较均匀,所以不需要采用强制冷却措施。图 2-26 所示为这种活塞构造的简图,在头部车有环槽 2,用于安装活塞环。裙部设有活塞销座 4,以安装活塞销,在最下部车有安装油环的环槽。

顶部为燃烧室,它有各种不同的形状。一般柴油机进、排气阀为均匀布置,相应的活塞顶亦为对称形,但有些柴油机非均匀或非对称布置进、排气阀,活塞顶的形状也就要与其相适应,因此拆装时要特别注意。

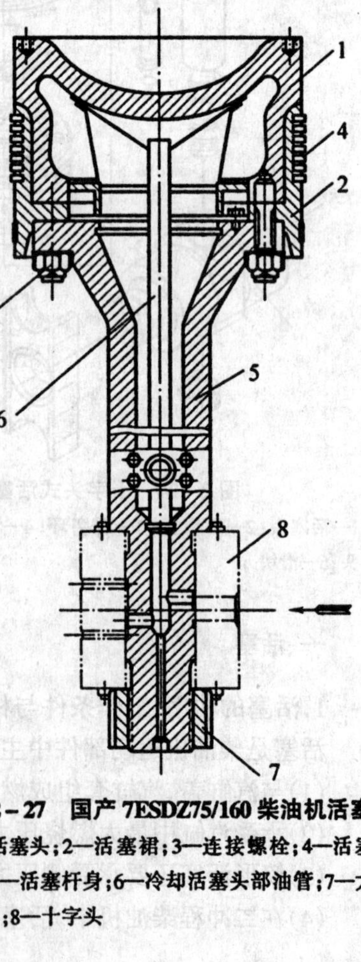

图 2-27 国产 7ESDZ75/160 柴油机活塞

1—活塞头;2—活塞裙;3—连接螺栓;4—活塞环;5—活塞杆身;6—冷却活塞头部油管;7—大螺帽;8—十字头

(2)十字头式短裙组合活塞　这种活塞用在直流扫气式柴油机上。由于直流扫气式柴油机在汽缸下部设有扫气口,而排气口设在汽缸盖上,因此活塞可以做得短一些(又称为短活塞)。图 2-27 所示为直流扫气式柴油机活塞,活塞头 1 与活塞裙 2 分开制造组合而成,活塞顶做成下凹形,活塞裙车有七道活塞环槽,安装活塞环 4。MAN - B&W、国产 6ESDZ75/160 型属于这类直流扫气式柴油机活塞。

某些中速柴油机采用了一种旋转式活塞。活塞体与活塞杆为球形连接,活塞在往复运动中还可以有小量回转以增加与缸套的配合,减少拉缸,磨损也较一般活塞要少,但结构较复杂。

3.活塞的缺陷

(1)裂纹与破裂　一般来说,裂纹或破裂多数出现在顶部、环槽、内冷却面和销座等处。顶部裂纹主要由于活塞过热和受热不均匀而产生的热应力,以及燃料燃烧爆炸压力产生的机械应力作用造成。材料本身的缺陷和腐蚀作用也是产生裂纹的原因。另外顶部起吊螺纹孔处因应力集中也比较容易出现裂纹,如图 2 - 28 所示。

活塞环槽龟裂的原因,除了温差大造成热应力大之外,还有环与环槽的长期冲击。裂纹情况如图2 - 29所示。

四冲程柴油机活塞销座孔的裂纹,是由于座孔受销子的机械应力过大造成的。

图 2 - 28　活塞顶裂纹

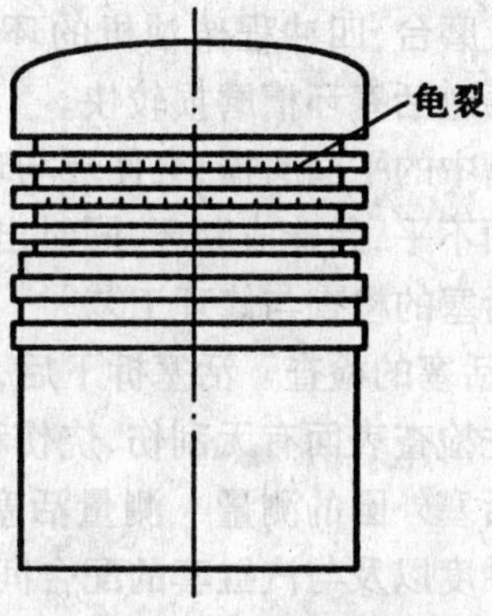

图 2 - 29　活塞环槽龟裂

(2)活塞顶部的烧蚀

活塞顶部烧蚀的特征为表面层金属烧熔剥落,使顶部逐渐变薄。开始时出现麻点,严重时会烧穿,如图 2 - 30 所示。

造成烧蚀的原因有以下几个方面:喷油定时迟后,造成后燃,引起温度过高;喷油器安装不正确,或喷油孔磨损等,造成雾化不良或滴油,使燃油集中在活塞顶部的局部燃烧,造成活塞顶部温度过高;喷油器喷孔的角度与燃烧室形状不相适应,也会造成燃料集中在某一地方燃烧而过热;此外,冷却液量不足或活塞冷却侧结垢传热不良,造成温度升高过热;柴油机长期超负荷运转,使活塞顶过热,造成燃损。

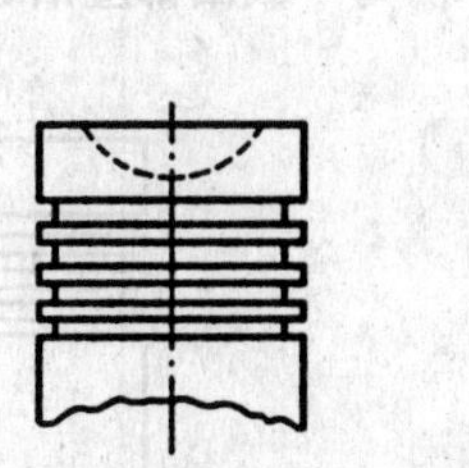

图 2 - 30　活塞顶部的烧蚀

活塞头第一道环岸外圆面的烧损是燃气漏泄引起的。这种烧蚀情况在二冲程柴油机中特别多。

活塞顶烧蚀程度可用样板(厚为 1 ~ 1.5 mm)进行检查,如图2 - 31所示。用塞尺测量样板 2 与活塞顶部之间的间隙 1。测量时，应将样板调换几个位置进行测量。

(3)活塞的磨损

①活塞外圆的表面磨损、擦伤与线痕　活塞外圆的表面磨损主要产生在裙部，磨损后直径减小，横剖面产生不圆度，轴向产生不轴度。缸壁对活塞磨擦会产生磨损；在高温下活塞变形和活塞连杆的机械加工或装配不正确，会加速磨损；十字头式柴油机导板和滑板磨损后或安装不正确也导致活塞裙部磨损加剧。

活塞外圆表面产生线痕与擦伤，是由于汽缸套配合间隙过小、机油太脏及润滑不良或空气滤清器太脏等原因。使用维护不当，使固体颗粒落入汽缸内易造成活塞表面拉伤。

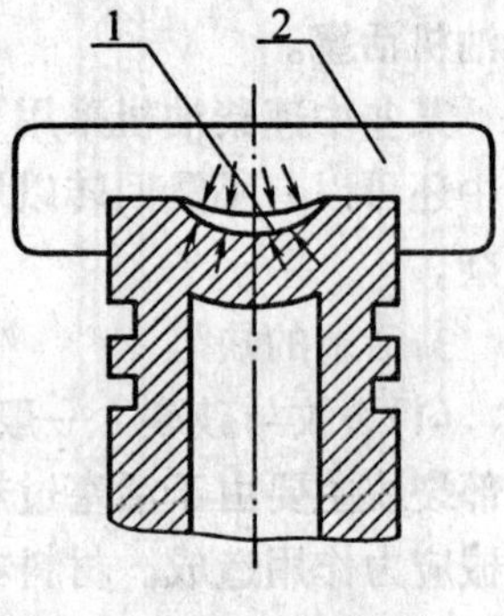

图 2-31　检查活塞顶部的烧蚀

②活塞环槽的磨损　造成这种缺陷的主要原因是缸套和活塞外圆严重磨损所致。当汽缸套内表面因磨损产生不柱度时，活塞环除了随活塞作往复运动外，它自身在环槽中还发生一张一合的运动，从而使环槽的上、下平面磨损也随之加剧。活塞环槽磨损后有梯形和磨台两种(如图 2-32 所示)。二冲程柴油机的环槽底平面受磨损严重形成磨台，四冲程柴油机的环槽上、下平面均有磨损形成梯形。活塞上头两道活塞环槽磨损较快。

环槽中的平面磨损，会使环与环槽配合间隙大。磨损不均匀会引起环槽平面不平，易造成断环，同时出现严重的漏气。

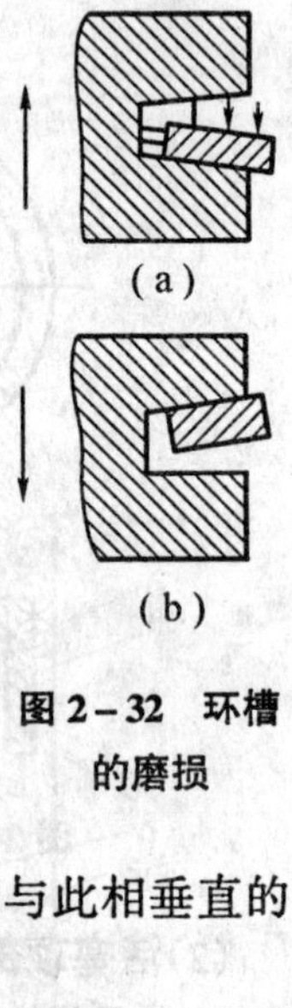

图 2-32　环槽的磨损

4.活塞的检查与修理工艺

(1)活塞的检查　活塞拆下后，除去活塞顶及环槽的积炭，并清洗干净。首先检查表面有无刮伤、烧伤和腐蚀等，然后进行下列各项测量：

①活塞外圆的测量　测量活塞外圆的目的是为了测定活塞的不圆度和不轴度以及与汽缸套的配合间隙，从而确定活塞的修理方案。活塞测量位置，对于中小型筒状活塞应测量五个部位的尺寸，如图 2-33 所示。每一截面都应沿纵、横两个互相垂直的方向(即活塞销中心线方向和与此相垂直的方

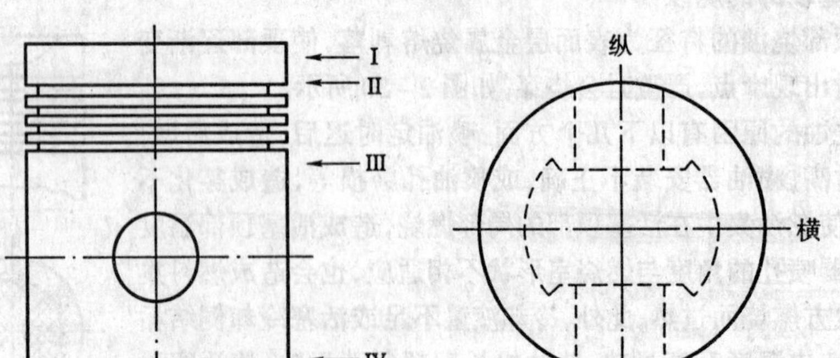

图 2-33　活塞测量部位图

向)进行测量。对于十字头式柴油机的活塞,还应测量减磨环纵、横两个方向的尺寸,以查明其磨损情况。

测量的数据应填入专用记录表,求出不圆度和不轴度,然后再根据柴油机活塞的磨损极限或表 2-4 的规定确定;活塞与气套的装配间隙应符合各种机型说明书的要求,其极限间隙按表 2-5 的规定确定。这样就可以决定是否需要修理及修理工艺或更换新备件。

②活塞裂纹的检查　活塞外表面裂纹可用着色探伤等方法检查。对于轻微的裂纹,用肉眼是无法察觉的,因此,必须用水压试验查明,缸径大于等于 200 mm 的活塞顶试验压力为 0.7 MPa,冷却液空间压力为 0.4~0.6 MPa,历时 5 min,观察活塞表面的渗漏情况。

表 2-4　活塞外圆的圆度及圆柱度的磨损极限　　单位:mm

汽缸直径	筒形活塞裙部圆度、圆柱度磨损极限	十字头活塞裙部圆度、圆柱度磨损极限
<100	0.10	-
>100~150	0.12	-
>150~200	0.12	-
>200~350	0.15	0.30
>350~400	0.20	0.30
>400~500	0.25	0.38
>500~550	0.30	0.45
>550~600	-	0.50
>600~650	-	0.60
>650~700	-	0.65
>700~750	-	0.75
>750~800	-	0.85
>800~850	-	0.95
>850~900	-	1.05
>900~950	-	1.15
>950~1 000	-	1.25
>1 000~1 050	-	1.35
>1 050~1 100	-	1.40

表 2-5　活塞与汽缸之间的极限间隙　　单位:mm

汽缸直径	四冲程筒形活塞极限间隙		二冲程筒形活塞裙部极限间隙	十字头式活塞裙部极限间隙
	铸铁活塞	铝活塞		
<100	0.35	0.40	–	–
>100~150	0.55	0.60	0.75	–
>150~200	0.72	0.80	1.00	–
>200~250	0.88	1.00	1.10	–
>250~300	1.04	1.20	1.20	–
>300~350	1.20	1.40	1.30	–
>350~400	1.35	–	1.40	–
>400~450	1.50	–	1.60	2.10
>450~500	–	–	1.80	2.30
>500~550	–	–	1.90	2.50
>550~600	–	–	–	2.70
>600~650	–	–	–	2.90
>650~700	–	–	–	3.20
>700~750	–	–	–	3.40
>750~800	–	–	–	3.80
>800~850	–	–	–	4.00
>850~900	–	–	–	4.20
>900~950	–	–	–	4.50
>950~1 000	–	–	–	4.70
>1 000~1 050	–	–	–	4.80
>1 050~1 100	–	–	–	5.00

③活塞环槽磨损的测量　活塞环槽一般是第一、二道环磨损较快。环槽磨损量可用样板和塞尺进行测量,如图 2-34 所示。

图中样板 2 可按活塞环高度制造(也可以用活塞环)。测量时,把样板在环槽中放好后,再用塞尺测量活塞环端面与环槽面间的间隙。当然也可以用游标卡尺测量环槽的高度。将测量得到的数据与标准高度进行比较,就可以得出环槽的磨损量。

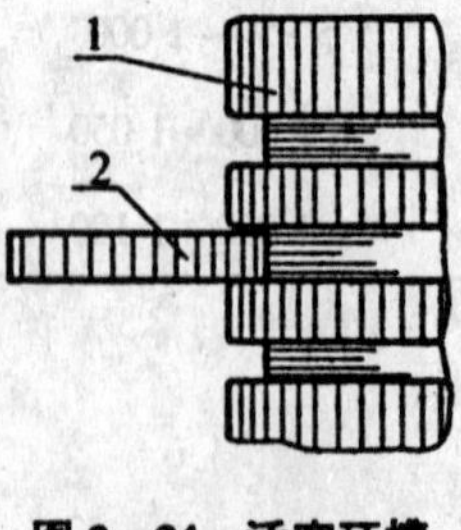

图 2-34　活塞环槽磨损的测量

1—活塞;2—样板

④活塞销孔直径检查　活塞销孔直径应在离孔端约 10 mm 以内的 2~4 个位置,用内径千分尺进行测量,每个位置亦应测量互相垂直两个方向的数值,即一个是平行于汽缸中心线的方向,另一个是与此垂直的方向。

活塞销孔的一般磨损规律是上下方向直径增大,并且销孔中心线也发生了变化,检查时应予以注意。

(2)活塞的修理工艺　在决定活塞是否光车或换新之前,先计算出活塞与汽缸套的间隙,再对照说明书或表 2-5 所列出的规范,决定活塞修理方案。

①活塞外圆表面磨损的修理工艺　若活塞外圆不均匀、磨损不太严重时,则可以采用光车的办法进行修复。光车后的活塞外圆应具有正确的尺寸精度和光洁度,与此同时,与之相匹配的缸套等零件也要换新。活塞光车一般只容许 1~2 次,再次磨损就要换新。当然也可以采取保留缸套换新活塞的办法。

当活塞与汽缸套间的装配间隙超过规范时,若是铝活塞则将活塞换新;若是铸铁活塞,则可采用喷镀的方法进行修理。对于已确定汽缸套要镗大的,则必须更换活塞,以保证活塞与缸套间的安装间隙。

裙部嵌有铜减磨环的活塞,当减磨环有出现单边严重磨损或碎裂时,则必须将旧的耐磨环车掉,换上新的耐磨环。换新耐磨环时,其截面形状与尺寸可参照图 2-35 所示尺寸加工。耐磨环的径向厚度高出活塞裙部表面 3~3.5 mm,耐磨环轴向宽度与环槽相配合公差如图 2-35 所示。

每一圈耐磨环可以由 3~6 片组成,每两片之间的周向间隙为 2~4 mm。耐磨环的压入可采用手工方法或专用机床。将耐磨环压入环槽前,应准备好专用工具,在耐磨环位内圆处加固,同时测量耐磨环附近直径,并作好记录。在铆击耐磨环过程中不要用力过大,否则会使活塞变形甚至被打裂。铆击后应测量活塞上述的位置直径,观察其铆击后是否变形。

光车耐磨环时一般要求校正活塞杆Ⅰ、Ⅱ两个位置,如图 2-36 所示,若Ⅱ对Ⅰ的跳动量太大,则校正的位置可改为Ⅰ及活塞裙部Ⅲ。

耐磨环与汽缸之间的间隙,十字头式柴油机为(0.001 1~0.001 2)D,筒形活塞柴油机为(0.000 7~0.000 9)D,其中 D 为汽缸直径(mm),或按说明书确定。

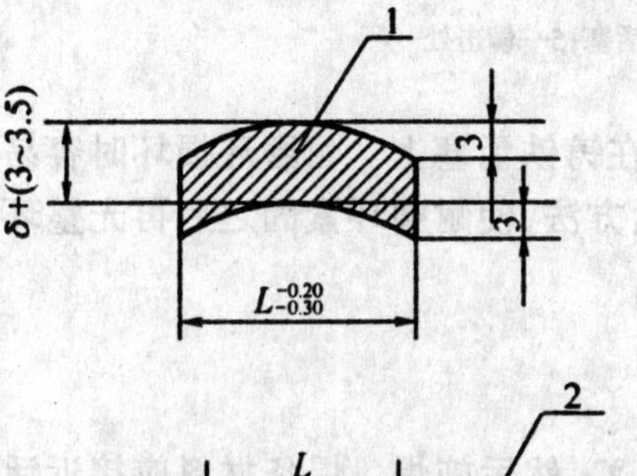

图 2-35　耐磨环与环槽截面形状

1—耐磨环截面形状;2—活塞裙部环槽形状

图 2-36　光车耐磨环校正方法

②活塞裂纹的修理工艺　活塞一旦出现裂纹,就必须予以修理,否则会在运转中进一步发展,造成活塞破裂。钢质、铝质活塞可采用补焊的方法进行修理,但要适当控制受热区域的温差,以防止因补焊时温度变化而产生裂纹。补焊工艺要参照有关规定进行。补焊后要进行液压试验。如果活塞是铸钢的,而且无把握焊复时,可将整个顶部车除,换上一个用同

样材料制成的顶部焊上去，然后将活塞顶部外圆精加工至原始尺寸，使其满足技术要求，如图 2－37 所示。

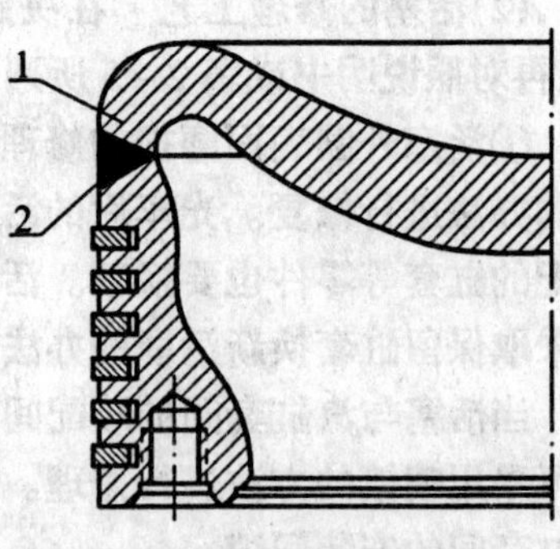

图 2－37　活塞顶部换新用焊接连接

1—新活塞顶；2—焊缝

对于活塞冷却腔内部的裂纹，只能换新。

③活塞环槽的磨损、裂纹与崩裂的修理工艺　活塞环槽磨损后，应根据不同情况采用相应的修理工艺。

a.光车加工修理　这种方法是车大环槽，然后根据环槽修理后的尺寸配制新的活塞环。要注意环岸的减薄量不得大于原始厚度 20%，否则会由于新配活塞环弹力过大而严重损坏汽缸套，或使环岸强度不足。

若有分级修理尺寸，则按分级修理进行。

b.镶耐磨环　加镶耐磨环有三种方法，如图 2－38 所示。图中(a)为钢质耐磨环，这种方法多用在钢质活塞环槽的修理上。在镶耐磨环之前，要对活塞环槽进行机械加工，待车出相应于环结构的槽子后，再装耐磨环。如果过去修理时已装过，则要将其车掉，然后装入新的环，用电焊将耐磨环焊牢在活塞上，然后精车外圆和平面。

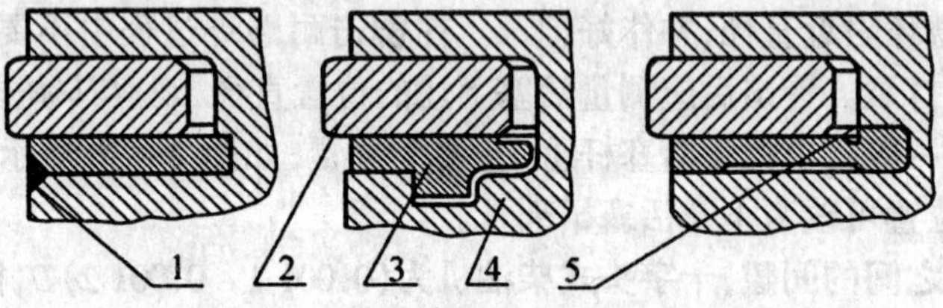

图 2－38　活塞环槽镶耐磨环修复

1—焊缝；2—活塞环；3—耐磨环；4—活塞；5—铆击处

图(b)为铸铁耐磨环，加工后镶入槽内。此法多用在铸铁活塞上。耐磨环损坏时容易取下，但环损坏后易掉在汽缸内引起事故。图(c)为铆紧方法，使耐磨环紧固之后再光整环槽及外圆。

对于环岸的裂纹或崩裂，焊补的方法如下。

a.清洁活塞环槽，铲去裂纹。

b.在炉内或用风焊灯将活塞加热到 500 ℃～600 ℃，然后施焊。焊条材料应接近活塞材料的含碳量及收缩率。施焊时由里向外，整个面积焊满一层后再焊第二层，如图 2－39 所示。

c.在车床上光整环槽，恢复到原始尺寸。

d.采用火焰硬化，或高频硬化。前者硬度不均匀，后者较好。

e.进行回火处理，消除焊接造成的内应力。

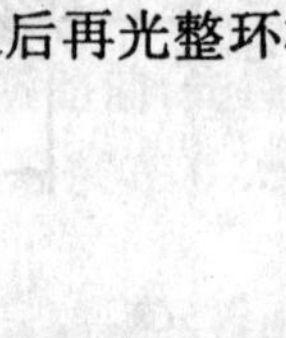

图 2－39　环槽焊补

④活塞顶部烧损的修理工艺　对于钢质活塞顶部的烧损，可用堆焊的方法进行修理。堆焊前，先将烧损处车削或铲凿削到露出金属光泽，然后用相同或等同材质焊条进行堆焊。堆焊后再进行机械加工，恢复活塞顶的原始形状。铸铁活塞极少采用堆焊或喷焊等方法进行修理。

若活塞顶烧蚀超过原设计厚度的一半，必须换新。

⑤活塞销座孔出现不均匀磨损的修理工艺　活塞销座孔出现不圆度和不轴度时，一般采用光车的方法，可在镗床上将孔镗正。镗削活塞销孔后需要将活塞销光车后镀铬或换新活塞销。活塞销孔镗孔时必须满足对销孔的技术要求。

二、活塞环

1.活塞环的功用和工作条件

(1)活塞环的作用

①密封燃烧室，使燃气最有效地通过活塞做功。

②将活塞顶部吸收的热量通过汽缸壁传给冷却水。

③活塞在汽缸内运动时，起相对稳定作用。

④对润滑油起调节作用，保证活塞和环在汽缸内良好润滑，保持正常运动。避免过多滑油蹿入燃烧室。

(2)活塞环的工作条件　活塞环的工作条件甚为恶劣，它在高温、高速及强载下紧贴汽缸壁作往复运动。活塞环的工作温度很高，它受到活塞顶部和高温气体传给的大量热量，加上它本身因强烈摩擦而发热、润滑条件差。此外在环槽中还承受着交变弯曲和挠曲的作用，所以它的磨损较其他零件快。

气环除了作径向移动外，还同时绕活塞的轴线转动。活塞环的转动可使周围磨损均匀，并有利于清除环槽中的炭渣。

2.活塞环的工作原理和构造形式

(1)气环　气环以一定的弹力与汽缸壁压紧，形成第一密封面。在这样的条件下，被密封的气体不能从汽缸壁通过，它钻入环与环槽之间的空间，把环向环槽的下平面压紧，形成所谓的第二密封面，同时处在背隙里的气体又将环压向汽缸壁，从而大大加强了环与汽缸壁的压力，达到了气密的作用，如图 2－40 所示。几种常见的气环结构形式见图 2－41 所示。

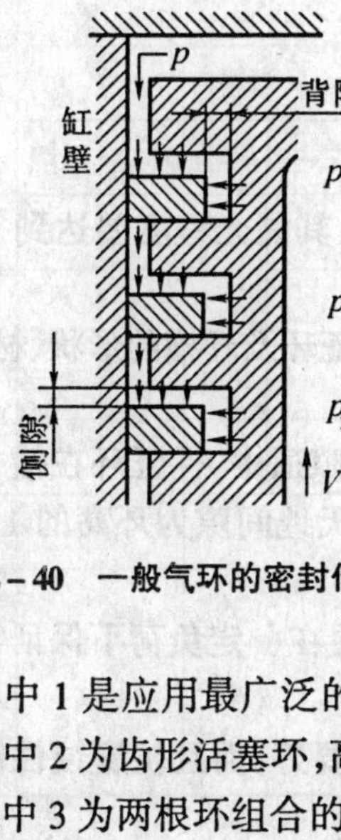

图 2－40　一般气环的密封作用(测定结果)

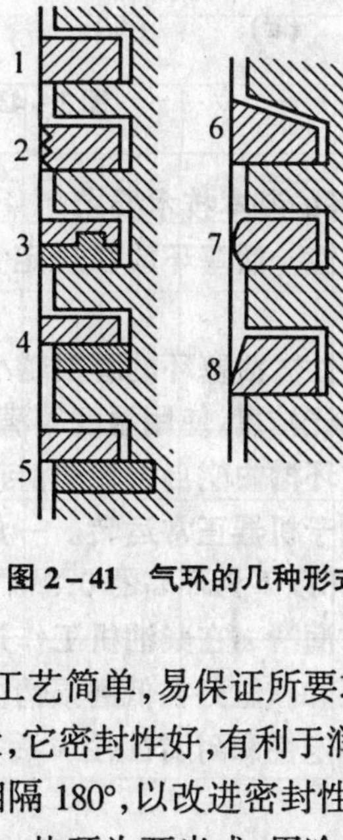

图 2－41　气环的几种形式

图中 1 是应用最广泛的矩形截面活塞环，它的加工工艺简单，易保证所要求的压力分布。图中 2 为齿形活塞环，高增压的柴油机采用这种形状，它密封性好，有利于润滑，接触面小。图中 3 为两根环组合的复合环，安装时两环的开口相隔 180°，以改进密封性。图中 4、5 所示的气环，其上面为矩形活塞环，下面为抗磨铸铁垫环。垫环为两半式，用冷处理或焊接方法固定在环槽下面，垫环磨损后，可将垫环换新。它一般应用在大型低速柴油机中。图中6为梯形环，在一些热负荷较大的柴油机中应用，具有高的防烧焦能力。图中7为工作表面呈凸弧形环，其上下方向均与汽缸壁成楔形，易于磨合，润滑性能好，减少磨损。图中8用于高速短行程柴油机，有利于刮油，防止滑油进入燃烧室，安装时不能装反。

活塞环的搭口形式如图2-42所示，图中(a)为直搭口，(b)和(c)为斜搭口，(d)为重叠搭口。直搭口和斜搭口环构造简单，加工方便；重叠搭口环的气密性较前两种好些，但加工制造困难，重叠部分容易折断。因此，实际上常用直搭口和斜搭口环。

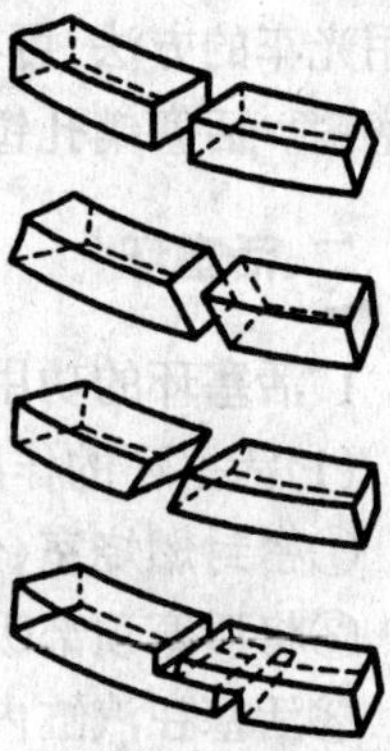

图2-42 活塞环的搭口形式

(2)油环 筒状活塞式柴油机中都设有刮油环，它的主要任务是将汽缸壁上多余的润滑油刮下来。刮油环的结构和工作原理见图2-43。刮油环的结构形式较多，但常见的如图中(a)、(b)、(c)所示。刮油环的共同特点是环与汽缸壁的接触面小，以提高环对汽缸壁单位面积的压力；环与环槽的天地间隙小，以减少泵油作用。此外，环或环槽上开有油孔，以便滑油经由活塞内部流入曲轴箱。现以图中(b)所示的形式来说明刮油环的工作原理。当活塞下行时(见图中(d))，汽缸壁上的滑油被刮油环刮下，并通过环上的泄油孔2和活塞上的泄油孔3流入曲轴箱。当活塞上行时，如果汽缸壁上仍有多余的滑油，则将被刮油环上边缘刮下，并通过泄油孔3流入曲轴箱。

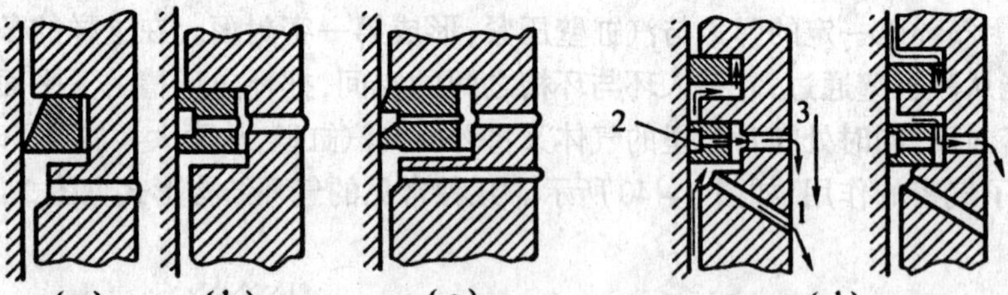

图2-43 刮油环的结构形式和工作原理

3.活塞环的基本技术要求

(1)气密性 活塞环放在规定直径的量规中进行漏光检验，其漏光程度要达到技术要求。

(2)耐磨性 活塞环的磨损越小，寿命就越长。为此必须保证环及环槽的形状、材料、加工精度、表面光洁度、使用温度等满足技术要求。

(3)环在环槽中能自由转动，与槽的间隙正常 环与环槽间隙适中，保证环在槽中能自由转动，有利于机器正常运转。一般柴油机，其第一、三道环的天地间隙为环高的1.5%~2%，第三道环以下为环高的0.8%~1.0%。

(4)正常润滑 在柴油机工作过程中，要有适当的润滑，以便在一定负荷下保证油膜形成，使活塞环和汽缸处在低磨损情况下运转。

(5)热稳定性和耐腐蚀性 活塞环在高温下不仅热稳定性要好，而且抗腐蚀性能也要强。

(6)适当的物理性能和化学性能 活塞环要有适当的强度、硬度和一定的弹性。

活塞环的自由开口值为(0.1～0.13)D，D为汽缸直径(mm)。

4.活塞环的故障

从活塞环的工作条件可知，活塞环是柴油机易损件之一，活塞环的主要损坏形式有过度磨损、丧失弹性和折断与腐蚀等。

(1)活塞环的磨损　活塞环的磨损主要表现在活塞环外圆和高度的变化上。活塞环外圆磨损是由于汽缸壁摩擦造成的，其后果是使活塞环厚度减薄，活塞环搭口增大。活塞环高度上的磨损主要是与活塞环槽的摩擦造成的，其后果是使活塞环高度减小，环与环槽间隙增大，即天地间隙增大。

造成磨损的原因有：活塞环与汽缸套的材料硬度匹配不当；润滑油量太大；燃油与润滑油匹配不当引起的腐蚀磨损；运行初期磨合不好，在漏气的作用下，环外圆的油膜被烧掉，使零件工作表面金属直接接触产生擦伤；活塞环与环槽间隙不合适等。

(2)活塞环的折断　活塞环的折断在柴油机运行中也常常出现。引起断环的原因是多方面的，其主要原因有以下几种。

①活塞环搭口间隙不当　活塞环搭口间隙超过最大允许间隙或间隙过小，都容易折断。活塞环搭口间隙过大，特别是在汽缸套内表面磨损的情况下，环贴紧在缸壁上，环张大时，搭口间隙也大，漏入环背后的燃气便以很高的压力将环压在汽缸壁上，使环在较大应力作用下折断。活塞环搭口间隙过小，在柴油机运转时就会因热胀而使环搭口间隙胀死，同时会引起活塞环在搭口对侧处折断，所以在换新活塞环时必须注意搭口间隙，一定要按照规范修配。

②由于积炭造成断裂　柴油机工作时聚在环槽中的机油，在高温作用下产生积炭。环槽底面有积炭时，初期积炭尚软，活塞环还能运动，但积炭逐渐增加时，环的活动也逐渐迟缓，环与汽缸套内表面发生强力接触部分把刮下来的润滑油与金属粉末相混合，并在漏泄燃气的作用下形成硬的积炭，从而造成环的弯曲折断，如图2－44所示。严重时，活塞环可能断成许多小段，所以在检修时一定仔细清除活塞环及环槽的积炭和油污。

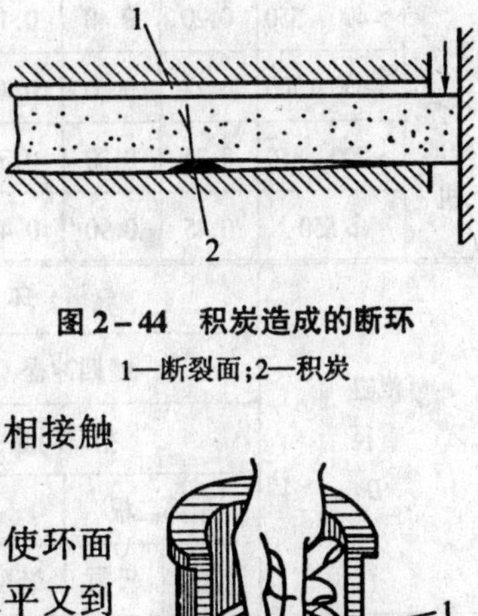

图2－44　积炭造成的断环

1—断裂面；2—积炭

③冲击断裂　缸套顶部出现凸肩，环在工作时与凸肩相接触受到冲击而断裂。

④环槽的磨损造成环断　由于环槽面被磨成喇叭状，使环面支承不良而处于倾斜状态，环的工作就会出现从倾斜到水平又到倾斜的反复运动，使环受到反复的扭转和弯曲作用而断裂。

⑤活塞环搭口被扫、排气口挂断　环搭口挂住扫气口造成断环，在二冲程柴油机中是常见的，因此环开口处及汽缸套气口必须有适当的倒角。

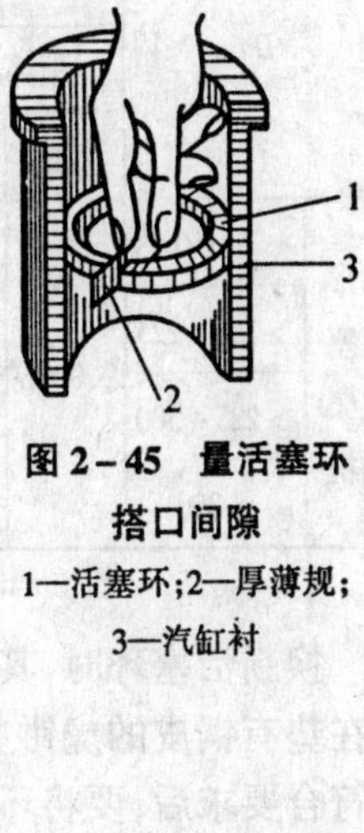

图2－45　量活塞环搭口间隙

1—活塞环；2—厚薄规；3—汽缸衬

此外还有活塞环选材不当、设计和加工不合理、热处理不当等都会造成断环。安装活塞环时，用力过大使环拉的开度太大，造成环的内伤，在工作时造成断裂，因此装活塞环时要细心操作，环的开度不宜太大，最好用装配工具进行。

5.活塞环的测量与检查

(1)检查环外表面有无裂纹、砂眼等缺陷，如果有则换新。

(2)测量活塞环搭口间隙，与环槽天地间隙、活塞环径向厚度；检查活塞环对汽缸壁附贴性及活塞环的弹性，现分述如下。

①活塞环搭口间隙的检查与测量　检查活塞环的搭口间隙时，应将活塞环放入汽缸缸径最小的部位并放平，用厚薄规（或塞尺）测量其搭口间隙，如图 2－45 所示，看其是否超过极限（可参照表 2－6），如超过极限，则要换新。

表 2－6　活塞环间隙磨损极限　　单位：mm

汽缸直径 D		气环											
		二冲程								四冲程			
		平面间隙				搭口间隙				平面间隙			
		顶部二根		其余		顶部二根		其余		顶部二根		其余	
		装配	极限	装配	极限	装配	极限	装配	极限	装配	极限	装配	极限
筒形活塞式柴油机	<150	0.15	0.25	0.10	0.25	0.005D	0.015D	0.004D	0.015D	0.10	0.20	0.08	0.20
	>150～225	0.30	0.35	0.15	0.35					0.15	0.30	0.12	0.30
	>225～300	0.35	0.40	0.30	0.40					0.20	0.35	0.16	0.35
	>300	0.30	0.50	0.25	0.50					0.25	0.45	0.30	0.45
十字头式柴油机	>400～550	0.20	0.40	0.14	0.40	0.007 5D	0.025D	0.006D	0.025D				
	>550～700	0.27	0.60	0.17	0.50								
	>700～850	0.34	0.30	0.30	0.50								
	>850	0.45	0.90	0.40	0.90								

汽缸直径 D		气环				油环							
		四冲程				二冲程				四冲程			
		搭口间隙				平面间隙		搭口间隙		平面间隙		搭口间隙	
		顶部二根		其余									
		装配	极限	装配	极限	装配	极限	装配	极限	装配	极限	装配	极限
筒形活塞式柴油机	<150	0.006D	0.015D	0.004D	0.015D	0.05	0.25	0.003D	0.015D	0.035	0.20	0.003D	0.015D
	>150～225					0.06	0.35			0.05	0.30		
	>225～300					0.08	0.40			0.065	0.35		
	>300					0.09	0.50			0.075	0.45		

换新活塞环时，其搭口一般需要经过锉开口。锉开口方法如图 2－46 所示，将环轻轻地夹在垫有铜皮的虎钳上，夹持点要尽量靠近环的开口端，以防止环的变形和损伤。环搭口间隙符合要求后，要将环开口处的利角修成小圆角。

②活塞环天地间隙的检查与测量　检查环天地间隙的方法如图 2－47 所示。活塞环和

环槽经过清洗后，将环放入环槽中，用塞尺进行测量，并作记录。测量时应沿圆周方向3～4个位置进行，取得平均值。

各制造厂对本厂出的柴油机都规定有最合适的安装间隙及磨损极限。当资料不全时可参照表2－6。当天地间隙超过极限时必须换新。换新活塞环时，要按照规范要求选配，并将环装入环槽中，来回转动看其是否运转自如。

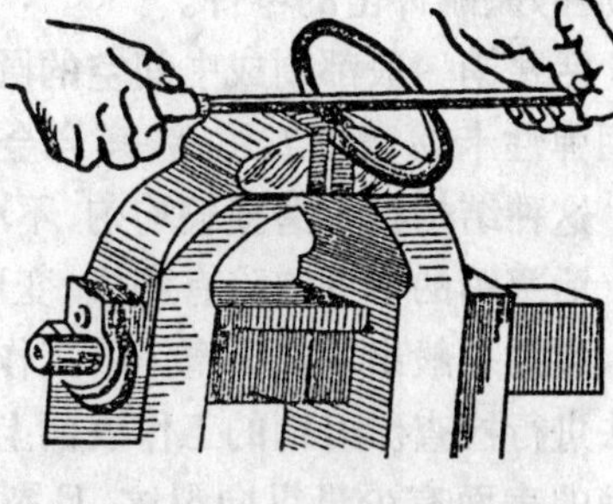

图2－46 活塞环端隙修整

③活塞环沉入深度的检查与测量　活塞环沉入深度的测量如图2－48所示。把活塞环装入活塞1，在环表面压上圆棒4，用厚薄规3塞入活塞环的表面，测量活塞环沉入环槽内的数值。

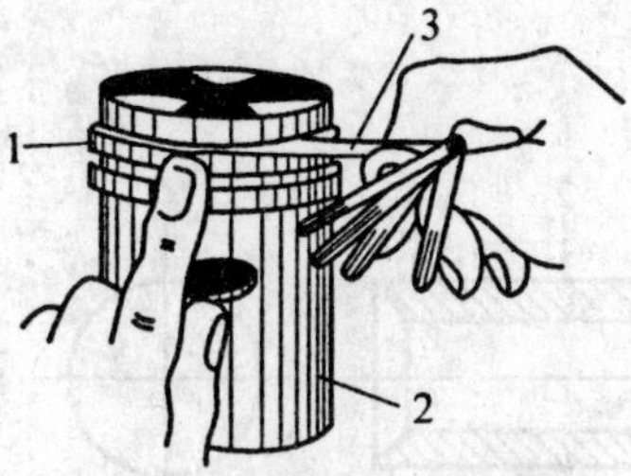

图2－47 量活塞环天地间隙

1—活塞环；2—活塞；3—厚薄规

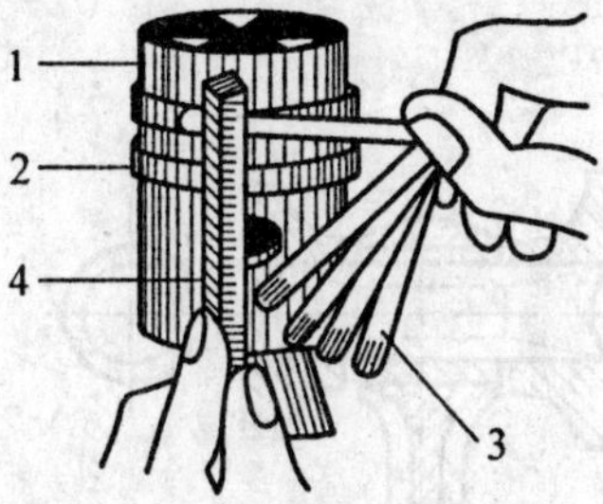

图2－48 测量活塞环沉入深度

一般要求活塞环的背隙为0.5～1.0 mm，在任何情况下均不允许活塞环从槽中突出。当活塞环厚度较大时，可将环内表面均匀地车去一层，使其处于正确状态。

④活塞环的贴附检查　可用漏光检查方法。将活塞环置于汽缸内，用一个比环内径稍大的薄圆盘盖在环面上，再将一盏灯置于圆盘下面，从上面看下去，每一处露光不应超过30°弧长，同一根环的漏光总和不得超过90°弧长，并且漏光处最大间隙应小于0.03 mm，否则说明弹性已经不均匀。

⑤活塞环弹性检查　活塞环需经弹性检查，丧失弹性的不能使用。检查方法：把活塞环并拢和拉开，反复几次，再测量其自由开口尺寸，如有增大或缩小，则表示环弹力不足。活塞环的弹力还可用专用的弹力仪测量。

三、活塞销

活塞销是筒形活塞式柴油机活塞和连杆的连接件。它把汽缸的燃气作用在活塞上的力传给连杆，并作为连杆的摆动轴。

柴油机在工作过程中，活塞销承受气体压力和活塞的惯性力作用，负荷的大小、方向都在变化着，负荷的性质又近似于冲击载荷，所以活塞销的材料会发生疲劳。此外由于活塞销处于温度较高（离活塞顶部高温区很近）、润滑困难、不断摩擦的条件下工作，所以它与销座与连杆小端之间的磨损也较剧烈，因此要求活塞销的材料具有足够的刚度和较高的疲劳强度，密度小，耐磨等。一般采用10，15，20，45号优质碳素钢或20Cr，12CrNi3合金钢等材料。

为了提高活塞销的表面硬度,常进行表面渗碳及高频淬火处理,使它成为表面硬、耐磨,而内部韧性好、耐冲击的零件。

活塞销一般都制成中间空的圆柱形,采用如图 2-49 所示的浮动式安装活塞销,它的两端用弹性卡簧定位或用铝、镁合金制成的塞子挡住,避免活塞销从销座中跑出而刮伤汽缸套。这种结构具有磨损较均匀,不单边磨损的优点,而且拆装方便。

活塞销的常见缺陷有磨损、变形、裂纹与麻点等。

裂纹一般出现在活塞销的工作表面上,这些裂纹很难用肉眼看到,通常使用磁力探伤的方法进行检查。若销的工作表面上发现有垂直于活塞销中心线方向的裂纹,则应换新;若发现销的表面有少量纵向裂纹,且裂纹长度不大、数量很少、不超过标准规定,则仍可继续使用。当活塞销工作表面上的裂纹能用肉眼看到时(不论裂纹长度和数量多少),均应更换。

活塞销的磨损可用不圆度和不轴度决定。在修理柴油机时,必须测量活塞销的直径,以检查活塞销外圆工作表面的圆柱度和圆度。测量时可用外径千分卡,测量的位置如图 2-50 所示。

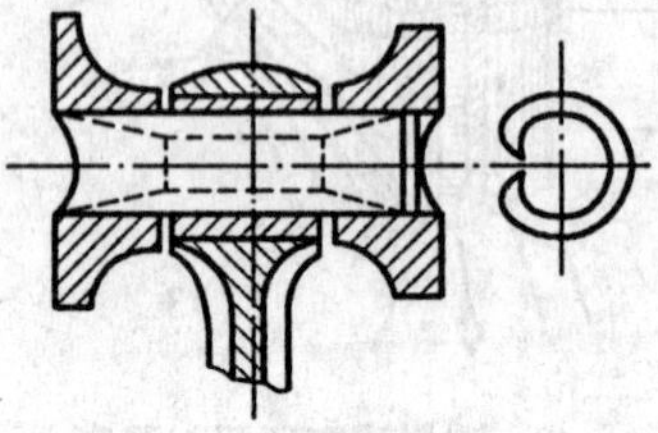

图 2-49　活塞销安装方法

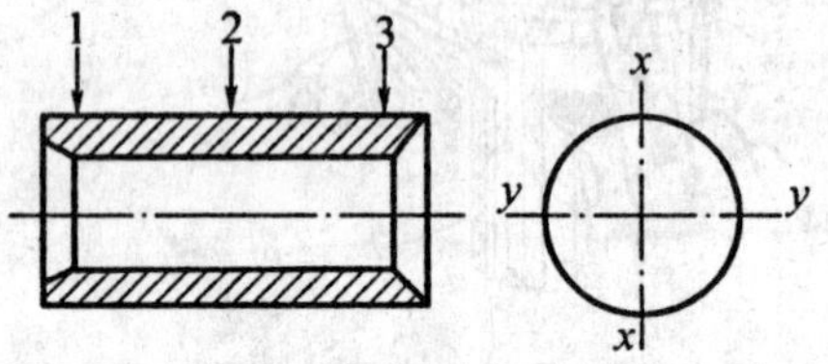

图 2-50　活塞销测量部位

活塞销圆度、圆柱度的最大误差应符合表 2-7 的规定。活塞销与连杆小端衬套的间隙不得超过表 2-8 所列的数值。

活塞销的修理工艺,往往是活塞、连杆衬套一起综合考虑来制定修理方案的。通常是尽量使活塞和连杆衬套保持下来,经过必要的修理加工,继续使用,而活塞销的外圆柱面则可采用镀铬方法恢复到原来尺寸或增大到加大尺寸。镀铬前应先将活塞销工作表面的不圆度和不轴度消除,其表面粗糙度 $R_a < 1.6$ μm。镀铬层厚度应不大于 0.05 mm,不宜太厚。

表 2-7　活塞销圆度、圆柱度的最大误差　　单位:mm

活塞销直径	圆度、圆柱度	活塞销直径	圆度、圆柱度
<50	0.03	>175~200	0.05
>50~75	0.04	>200~225	0.07
>75~100	0.04	>225~250	0.07
>100~125	0.05	>250~275	0.08
>125~150	0.05	>275~300	0.08
>150~175	0.06		

表 2-8 活塞销与衬套的极限间隙 单位:mm

活塞销直径	活塞销与连杆衬套极限间隙		浮动式活塞销与销孔衬套极限间隙
	铜铅轴承合金	锡基轴承合金	
<50	0.10	-	0.08
>50~75	0.18	-	0.14
>75~100	0.24	-	0.17
>100~125	0.30	-	0.22
>125~150	0.36	0.30	0.28
>150~175	0.40	0.36	0.32
>175~200	0.46	0.42	0.36
>200~225	0.52	0.46	0.39
>225~250	0.60	0.52	0.42
>250~275	0.66	0.60	0.46
>275~300	0.70	0.66	0.50

四、活塞杆与活塞杆填料箱

1.活塞杆

在十字头式柴油机中,活塞杆用于连接活塞和十字头。活塞杆一般用碳素钢锻制而成,杆身剖面呈圆形,很多柴油机沿杆的中线钻有孔道,并在其中插入铜管,形成夹层,作为活塞头冷却液进口的通道。活塞杆的上端制成法兰状,用螺栓与活塞相紧固,其下部制成凸肩(或锥形)和十字头相连接并用螺栓(或螺母)紧固。活塞杆长期工作以后,可能出现弯曲、变形、磨损、表面裂纹等缺陷。下面介绍检修工艺。

由于填料箱内衬圈的摩擦,将使活塞杆直径减小,其横截面变成椭圆形。为了量取磨损,确定不圆度,可将活塞杆的长度按 100~200 mm 分为若干等份,在这些等份中的各横截面上,沿两个互相垂直的方向(沿曲轴中心线及垂直曲轴中心线的方向)量取直径。活塞杆的磨损可采用镀铬修复,镀铬层每边厚度为 0.20~0.30 mm,或采用镀铁方法修复。

活塞杆变形一般在车床上进行检验。活塞杆的弯曲变形允许在冷态或热态下进行校直。加热温度一般不超过金属相变温度,校直后应进行退火处理。

一旦发现活塞杆有裂纹,应予以换新。

2.活塞杆的填料箱(又称填料函)

填料箱位于汽缸底部的中央,它将汽缸的下部与曲轴箱隔开,用以防止汽缸中的脏油、烟灰和燃气等漏入曲轴箱污损润滑油(这对于燃用重油的柴油机非常重要);同时,这一隔开还可能在活塞下方形成密闭空间,将活塞下部作为一个辅助的扫气泵。

图 2-51 所示为活塞杆填料箱结构图,它由两组密封环 4 和一组刮油环 5 组成。上层两组由四道密封环组成,主要用于密封扫气,同时也有刮去油污的作用。下层一组由三道刮

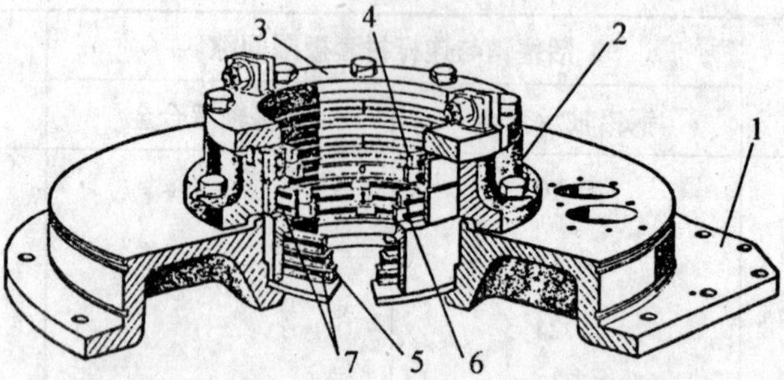

图 2-51 ESDZ76/160 型活塞杆填料箱

1—底座;2—上盖;3—压盖;4—密封环;5—刮油环;6—压环;7—弹簧

油环组成,用于阻止曲轴箱中的滑油进入汽缸。刮下的滑油仍流回曲轴箱。上、下两组刮油环之间有一空腔,经过汽缸体上的通孔将污油引到机体外,以防止其污损曲轴箱中的滑油。每道刮油环和密封环都分成三片,然后用压环 6 和弹簧 7 箍紧在一起。在检修柴油机填料箱时,要注意检查密封环刮油环的磨损及它们与活塞杆的贴合情况。磨损后,其接口间隙小于规定时应换新,接触面应不少于总面积的 75%,安装时必须注意清洁。

五、十字头

1. 十字头的功用、工作条件与材料

十字头除连接活塞杆和连杆外,还把汽缸内的燃气压力传递给边杆,并将曲柄连杆机构产生的侧推力传递给导板,使活塞杆不受侧推力的作用而发生弯曲,它为活塞与活塞杆的运动起导向作用。

十字头的工作条件严酷,十字头销和连杆小端轴承要承受周期性的气体爆发压力,十字头滑块则承受周期性的侧推反作用力。连杆小端轴承的工作条件更为恶劣,由于连杆只作摆动,相对角度小,同时轴承的宽度受到限制,致使轴承内不易形成良好的油膜。此外,十字头销和轴承座在工作时的变形将导致轴承负荷不均匀,使轴承的工作情况更加恶化,因此它是低速柴油机中极重要而且工作条件最差的机件。

十字头组件常用材料:十字销一般用 40,45,60 号钢;滑块一般用 ZG15,ZG25 铸钢。

2. 十字头的结构

十字头通常是由十字头销和滑块两部分组成。船用大型柴油机一般采用单滑块式十字头和双滑块式十字头两种。

(1)单滑块十字头 图 2-52 所示为单滑块式十字头。十字头由十字头销 2 和滑块 3 组成。连杆小端轴承就装在十字头销上。销的中部有圆孔,上端面为平台,供活塞杆安装,用螺母或螺栓将两者紧紧地连接在一起。十字头销和滑块用螺栓连接为一体。

在曲轴正转时,侧推力由滑块正面的整个工作面承受;曲轴反转时,侧推力作用在较窄的二条倒车导板 5 上。滑块工作面均绕铸白合金(材料可选用 ZchSnSb11-6),以减少与导板的摩擦。这种结构的特点是:结构简单,制造安装方便,受力也较合理,正转时有较大的承压面;但是反转时,由于倒车导板的接触面积小,承受着较大的侧推力,因而降低了柴油机的工作可靠性。

(2)双滑块式十字头(图 2-53) 它有二块相同形状的滑块,各自连接在十字头销轴颈

的两端，每一个滑块的两侧都浇铸白合金并开设油槽。这种结构的特点是：无论正车或倒车，膨胀冲程或压缩冲程，滑块与导板之间都有相同的接触面积，工作比较平稳可靠，但结构比较复杂，制造、安装和校正的精度要求较高。MAN－B&W 型等柴油机采用这种结构。

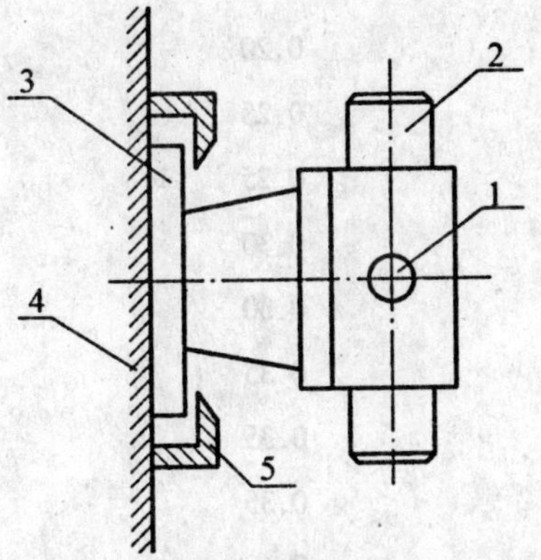

图 2－52　单侧导板和十字头示意图

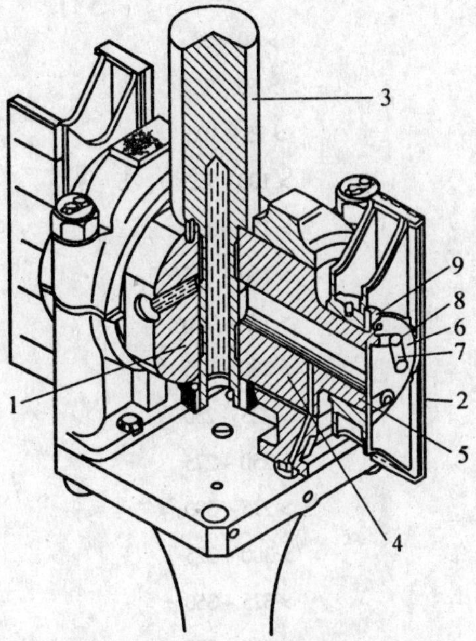

图 2－53　6ESDZ76/160 十字头

1—十字头销；2—滑块；3—活塞杆；4—内侧轴颈；5—外侧轴颈；6—盖板；7—锁紧片；8—螺栓；9—锁板

3. 十字头的检修工艺

十字头经长期工作后，往往会出现十字头销轴颈磨损，形成椭圆形或锥形，以及表面发生氧化等缺陷；十字头滑块表面出现烧伤或磨损等缺陷。在修理中，必须加以检查。

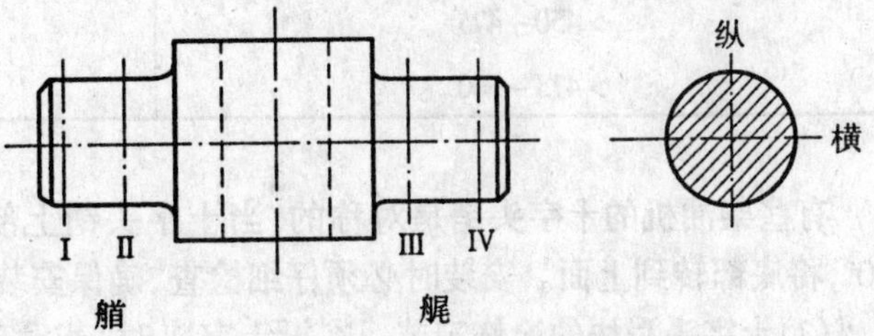

图 2－54　测量十字头销颈

(1) 十字头销的检修工艺

十字头销轴颈的磨损，可通过测量进行检查。测量位置如图 2－54 所示。一般分为四个位置，并在每个位置的纵、横方向进行测量。同一个截面内纵与横方向的差值是十字头销轴颈的不圆度，其值不得超过柴油机说明书或表 2－9 的数值。

十字头销的不圆度，超过规范后必须进行修理，一般采用镀铬方法恢复原来的直径。首先将十字头销磨正，然后再镀铬。铬层单位厚度为 0.10～0.25 mm 较好，镀铬后进行精磨。

十字头销的表面硬度和光洁度很重要，直接影响十字头销和轴承的寿命。实践证明，用油石或帆布抛光的十字头销使用寿命不如用珩磨机珩磨过的。因此，十字头销精磨后最好再用珩磨机进行珩磨，亦可用合金砂布在十字头销转动的情况下，摆动打磨，起到珩磨作用。十字头销表面硬度和光洁度因机型而异，有的机型要求很高。在修理时，凡是更换十字头轴承时，必须抛光十字头销，否则烧损轴承的可能性极大。修机时必须注意到这一点。

表 2-9 活塞销、十字头销轴颈磨损极限 单位:mm

活塞销:十字头销直径	不圆度磨损极限
~40	0.08
>40~50	0.10
>50~75	0.12
>75~100	0.15
>100~125	0.15
>125~150	0.20
>150~175	0.20
>175~200	0.25
>200~225	0.25
>225~250	0.30
>250~275	0.30
>275~300	0.35
>300~325	0.35
>325~350	0.35
>350~375	0.40
>375~400	0.40
>400~425	0.45
>425~450	0.45
>450~475	0.45
>475~500	0.45

有些柴油机的十字头销是对称的,当十字头销上部分有磨损时,可以将十字头销转过180°,将底部转到上面。安装时必须仔细检查,确保安装正确。

(2)十字头滑块的检修工艺　在拆十字头时,若发现滑块工作表面有严重咬伤,或磨损超过极限时,必须换新合金层。新浇白合金的滑块加工后要经过拂配,其拂配工艺如下。

①修刮毛刺及圆角。

②测量厚度并作记录。

③在平台上进行拂刮,拂刮时必须注意保持滑块平面与活塞杆轴心线的平行度。

④平台上拂刮符合要求以后,吊上船与活塞杆及连杆组装后,检查滑块与导板的接触情况,总接触面积应大于70%。同时检查测量活塞与汽缸的间隙(即校中)。

⑤调整导板装配间隙,十字头滑块与导板之间的间隙如表2-10。

表 2-10　十字头滑块与导板装配间隙　　单位:mm

十字头直径	装配间隙		极限间隙	
	平　面	侧　面	平　面	侧　面
>150~175	0.15~0.20	0.18~0.28	0.30	0.5
>175~200	0.15~0.20	0.20~0.30	0.30	0.5
>200~225	0.16~0.22	0.20~0.30	0.35	0.6
>225~250	0.18~0.24	0.20~0.30	0.35	0.6
>250~275	0.18~0.24	0.12~0.32	0.35	0.65
>275~300	0.20~0.26	0.24~0.34	0.40	0.65
>300~325	0.22~0.28	0.26~0.36	0.45	0.70
>325~350	0.24~0.30	0.28~0.38	0.50	0.70
>350~375	0.26~0.32	0.32~0.44	0.60	0.75
>375	0.28~0.36	0.34~0.54	0.70	0.75

第六节　连杆组件

一、连杆组件的功用、工作条件与构造

连杆组件包括连杆本体、大端轴承、小端轴承及连杆螺栓。其作用是连接活塞(或十字头)和曲柄销,并将活塞上的气体压力传给曲轴,把活塞的往复运动转变为曲轴的旋转运动。连杆在工作时,承受着变化的拉伸和压缩载荷,其所受的弯曲力矩由小端向大端递增,故一般制成上细下粗的形状。低速机连杆材料一般采用中碳钢,中、高速机有时采用合金钢。连杆螺栓采用 40Cr 等合金钢。

筒形活塞式柴油机所使用的连杆称为无十字头式连杆。连杆小端直接和活塞销相连接。其杆身有的做成空心圆柱形,有的做成“工”字型截面。小端轴承孔中装有衬套,通常用铝青铜或钨青铜制成。小端轴承的润滑方式有飞溅润滑和压力润滑两种。飞溅润滑是在连杆小端上方或侧边钻有集油孔。压力润滑是在连杆杆身内钻有油孔,将连杆大端与小端连通。连杆大端与曲柄销相连接,它被制成可分开式的,其剖分型式有平切口和斜切口两种。在相同的曲柄销直径下,斜切口式的连杆便于从汽缸套中取出和安装。

图 2-55(a)所示为国产 6300 筒形活塞式柴油机连杆。连杆用中碳钢锻造,大、小头与杆身锻为一体,杆身截面为圆形,中心钻有油道。连杆轴承瓦内表面浇铸一层耐磨的白合金或铜铝合金。上轴瓦不开油槽,下轴瓦开有油槽。润滑油从曲轴主轴颈油孔经曲柄销进入曲轴承,润滑油还经连杆大端两斜油孔和连杆杆身的油道,到连杆小端衬套内。

图 2-55(b)为斜切式连杆,其剖分面有锯齿交错定位,杆身油孔偏置。

在 V 型柴油机中,每两个缸的连杆做成或装配成一个整体,并列地装在同一曲柄销上(这两个缸的轴心线不在同一平面内),因此曲柄销的长度要较长一些。为了缩短汽缸间距,减小整机尺寸,提高曲轴刚性,有的机型把两个缸轴心线布置在同一平面内,这就需要采用

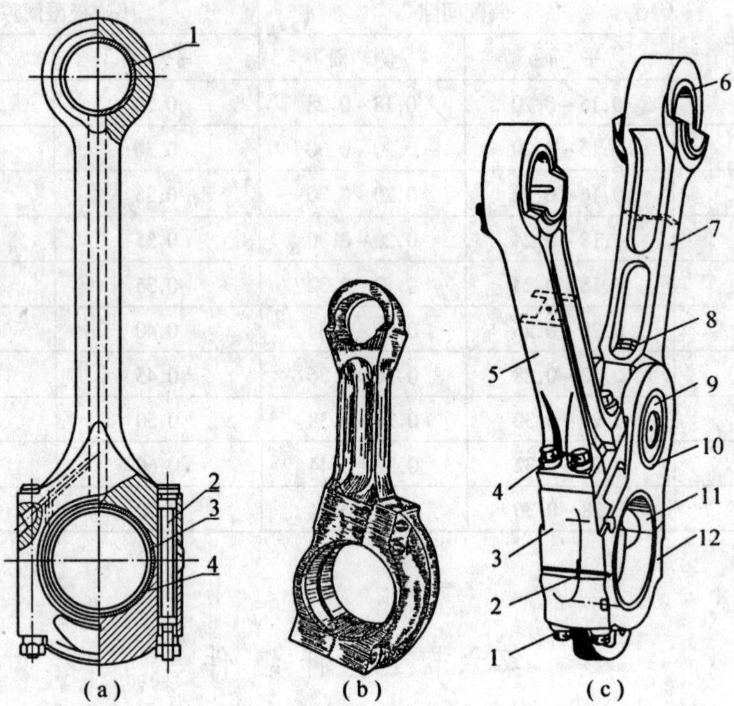

图 2-55

(a)6300 连杆:1—衬套;2—连杆螺栓;3—上轴瓦;4—下轴瓦

(b)斜切连杆

(c)关节式连杆:1—螺栓;2—销;3—大端轴承体;4—螺栓;5—主连杆;6,10—套筒;7—副连杆;8—螺栓;9—副连杆销;11—大端轴瓦;12—连杆大端盖

一种关节式连杆,如图2-55(c)所示(MAN.VV40/54型机的连杆)。主连杆 5 用四只螺栓 4 连接到大端轴承体 3 上,副连杆 7 用两只螺栓 8 与副连杆销 9 相连,套筒 6 和 10 为活塞销和副连杆销的轴承。大端轴瓦 11 为薄壁铅青铜,并镀有薄的镍耐磨合金层。这种连杆在拆检活塞时可以不拆大端轴承,或拆检大端轴承和副连杆销轴承时不拆活塞。关节式连杆结构复杂、制造困难,副连杆销的连接螺纹底部容易发生裂纹。

十字头式连杆用于大型低速柴油机,它的杆身一般都设计成外形简单的圆柱形,中心有油道。连杆大、小端直接锻造成型,经加工后用于安装轴瓦,与十字头销和曲柄销相连接。

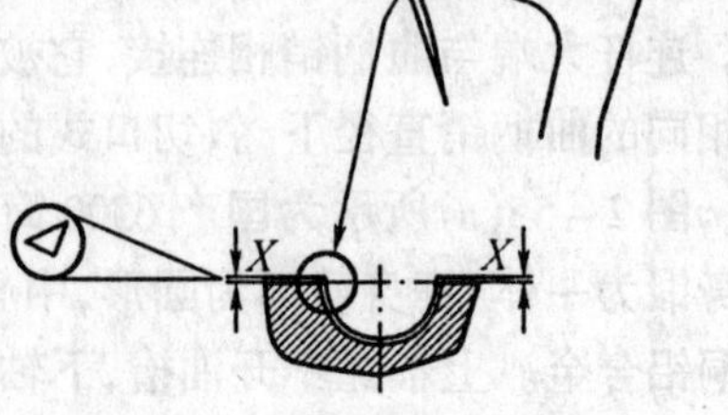

图 2-56　全支承式连杆小端轴承

图 2-56 所示为一种全支承连杆小端轴承的主体图。这种轴承的特点是:整个小端下轴承做成一体且都是承压面。这就可以使十字头销的作用力均匀分布在承压面上,从而减小了单位面积的负荷和变形。轴瓦超出高度 X 是为了确保轴瓦的正确压紧,故这一高度决

不能去除。

图 2－57 所示为平台形连杆。这种连杆的主要特点是：连杆小端制成一平台，其上安装了两道自整位式轴承，柴油机工作时轴承所受的负荷可以均匀分布，提高了轴承工作的可靠性。垫片 7、8 用以调整轴承间隙，垫片 11 用以调节活塞顶部与汽缸盖下边缘的距离（俗称“存气”）。

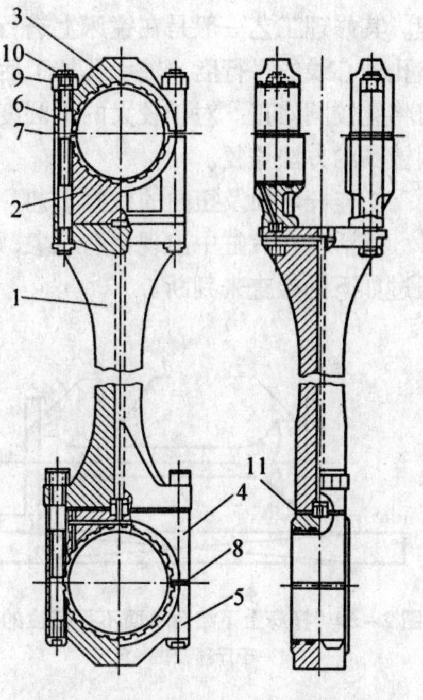

图 2－57　十字头平台形连杆

1—杆身；2—小端下轴承；3—小端上轴承；4—大端上轴承；5—大端下轴承；6—螺栓；7—垫片；8—垫片；9—螺母；10—压紧盖；11—调整垫片

二、连杆组件的故障及其产生原因

1.杆身变形

十字头式连杆组件的杆身是极少产生变形的；对于非十字头连杆，其杆身变形有三种：侧向弯曲、扭曲及平面方向弯曲，如图 2－58 所示。

2.杆身裂纹、折断。杆身出现裂纹甚至折断主要是由于材料疲劳或机损事故发生。小型柴油机出现较多，中、大型柴油机极少出现柴油机连杆断裂事故。当连杆表面发现有裂纹时应换新。

3.连杆大小端轴承出现磨损或损坏。

4.连杆大小端轴承孔失圆，形成不圆度和不柱度

这会使与曲柄销或活塞销（或十字头销）的配合失常，导致衬套和轴承的加速磨耗。产生这种变形的主要原因是材料刚性差，大小端轴瓦（或小端衬套）装配不当，连杆大端螺栓没按规定力矩扭紧等；特别是发生烧轴瓦事故后，造成座孔失圆更为严重。

5.连杆螺栓损坏

损坏形式有：产生裂纹或断裂、发生永久变形、螺纹部分松动或烧伤、咬死等。

螺栓损坏的原因有：不按照工艺要求进行装配，扭紧力矩过大或过小，各螺栓用力不均匀；螺栓、螺母支承面不平整或螺柱、螺母支承面与螺纹轴心线不垂直，上紧后产生歪扭现象；螺纹配合过紧或太松，表面不清洁，容易咬死；轴承配合间隙过大而产生很大的冲击载荷；螺栓选用的材料不合要求，或螺栓的热处理不当；原材料的缺陷等。

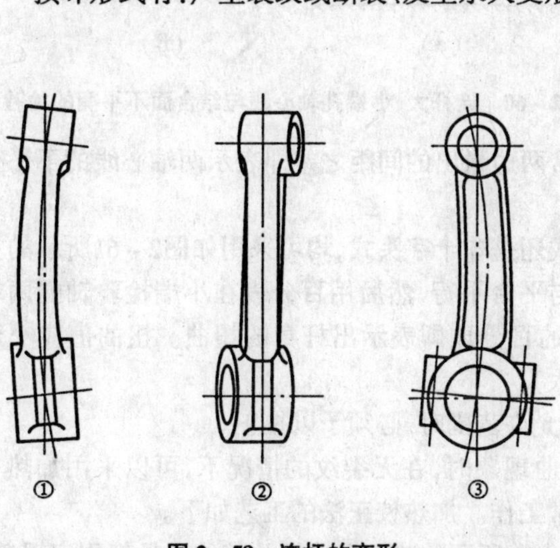

图 2－58　连杆的变形

①侧向弯曲变形；②扭曲变形；③平面方向弯曲变形

三、连杆组件缺陷的检查与修理工艺

1.连杆大小端轴承孔的检修工艺

连杆大小端轴承孔的不圆度和不柱度需通过测量进行检查。将轴瓦拆下，

用内径千分卡测量内径,记录所测的数据,计算不圆度和不柱度。若超过规范,则应进行修理。其修理工艺一般是在镗床上进行加工。加工时必须注意保持原两轴承孔中心距以及两座孔轴心线的平行度。轴承孔加工后,需将轴瓦换新。小连杆及较小的不圆度也可以用铰刀将孔铰圆修正。对于较大的不圆度和不柱度,加工量较大时,必须经过强度核算后,才能用镗圆的方法修复。

2.连杆弯曲及扭曲的检修工艺

若活塞在汽缸中出现偏磨现象,则可以怀疑连杆产生了弯曲或扭曲变形。连杆的弯曲通过如下的检查来判断。

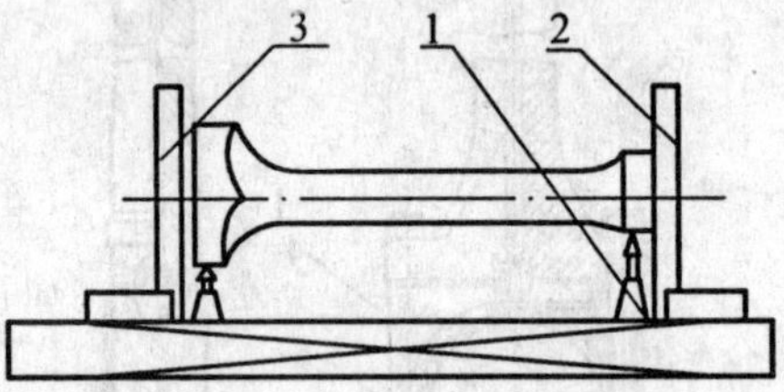

图 2-59　杆身上下结合平面不平行度的检验

1—千斤顶;2,3—角尺

对于十字头式连杆,将其杆身放在平台上,检验杆身上、下结合平面的不平行度,如图 2-59 所示。检查方法如下:把杆身放在平台上用千斤顶 1 支持,然后把角尺 2 作为基准,调整杆身使下端结合平面与平台垂直,用角尺 3 及塞尺检查杆身上端结合平面与平台的不垂直情况(用塞尺测量结合面与角尺的间隙),就可以确定连杆的弯曲程度。

连杆两平面的不平行度每 1 m 长不大于 0.10 mm。杆身结合平面的平直度可用厚薄规、直尺或用色油在平台上检验。

连杆轴承的轴心线与连杆结合平面平行度的检查可按图 2-60 所示的方法进行:把杆身竖放或平放在平台上,用百分表检查放在轴承内的检验轴的两边,即可检查出不平行度。平行度的偏差每 1 m 长不大于0.10 mm。

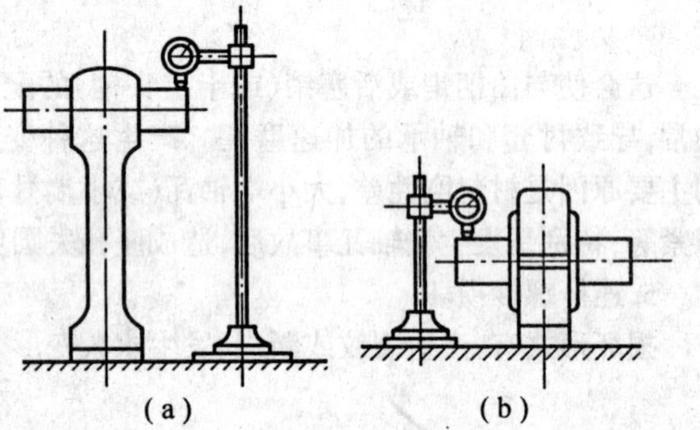

(a)　　(b)

图 2-60　连杆大、小端孔轴心线与结合面不平衡的检验

连杆弯曲的检查方法还可以采用如图 2-61 所示的方法。根据轴承孔的尺寸制造两根检验轴,并分别插入轴承中,再按图示方法在平台上将连杆放置好,即可用内径千分尺测量两检验轴内侧间的距离。先量一边,然后再量另一边,两边量出的间距之差即表示两轴心线的不平行度。不平行度应小于 0.10 mm/m。

连杆的扭曲变形检查。无论是十字头式还是非十字头式,均可采用如图2-61所示的方法进行。首先把连杆大端的检验轴调整到与平台平行,然后用百分表在小端检验轴的两端测量其高度差。此值对两测量点间的距离的百分比即表示出杆身的扭曲。扭曲值应小于 0.15 mm/m(四冲程柴油机的连杆可适当放大)。

根据检查情况,当杆身的弯曲变形超过允许范围时,必须予以校正。

(1)连杆弯曲的校正工艺　连杆发生弯曲现象时,在无裂纹的情况下,可以采用加热校正法进行修理。经过修复后的连杆仍可正常工作。加热校正法的工艺如下。

①将欲修理之连杆吊至平板上,按图 2-62 所示的装置把连杆及其他工具都固定妥善,同时将加热用的柴油喷灯(三只)准备就绪。

②先用直角尺检查图中左面的连杆平面,使之与平板保持垂直,然后将该处的压紧装置紧压住连杆,不准连杆有任何方向的移动。

③连杆的另一端处于自由状态,用直角尺检查该端平面(即图中右端面)与平板之间的不垂直度,记录偏差数字,以供比较。

④将右端的压板压住连杆,准备对连杆进行局部加热校直。

⑤将三个柴油喷灯以 120°以分别放置在连杆弯曲处(图中连杆杆身的虚线部分),同时油压千斤顶也应放置在图中所表示的位置。

⑥操作时应先将油压千斤顶顶住连杆杆身,接着用三个柴油喷灯同时喷火加热,并保持加热的均匀性。待被加热的地方变为暗红色时,再泵一下油压千斤顶,使顶力增加少许,在此情况下维持 10 ~ 15 min。

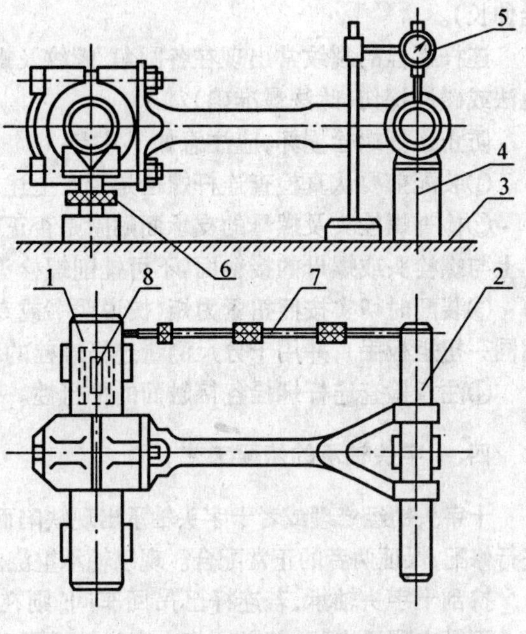

图 2-61　连杆大小端孔轴心线不平行度的检验

1,2—检验轴;3—检验平台;4—V 形铁;5—百分表;6—千斤顶;7—内径千分尺;8—水平仪

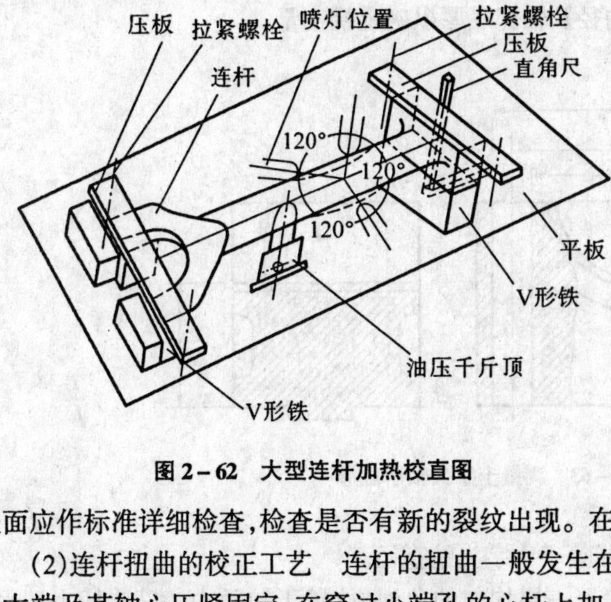

图 2-62　大型连杆加热校直图

⑦松开右端的拉紧螺栓,用直尺检查该端平面与平板的不垂直度偏差,将其与第一次的偏差数值比较。如果符合要求,即完成了加热校直工作。

⑧如果仍未达到要求数值,重复上述操作几次,直到它们的不垂直度偏差减少至最低限度。

⑨对连杆进行机械加工,先加工它的两端平面,清除掉它们的不平行度偏差。

经过加热校直后的连杆杆身表面应作标准详细检查,检查是否有新的裂纹出现。在确定良好后,再进行组装。

(2)连杆扭曲的校正工艺　连杆的扭曲一般发生在中、高速柴油机上。校正时,可将连杆大端及其轴心压紧固定,在穿过小端孔的心杆上加一扭力保持几分钟,经检验再加力校正。如此反复几次,即可使杆身的扭曲得到校正。

应该强调的是,只有当连杆杆身弯曲和扭曲变形超过 0.50 mm/m 时,才进行机械校正。当杆身只有小量变形时,可通过刮削大、小端轴承予以校正。

3.连杆螺栓的检查

检查连杆螺栓时,若存在下列缺陷之一者,应将其更换:螺栓或螺母的螺纹有损坏;有凹痕或裂口；有裂纹、扭弯；螺母与螺栓配合较松；螺栓与螺孔的配合不合要求；残余变形（如螺栓伸长）。

连杆螺栓的裂纹常出现在各圆角、螺纹及螺纹过渡处。裂纹的检查方法可用放大镜、着色法或磁性探伤（此法最准确）。

防止连杆螺栓损坏，应注意如下几点：

①装配前要认真检查连杆螺栓是否有上述缺陷；

②检查螺栓头及螺母的支承面贴附是否正确，若螺母或螺栓贴附不良时，应修正连杆螺孔上与螺栓头或螺母的接触面，不可锉削螺栓头或螺母的支承面；

③装配时切实按照扭紧力矩（按说明书或专门规定）和上紧顺序均匀上紧（拆、装均应使用同一扭矩板手），并用千分尺测量连杆螺栓的装配长度，避免连杆螺栓受力过大而伸长；

④注意检查连杆螺栓各接触面的平行性。

四、十字头轴承的修配工艺

十字头销经修理或者十字头轴承出现缺陷而需换新或重浇白合金后，必须对十字头轴承进行修配，保证两者的正常配合。现以轴承重浇白合金后的拂刮工作为例来说明修理工艺。

拂刮十字头轴承，若连杆已吊回车间，则在车间进行；若连杆不吊回车间，则在船上进行。不管在哪里进行，都必须将十字头轴承固定在连杆上。可先用假轴初拂，再用十字头销精拂，也可以不用假轴而直接用十字头销拂刮。拂刮工艺流程如下。

(1)认真检查和疏通所有油孔，去掉毛刺，并清理干净。

(2)测量每个缸前后两个下轴承（或单轴承式前后位置）的底厚（参看图 2-63），前后底厚要一致，并作好记录。测量轴承内径及轴瓦底厚以确定拂刮量。

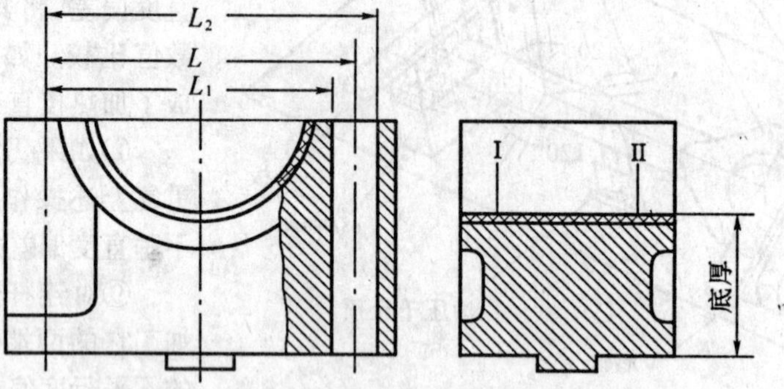

图 2-63　测量十字头轴承底厚

(3)制造假轴，假轴加工后其直径等于十字头销直径。

(4)轴承固定在连杆上。假轴涂上一层均匀的色油，放置于轴承中。以连杆小端平面（或平台）为基准，全支承式轴承以轴承结合平面为基准，用百分表测量假轴前后位置的差别；将假轴转过 180°再测量（相同位置），用以消除假轴的加工误差。要求前后一致，若不一致记下差别，在拂刮时将其消除。

(5)转动假轴两周，吊起假轴，根据着色情况进行拂刮，拂刮方向应与轴承的轴线方向成 45°左右（见图 2-64(a)）。下次拂刮，方向应与上次方向相交（见图 2-64(b)）。拂刮时随时注意前后轴承(单轴承的前后位置)与连杆小端平面(单轴承的轴承结合面)的平行度,如图2-65所示。用千分表进行测量,表的读数应一致或比较接近(误差≤0.02 mm)。经多次反复拂刮,使假轴与下轴承的接触角在连杆中心线两侧60°~90°范围内,且均匀接触。

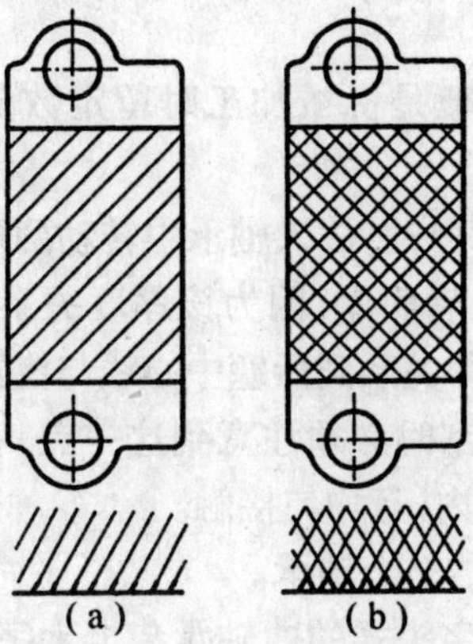

图2-64 十字头轴承拂刮

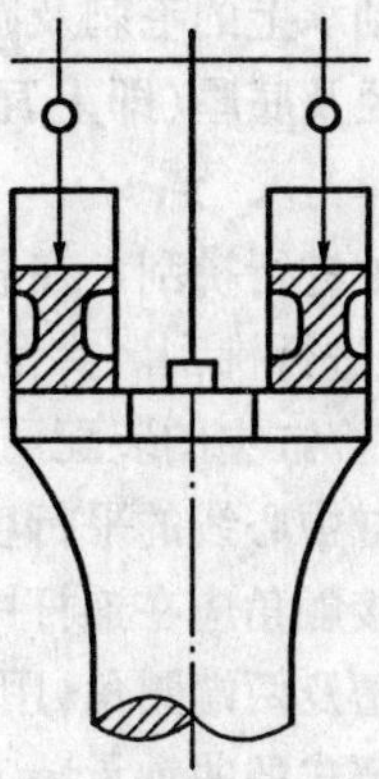

图2-65 测量前后下轴承底高

(6)假轴拂刮后,用十字头销精刮,方法与假轴一样。

(7)如在船上拂刮,在精刮时应装上不带活塞环的活塞,结合测量十字头滑块与导板之间的间隙、活塞与汽缸之间的间隙进行。

(8)如在车间拂刮,吊船安装时再装上不带活塞环的活塞,测量上述间隙。不符合要求时,应修刮十字头轴承来调整。

(9)拂顺油槽和两侧面垃圾槽以及两端的圆角,然后用厚帆布擦光合金层表面。

(10)用压缩空气将油孔吹通,压钻线调整轴承间隙。

十字头轴承盖极少损坏,偶尔上瓦内的合金层损坏时,其重浇白合金、机加工、拂刮都比较简单。十字头销与十字头轴承的间隙,一般采用压钻线法测量。在十字头销颈横放四根软钻线(即每个轴承放二根),然后上紧轴承盖(要两边交替均匀上紧,不可单边上力),螺母的上紧力矩要符合要求,并作好上紧记号。取下上轴瓦,用外径分厘卡测量被压扁的软钻线的厚度,这个数值即为轴承间隙。也可用内径测量法测量间隙。

十字头轴承的间隙(安装间隙和极限)应符合说明书或表2-11所列的数值。十字头轴承的间隙(厚壁)可通过调整垫片来达到规定的安装间隙,薄壁轴瓦不能用垫片调整安装间隙。

表2-11 十字头销轴承间隙 单位:mm

十字头销直径	装配间隙	极限间隙	十字头销直径	装配间隙	极限间隙
200~225	0.14~0.16	0.32	400~450	0.28~0.32	0.56
225~250	0.16~0.18	0.36	450~500	0.32~0.36	0.60
250~275	0.18~0.19	0.38	500~550	0.36~0.40	0.64
275~300	0.19~0.21	0.40	500~600	0.40~0.45	0.70
300~325	0.21~0.23	0.44			
325~350	0.23~0.25	0.48			
350~400	0.25~0.28	0.52			

五、曲轴承(连杆大端轴承)的修配工艺

曲轴承(厚壁)凡换新或重浇白合金均需要进行修配,其修配(拂刮)工艺如下。

1.根据曲柄销直径,加工假轴。

2.修整曲轴承上的毛刺及圆角,疏通油孔。

3.测量内径及底厚(即上瓦底厚),确定拂刮量(一般是机械加工时留定数量,大约为0.04 mm)。

4.利用假轴进行拂刮。在假轴上涂上一层均匀的薄色油,放入轴承中转动两周,吊起假轴,根据着色点进行拂刮。拂刮时注意测量上轴承的前后底厚,因为该厚度关系到压缩比(存气)、活塞在汽缸中的装配质量、十字头的装配质量,即关系到活塞中心线与汽缸中心线、滑块平面与汽缸中心线的平行度等安装质量。因此,拂刮时必须注意到这一点,不可忽视。轴承与假轴的接触角应在连杆中心线两侧60°~90°范围内,且均匀接触。

5.修整油槽及两端圆角,用压缩空气吹通油孔及清洁整个轴承。

6.筒形活塞式的曲轴承装上不带活塞环的活塞,十字头式的曲轴承装上十字头和不带活塞环的活塞,再与曲柄销实地进行精拂刮。同时测量活塞与汽缸的间隙及滑块与导板的间隙,这些间隙都应符合要求。

7.取出轴瓦,用帆布擦光合金表面,使其清洁。

8.压铅线调整安装间隙。间隙按说明书或表2-12规定值要求。

表2-12 主、曲轴承装配间隙　　单位:mm

轴颈直径	十字头式柴油机		<500 r/min筒形活塞式柴油机		>500 r/min筒形活塞式柴油机			
					白合金		铜铅合金	
	装配间隙	极限间隙	装配间隙	极限间隙	装配间隙	极限间隙	装配间隙	极限间隙
75~100					0.06~0.08	0.20	0.08~0.10	0.20
>100~125					0.08~0.11	0.25	0.10~0.12	0.25
>125~150					0.11~0.15	0.30	0.13~0.16	0.30
>150~200			0.14~0.18	0.30	0.16~0.20	0.40	0.17~0.23	0.40
>200~250			0.18~0.22	0.40	0.20~0.24	0.50	0.24~0.28	0.50
>250~300	0.17~0.21	0.40	0.22~0.26	0.50	0.24~0.28	0.60		
>300~350	0.21~0.25	0.50	0.26~0.30	0.60				
>350~400	0.25~0.30	0.60	0.30~0.34	0.70				
>400~450	0.30~0.35	0.70	0.34~0.38	0.80				
>450~500	0.35~0.40	0.80						
>500~550	0.40~0.45	0.90						
>550~600	0.45~0.50	1.00						
>600~650	0.50~0.55	1.10						
>650~700	0.55~0.60	1.20						

曲轴承重新浇白合金后会发生变形,一般是收拢,可用手锤敲击轴瓦内径两侧,使其自由张开量达到要求,然后进行轴瓦与轴承座孔接触情况的检查,进行必要的修配,使其接触面积达到75%以上。

第七节 曲 轴 组 件

曲轴组件包括曲轴与飞轮。

一、曲轴

曲轴是柴油机最主要的部件之一。它的形状复杂,制造时技术要求高,修理工艺难度较大。它的质量只占柴油机总质量的7%~15%,但其造价占整台柴油机的20%~30%,是柴油机中造价最高的部件。曲轴的工作好坏直接影响着柴油机工作的可靠性和使用寿命,所以应加强维护检查。

1.曲轴的功用与工作条件

曲轴是将往复运动转变为回转运动的枢纽,把各缸所做的功汇集起来,以回转运动的形式对外输出。同时从柴油机本身工作需要出发,曲轴还通过凸轮轴带动进气、排气机构,燃油泵,并直接带动水泵、滑油泵等,有的柴油机还带动扫气泵、空压机等。

曲轴在主轴承内作回转运动,它是在周期性变化的燃气压力和往复运动、旋转运动产生的惯性力及其力矩(扭矩和弯矩)等共同作用下工作。它承受着交变弯曲、扭转载荷,加之曲轴形状复杂,应力集中现象严重,曲柄销颈和主轴颈被磨损等相当复杂的条件下工作。曲轴如果管理不善,搁置不当,容易产生扭转和弯曲变形,甚至产生裂纹和折断等。

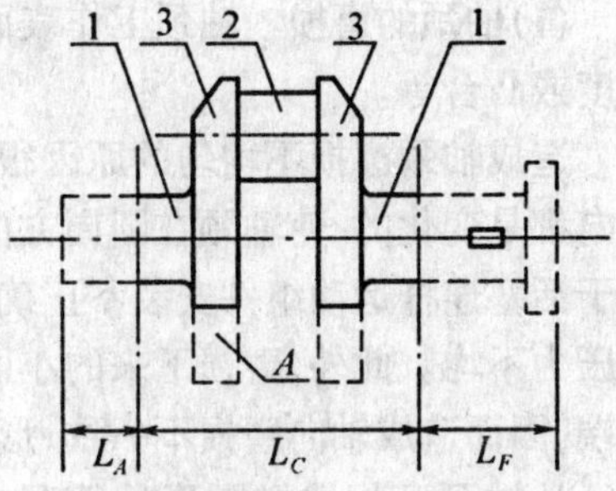

图2-66 单位曲柄简图

1—主轴颈;2—曲柄销;3—曲柄臂;4—平衡重

L_A—自由端;L_F—输出端;L_c—单位曲柄

2.曲轴的结构形式和材料

(1)结构形式 曲轴由若干个单位曲柄(也称曲拐)组成。单位曲柄由曲柄销、曲柄臂和主轴颈组成,如图2-66所示。根据柴油机汽缸数和排列方式不同,若干个曲柄按照一定的方位排列构成完整的曲轴。曲轴销中心与主轴颈中心的距离称为曲柄半径 r,$r=S/2$(S 为行程)。两曲臂之间的垂直距离称为曲臂距(也称为开档)。

主轴颈搁置在主轴承上,通常主轴颈的数目比汽缸数多一个。

曲轴的输出端(又称曲轴的尾端)用于安装飞轮,并与中间轴或被驱动机构相连接。

曲臂的形状在船用柴油机中有长方多边形、腰圆形、椭圆形等。为减少不平衡的质量,把曲柄销做成中空的。为使曲轴得到好的动平衡,有的机型在曲臂的另一端装有平衡块,以平衡柴油机转动中的离心惯性力及往复运动零件的惯性力。

根据柴油机的尺寸和汽缸数目的不同,曲轴分为整体式、组合式和半组合式三种型式。

①整体式曲轴 曲轴是由整根钢料锻造或整体铸造而成。在中、小型柴油机中,由于曲

轴尺寸较小,质量较轻,易于加工制造,故广泛采用,如国产350,250型柴油机的曲轴。整锻式曲轴有自由锻、模锻、挤压锻等不同工艺;整铸式曲轴一般为球墨铸铁。

②半组合式曲轴　曲轴的曲柄销和曲柄臂由锻造或铸造成一体,主轴颈单独锻造,然后用套合的方法(红套或液压套)结合成整体。图2-67所示为半组合式红套曲轴组成图。这种曲轴质量轻,节省材料,机械加工量少,因此在大型柴油机上得到广泛的应用。

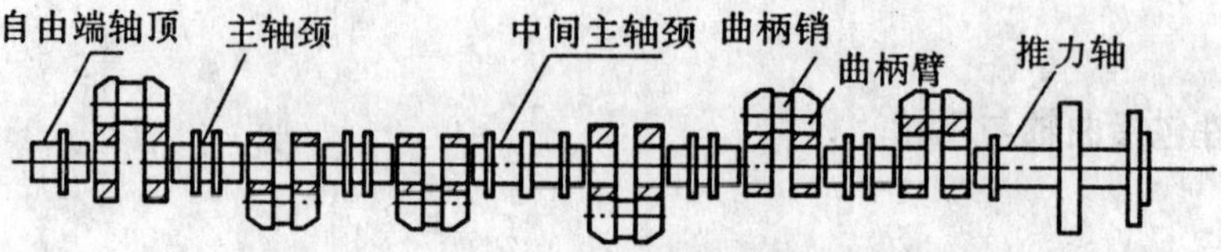

图2-67　半组合式红套曲轴组成图

③全组合式曲轴　全组合式曲轴应用于大功率低速柴油机上,它的结构特点是将曲轴每一拐中的主轴颈、曲柄臂和曲柄销分别制造和加工,而后用套合的方法把它们结合起来成为整根曲轴。这种曲轴的制造特点是消除了大件锻造的困难,降低了锻造成本。

(2)曲轴的材料　船用大型低速柴油机多数采用半组合式制造,主轴颈常用35,40号钢,曲拐则采用ZG35,ZG40,ZG25MnV铸钢;船用中、高速柴油机整体式曲轴,采用45,40Cr,35CrMoA钢,也可采用球墨铸铁Q600-3。

3.曲轴的常见缺陷及其产生原因

(1)轴颈的磨损　轴颈工作表面因磨损使其尺寸减小,由于不均匀磨损形成不圆度、不柱度或凸台等。

造成轴颈磨损不均匀的原因很多,主要是曲轴在每一个工作循环中轴颈受力的大小和方向都是变化的,使轴颈在圆周方向上的磨损不均,因而径向出现不圆度。不柱度磨损则是由于活塞连杆运动组件安装不正确,运动件失中,连杆曲轴弯曲变形,致使曲柄在长度方向上压力不均。此外,磨损下来的小而硬的杂物在离心力和滑油的压力作用下,集中于轴颈的一端,因而造成轴向磨损不一致,形成不柱度。

从轴颈磨损成椭圆形的情况来看,四冲程柴油机的曲柄销颈内侧(近曲轴中心线侧)的磨损量常比外侧(远离曲轴中心线侧)的大,如图2-68所示。这是由于四冲程柴油机在运转时,曲轴在一个工作循环中,只有燃烧做功这一冲程期间,其曲柄销外侧才受到作用力而使之磨损,在其余的三个冲程期间,都受到连杆大端所产生的惯性离心力的作用。它迫使连杆有与曲柄销脱离的倾向,使连杆大端压在曲柄销的内侧,故曲柄销内侧磨损量较大。对于主轴颈来说,由于作用力和反作用力的原理,主轴颈磨损在靠近曲柄销颈一侧的磨损较大。

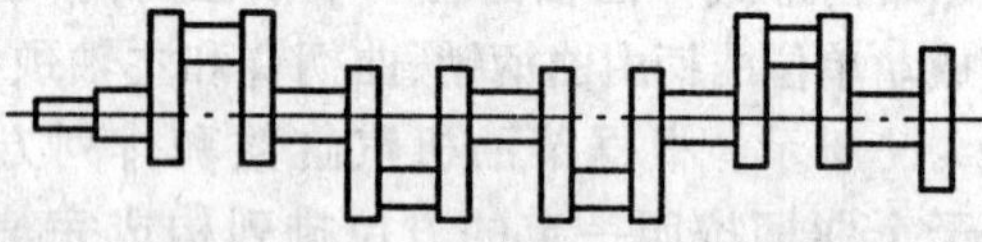

图2-68　四冲程柴油机曲轴轴颈的磨损

对于二冲程柴油机来说,曲柄销颈的磨损情况与四冲程相反,即曲柄销颈的外侧比内侧磨损大,而主轴颈的磨损则是远离曲柄销颈一侧较大。其原因是二冲程柴油机膨胀冲程所产生的压力大于连杆机构所产生的离心力。

轴颈上凸台的产生是因为该处正对着轴承的环形油槽被磨损，形成轴颈中部的凸起环带，以及轴承长度与轴颈长度不一致，不磨损部分形成凸台。

(2)曲轴的裂纹和发纹　曲轴的裂纹主要是由于长期受弯曲和扭转的复合应力所引起的疲劳造成的，产生裂纹的具体原因很复杂，主要有下述几个方面。

①材料本身有缺陷　原材料钢锭中有磷偏析和气化物夹渣、缩孔、气孔、裂纹以及金属组织中有带状组织缺陷等，在柴油机运转时都会造成应力集中而产生裂纹。

②修造工艺上的缺陷　轴颈圆角半径加工不够大，润滑油孔边缘圆角过小，或这些地方加工粗糙，甚至有刀痕，都会使应力集中过大而产生裂纹。

③维护管理不当

a.在柴油机运转过程中，经磨损后轴颈与轴瓦间的间隙过大，由于没有及时调整或处理，致使曲轴在运转过程中因严重冲击振动而产生裂纹。

b.主轴承磨损不均或机座、船体变形使曲轴弯曲，破坏了各轴颈的同心性，结果在轴颈与曲柄臂相接的圆角处产生附加交变弯曲应力，致使曲轴很快产生疲劳裂纹。

c.润滑油污损严重，造成轴颈点蚀，从而引起应力集中，使曲轴产生裂纹。

裂纹大多产生在应力集中的地方，具体部位是轴颈与曲柄臂相交的圆角处、润滑油孔处和材料有缺陷的地方。图2-69(a)所示为曲轴裂纹的形式和产生的部位，其中以1,2,3,4最为常见。

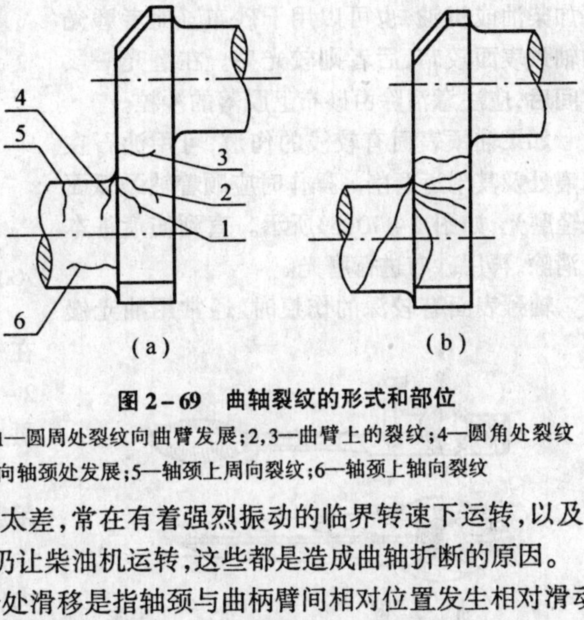

图2-69　曲轴裂纹的形式和部位

1—圆周处裂纹向曲臂发展；2,3—曲臂上的裂纹；4—圆角处裂纹向轴颈处发展；5—轴颈上周向裂纹；6—轴颈上轴向裂纹

(3)曲轴的折断　曲轴折断的主要原因是曲轴存在着或产生了裂纹未及时发现和修理，曲轴继续运转，裂纹逐渐扩大的结果，图2-69(b)所示。此外，曲轴尺寸不足，强度太差，常在有着强烈振动的临界转速下运转，以及在发生了敲缸或曲轴间隙过大的情况下仍让柴油机运转，这些都是造成曲轴折断的原因。

(4)曲轴套合处的滑移　曲轴套合处滑移是指轴颈与曲柄臂间相对位置发生相对滑动。滑移的结果往往产生曲柄扭转，柴油机定时及各缸功率、燃烧状况发生紊乱。

造成滑移的原因：材料选用不当，屈服极限不符合设计要求；加工表面粗糙度或过盈量不够，造成套合处箍紧力不足；套合工艺不正确，套合表面清洁不良，存在加热留下的煤灰和油迹，致使套合处受到较大的冲击力等。

(5)曲轴的弯曲　曲轴的弯曲使各主轴颈轴心线不在一条直线上。造成曲轴弯曲的原因有：

①曲轴安装不正确，各主轴承底面不在同一条直线；由于主轴承轴心线失中，使曲轴运转时发生挠曲变形；

②轴承配合间隙过大或过小，并未及时采取措施；发生过连杆螺栓折断事故；

③刚性较差的大、中型曲轴在拆卸、安装过程中起吊不当，或与另外的物件相碰；曲轴长期未妥善放置；

④柴油机经常超负荷工作,以及喷油定时不正确,或发生过某个主轴承烧坏事故;

⑤船体变形造成机座变形。

(6)曲柄销与主轴颈轴线不平行　主轴颈跳动量反映了各主轴颈的不同轴度。产生的主要原因是新造组合式曲轴在加工或套合时出现误差;曲轴运转时主轴颈的不均匀磨损,使各主轴颈轴心线在不同方向偏离原曲轴轴心线;曲轴的永久弯曲变形等。

4.曲轴的修理工艺

(1)轴颈表面缺陷的修理工艺　当轴颈表面出现不很严重的擦伤、条痕、凹痕、拉毛、烧痕或锈痕等缺陷,但是轴颈的不圆度、不柱度、主轴颈的跳动量或主轴颈与曲柄销的不平行度都未超过极限值时,一般不采用机械加工,而用手工拂锉法修理,其结果能达到要求。

当轴颈表面仅有轻微伤痕时,可用砂布进行磨光。用与轴颈长度相同的细砂布(0号和100号)缠绕在轴颈上,再用麻绳或布带在砂布上绕二三圈,用两手往复拉动绳索进行磨光,将伤痕磨去,如图2-70(a)所示。在磨光时一般要加柴油或机油,也可以用干砂布。前者磨光的轴颈表面较暗,后者则较光亮。在磨光一段时间后,应注意清除由砂布上脱落的沙粒。

如果轴颈表面有较浅的伤痕,可用油石在伤痕处及其附近磨削。操作时应顺着轴颈弧面轻轻磨光,如图2-70(c)所示。直到伤痕基本上消除,再用砂布进行磨光。

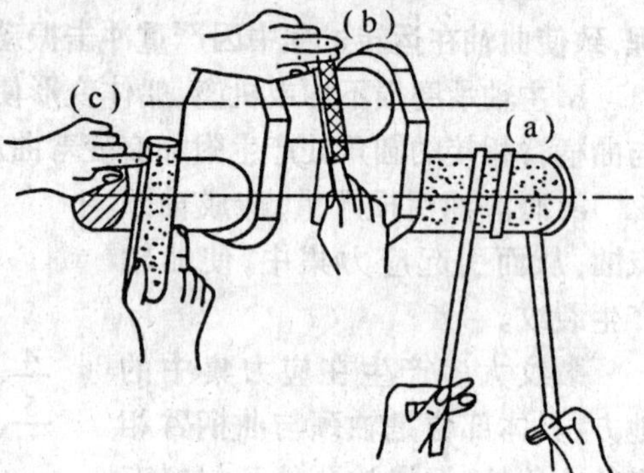

图2-70　轴颈表面缺陷的修理方法

(a)用砂布磨光;(b)用油光锉锉削;(c)用油石磨削

轴颈表面有较深的伤痕时,通常用油光锉在伤痕处及其附近轻轻锉削,见图2-70(b)所示。直至伤痕大部分锉去后,再用油石磨削和砂布磨光。

此外,轴颈表面有细微伤痕时,也可用磨光夹具磨光。磨光夹具的结构如图2-71所示。对曲轴磨光时,磨料填放夹环内,将夹具箍于轴颈上,即可进行磨光。图中(a)和(c)结构为在夹环内衬以羊毛毡或绒布,前者用于小型曲轴,后者用于大型曲轴。图中(b)结构为在夹环燕尾槽为浇铅,并在两半分界面上有调节垫片,用于大、中型曲轴。

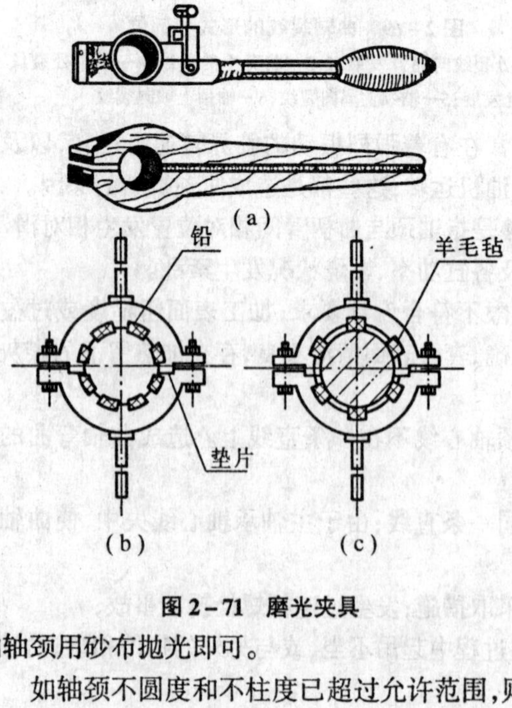

图2-71　磨光夹具

用手工修正轴颈时,对于高速柴油机可采用图2-71(a)和(c),在羊毛毡或绒布上涂上机油或氧化铬调和研磨剂,将轴颈抛光到呈镜面;对于中低速柴油机,曲轴轴颈用砂布抛光即可。

如轴颈不圆度和不柱度已超过允许范围,则消除轴颈表面上的伤痕与消除不圆度和不柱度宜一起考虑。

(2)轴颈不圆度、不柱度的修理工艺　轴颈不圆度、不柱度的检查方法是测量轴颈直径。轴颈直径通常用外径千分卡测量。在测量主轴颈时，一般要吊起曲轴。测量位置如图 2－72 所示。在轴颈上选择三个截面，首尾端二截面(距圆角处 10～30 mm)，在两个端截面间再取一个中间测量截面。在同一截面上测量其垂直和水平两个方向的直径，并将测量数值填入记录表内，求出最大不圆度和不柱度值。

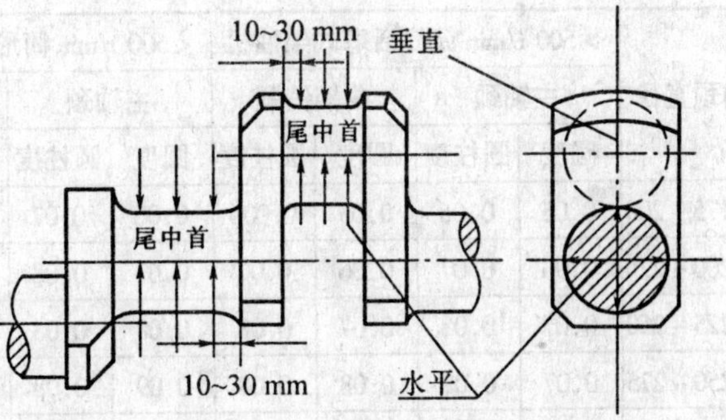

图 2－72　轴颈测量位置

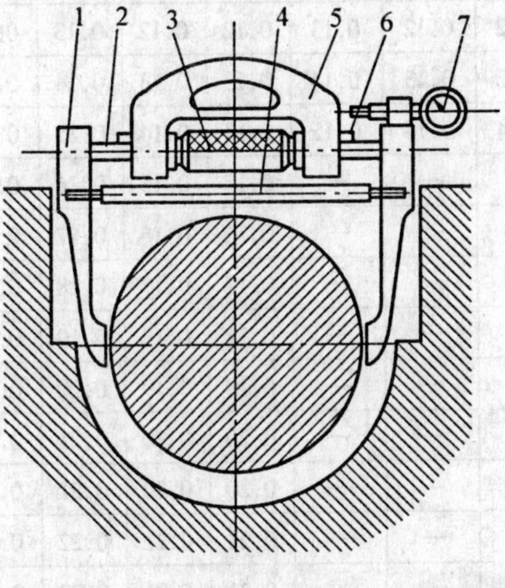

图 2－73　用手提式外径测量卡测量主轴颈

1—测量杆；2—螺柱；3—手旋螺母；4—导向杆；5—手提框架；6—键；7—百分表

对于大型低速柴油机曲轴的主轴颈，由于在检修时，一般是不能将曲轴吊起的，故不能使用一般的外径分厘卡进行测量。这种情况可用手提式外径测量卡(如图 2－73 所示)测量主轴颈。测量时，拆除上轴瓦和转出下轴瓦，用手提住此测量卡放于主轴承座孔内，旋动手旋螺母，使量脚刚好卡住主轴颈，使它的位置适当，然后调百分表到零位，取出量卡。将曲轴转过 90°，在主轴颈的同一轴向位置上再进行测量，此时百分表的数值即为该截面的不圆度的一倍。沿主轴颈长度方向测量即可得出不柱度。用内径分厘卡测量两个量脚之间的距离，即为主轴颈直径。

主轴颈和曲轴销磨损后的不圆度和不柱度的容许值按各机说明书规定，或参照表 2－13。如超过磨损极限值，则应进行修理。

表 2－13　轴颈磨损极限(CB/T3544－94)　单位：mm

轴颈直径	＞500 r/min 筒形活塞式柴油机				＜500 r/min 筒形活塞式柴油机				十字头式柴油机			
	主轴颈		曲柄销颈		主轴颈		曲柄销颈		主轴颈		曲柄销颈	
	圆度	圆柱度	圆度	圆柱度	圆度	圆柱度	圆度	圆柱度	圆度	圆柱度	圆度	圆柱度
≤75	0.03	0.03	0.03	0.035	—	—	—	—	—	—	—	—
＞75～100	0.035	0.035	0.035	0.004	—	—	—	—	—	—	—	—
＞100～125	0.035	0.035	0.035	0.04	—	—	—	—	—	—	—	—
＞125～150	0.04	0.04	0.04	0.04	—	—	—	—	—	—	—	—
＞150～175	0.05	0.05	0.05	0.05	0.05	0.05	0.05	0.05	—	—	—	—

表 2-13(续)

轴颈直径	>500 r/min 筒形活塞式柴油机				<500 r/min 筒形活塞式柴油机				十字头式柴油机			
	主轴颈		曲柄销颈		主轴颈		曲柄销颈		主轴颈		曲柄销颈	
	圆度	圆柱度	圆度	圆柱度	圆度	圆柱度	圆度	圆柱度	圆度	圆柱度	圆度	圆柱度
>175~200	0.05	0.06	0.05	0.006	0.06	0.07	0.06	0.07	—	—	—	—
>200~225	0.06	0.07	0.06	0.07	0.07	0.08	0.07	0.08	0.08	0.08	0.09	0.09
>225~250	0.07	0.08	0.07	0.08	0.08	0.08	0.08	0.09	0.09	0.09	0.10	0.10
>250~275	0.07	0.08	0.08	0.08	0.09	0.08	0.10	0.10	0.10	0.10	0.11	0.11
>275~300	0.08	0.09	0.09	0.09	0.09	0.10	0.09	0.10	0.10	0.10	0.11	0.11
>300~325	0.08	0.09	0.09	0.10	0.09	0.10	0.10	0.11	0.11	0.11	0.12	0.12
>325~350	0.09	0.10	0.10	0.11	0.10	0.11	0.11	0.12	0.12	0.12	0.13	0.13
>350~375	—	—	—	—	0.11	0.12	0.12	0.13	0.12	0.12	0.13	0.13
>375~400	—	—	—	—	0.12	0.12	0.13	0.14	0.13	0.13	0.14	0.14
>400~425	—	—	—	—	0.13	0.14	0.14	0.15	0.14	0.14	0.15	0.15
>425~450	—	—	—	—	—	—	—	—	0.15	0.15	0.16	0.16
>450~475	—	—	—	—	—	—	—	—	0.16	0.16	0.17	0.17
>475~500	—	—	—	—	—	—	—	—	0.17	0.17	0.18	0.18
>500~525	—	—	—	—	—	—	—	—	0.18	0.18	0.19	0.19
>525~550	—	—	—	—	—	—	—	—	0.19	0.19	0.20	0.20
>550~575	—	—	—	—	—	—	—	—	0.20	0.20	0.21	0.21
>575~600	—	—	—	—	—	—	—	—	0.20	0.20	0.21	0.21
>600~650	—	—	—	—	—	—	—	—	0.21	0.21	0.22	0.22
>650	—	—	—	—	—	—	—	—	0.21	0.21	0.22	0.22

主轴颈的不圆度和不柱度的消除,对于中小型曲轴可在车床上加工;如果设备条件容许,最好用磨削精加工。大型曲轴或某些情况下的中型曲轴,也可以用专用设备就地车削或磨削。主轴颈通常不采用手工修理。

(3)曲柄销的修理工艺　小型曲轴可进行车削磨削,大中型曲轴往往由于设备条件的限制而采用手工挫削,也有在船上用专门设备就地磨削修理的。具体修理方案视磨损程度而定。

用手工修理曲柄销的不圆度和不柱度,同时应考虑主轴颈和曲柄销的不平行度。

中小型曲轴轴颈的车削和磨削量尽可能按曲轴分级修理尺寸进行修理,修理时应注意:

①轴颈要以最小的加工量进行修理,以保持轴颈的机械强度;

②不得减小或损伤轴颈和曲轴过渡处的圆角;

③加工时要用布条将油孔堵死,不要有金属屑落入油孔;

④保证各道主轴颈轴心线和曲轴轴心线相重合,并保证各曲柄销中心线与曲轴轴心线相平行。

对于中小型曲轴轴颈已磨损太大,或经过多次修理(光车或磨削)使轴颈直径减小到(或接近于)按规范计算的最小尺寸时,可以在轴颈外圆镀铬或低温镀铁进行修复。大型曲轴轴颈直径一般余量较大,当其磨损到最小极限直径前,往往该船或柴油机已到年限,故常不作此种修复。

(3)曲柄销与主轴颈轴心线不平行度的修理工艺

①曲柄销与主轴颈轴心线不平行度(以下简称不平行度)的检查　为了确保柴油机运动件的安装找正和运行,在修理曲轴前后都要进行其不平行度的检查。下面分别讨论在车间平台和船上如何检查其不平行度的问题。

a.在车间平台上的检查　对于新造曲轴或吊回车间修理的曲轴,检查其不平行度一般都在平台上进行。

检查方法:将曲轴放置于平台上,由若干个垫有紫铜板的V形铁支承,调整V形铁高度,把曲轴开档差校正合格,并使曲轴轴心线平行于平台。将需要检查的曲柄销转到上止点位置,用百分表测出该曲柄销上部顶面分别距前后圆角10~30 mm的两个位置的数值,如图2-74所示。假设两测量点 a、b 的距离为 L mm,在 a 点处百分表的读数为 a_1 mm,b 点处读数为 b_1 mm,则其不平行度 H 可由下式计算

$$H = 1\,000(a_1 - b_1)/L \quad (\text{mm/m})$$

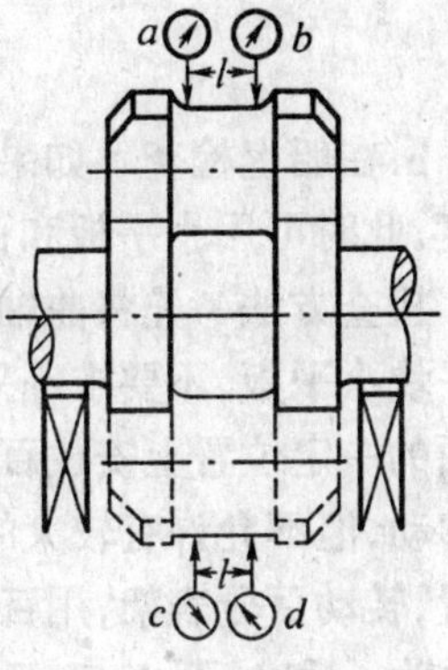

图2-74　在平台上用百分表检验不平行度

若曲柄销有不柱度存在,计算时可将轴颈相应于 a、b 两测量位置上的直径差值 $R = d_1 - d_2$ 考虑进去(d_1 和 d_2 分别为曲柄销在测量位置 a 和 b 上的直径),则不平行度为

$$H = \frac{\left[(a_1 + b_1) - \frac{1}{2}(\pm k)\right] \times 1\,000}{L} \quad (\text{mm/m})$$

式中 k 的正负号规定:当不柱度的大端与不平行度的高端同在一端为正,相反为负值。

曲轴在修理前检查时,被检查的曲柄销相邻两主轴颈的不圆度会引起不平行度的测量误差,故在检查前应先测量该两主轴颈的直径,掌握其不圆度的方向和大小,以便在检查时将此影响考虑进去。曲柄销在上止点位置的不平行度测量好后,在曲轴每转过一定角度后应按上述方法分别进行测量和计算。对于大型低速柴油机曲轴,每个曲柄销应至少在曲柄圆周方向上0°(即曲柄销在上止点位置),45°,90°,135°,180°,225°,270°和315°八个位置上进行测量;中小型柴油机曲轴可以适当减少测量位置,但至少应在0°,90°,180°和270°四个位置上进行测量。

对于长度较长的曲轴,需用长平台来检查,而大型平台的精确度往往较差,加上大型曲轴放在平台上,在曲轴自身重力的作用下,曲轴会稍弯曲,因此按上述方法测量会有较大误差。为此可在大型平台上装一精度较高的小平板进行检查,如图2-75所示。当检查3#曲柄销时,在小平板上放一百分表架,调整小平板下面的调节螺栓,用百分表测量,使小平板平面到③和④主轴颈上部顶面的高度相等,使这两主轴颈轴线与小平板平行。若此两主轴颈直径不等或有不柱度、不圆度,则应分别予以修正或将基准点选在主轴颈中部主轴承环形油槽相对应的部位。小平板调整好后使之固定不动,移动百分表架,测量曲柄销上两测量位置 a 和 b,它们的差值除以它们之间的距离即为不平行度。转动曲轴,同样可测得曲柄销在不同的圆周方向的不平行度。

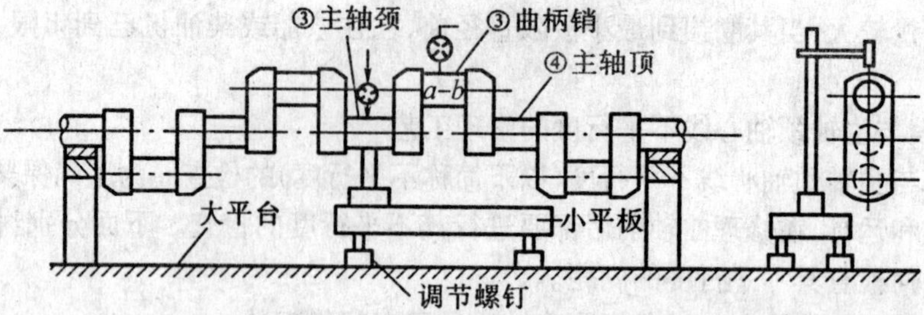

图 2-75 在平台上用小平板检查不平行度

b.在船上检查　如果对曲轴作一般检修,不吊回车间修理,就需要在船上就地检查不平行度,此时可用小平板和百分表进行。

检查方法　先将曲轴开档差调整到规定范围内,在需要检查的曲柄销下面的油底壳上放一块小平板,不要求小平板与曲轴轴心线平行,但检查时小平板不能任意移动。在小平板平面的一定位置上安放百分表架,如图 2-76(a)所示。百分表架可以在该位置上转动或微量移动,但不允许有较大的移动,以免产生较大的测量误差。将曲柄销先后转到上、下止点位置,转动百分表架,用百分表分别测量曲柄销上首、尾两测量位置,可测得上止点位置上两读数为 a 和 b,下止点 c 和 d,则不平行度 H 为

$$H=\frac{(a-b)-(c-d)}{2L}\times 1\,000 \quad (\text{mm/m})$$

式中 L——曲柄销上首尾两测量点之间的距离,单位 mm。若曲柄销有不柱度,则

$$H=\frac{(a-b)-(c-d)-(\pm k)}{2L}\times 1\,000 \quad (\text{mm/m})$$

式中 k——不柱度,即曲柄销两测量点大端与小端的直径差。k 的正负号规定:当不柱度的大端与不平行度的高端同在一端为正值,相反为负值。

曲柄销在其他位置上的检验和计算与上述相同。

如果因机器构造限制,不能使用上述方法时,也可以在机座主轴承的检查平面上安放一小平板进行检查,如图 2-76(b)所示。

②不平行度的修理工艺　不平行度的消除是在主轴颈修理好后,以主轴颈为基准,通过加工曲柄销达到的。一般都与曲柄销的不圆度、不柱度以及表面缺陷综合考虑,一起修复。

小型曲轴是在车床或磨床上进行修理。大中型曲轴通常是用手工或专用磨具修理,修理可在车间平台上,也可在船上就地进行,其方法基本一样。现在车间平台上修理为例,其修理工艺程序如下所述。

a.根据测量结果,作出不平行度高端方向和不柱度大端方向的记号。

b.将曲柄销转到上止点,如图 2-77 所示。若曲柄销 A 颈上两测量点百分表读数 $B>A$,则以 A 端为基准,按测量结果将 B 处顶面锉去 B、A 之间的高度差值,即 BA 将斜面锉到与平板平行(A 端尽量不锉)。曲柄销转到下止点位置时,则应以 B_1 端为基准,将 A_1 处锉去 A_1、B_1 的高度差值,即将 A_1B_1 斜面锉 到与平板平行(B_1 端尽量不锉)。将曲柄销转到测量的各位置,也以同样方法分别进行锉修。在锉修过程中,应经常用千分卡测量轴颈的不圆度和不柱度,随时找正。

c.制造硬模,硬模结构如图 2-78 所示。硬模用铸铁制造,它的长度比轴颈有效长度短

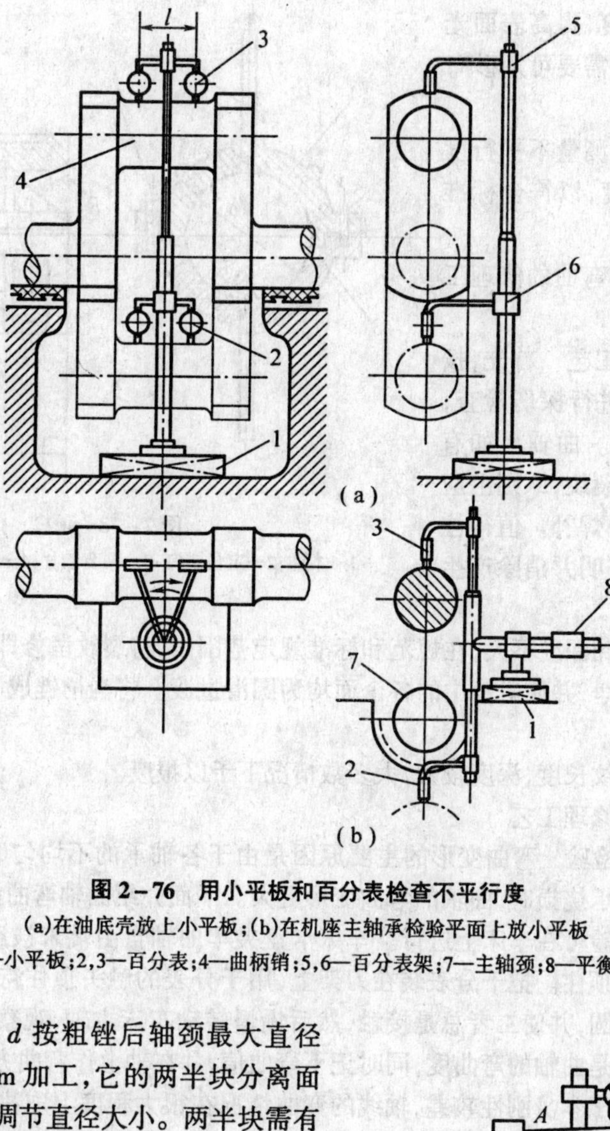

图 2－76　用小平板和百分表检查不平行度

(a)在油底壳放上小平板；(b)在机座主轴承检验平面上放小平板

1—小平板；2,3—百分表；4—曲柄销；5,6—百分表架；7—主轴颈；8—平衡重

1.0～1.5 mm，内径 d 按粗锉后轴颈最大直径加大 0.04～0.06 mm 加工，它的两半块分离面上有一组垫片以便调节直径大小。两半块需有定位止口或定位销。

d. 修锉后再用硬模进行精锉。在硬模内圆表面涂一薄层色油，将它箍在轴颈上与轴颈研配，然后拆下硬模，根据轴颈上色油斑点分布情况，将轴颈表面着色较多部分锉去。如此重复多次，直至轴颈表面色斑分布均匀为止。

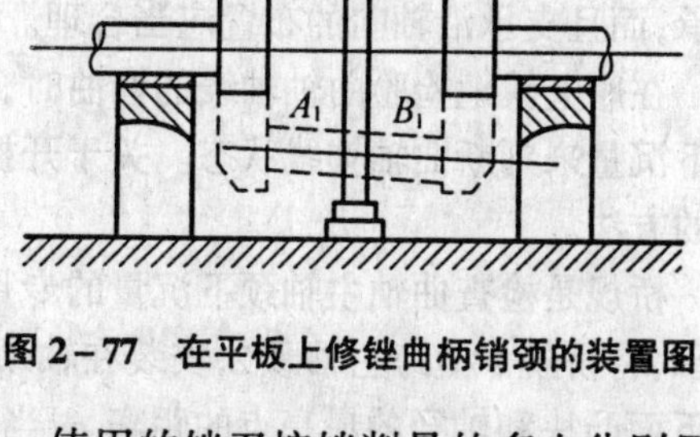

图 2－77　在平板上修锉曲柄销颈的装置图

箍硬模时不能过紧，以手能用力扳动为准，还应注意清洁，决不允许硬质杂物落入硬模内圆上。使用的锉刀按锉削量的多少分别用中粗锉、细锉、油光锉和油石，当锉削到最后 1～2 次时应用后两种。

e. 曲柄销的圆柱体部分基本锉削好后，用细圆锉锉削圆角处。边锉边用样板检验，锉到圆角处与圆柱体相接为止。再用圆形油石进行精磨，以提高表面光洁度。

f.精锉抛光。精锉的目的是清除不圆度和不柱度，提高表面光洁度。精锉后，根据需要可用砂布磨光和用夹具抛光。

g.锉修完毕后，测量不平行度以及不圆度、不柱度，以符合标准要求为合格。

(4)曲轴裂纹和弯曲的修理工艺

①裂纹的修理工艺　首先，按规范要求，对裂纹进行探伤检查，确定其长度和深度。曲轴上如有危及其使用寿命的裂纹，原则上应换新，或进行有效的焊补。值得注意的是，必须认真查明并消除产生裂纹的原因。

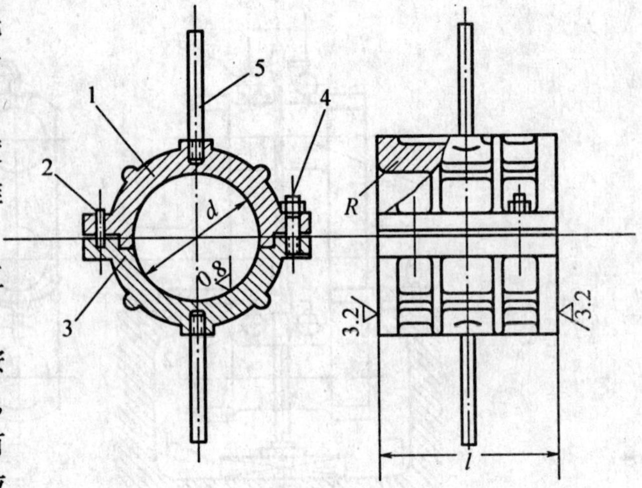

图 2-78　硬模

1—本体；2—定位销钉；3—调节垫片；4—螺栓；5—扳动棒

如果裂纹长度和深度不大，在规范和标准规定范围内，将裂纹凿修即可。但必须注意的是要将裂纹凿除干净，并使凿槽中的各个面均为圆滑过渡。将沟槽锉成圆角，以减少应力集中。

如果曲轴上裂纹长度、深度较大，大多数情况下予以报废。

②曲轴弯曲的修理工艺

a.曲轴弯曲的检验　弯曲变形的主要原因是由于各轴承的不均匀磨损和机座的变形，特别是当某一主轴承烧损时，曲轴的弯曲变形更大。下面介绍曲轴弯曲的检验方法。

小型曲轴的检验可在车床上进行。车床卡盘夹牢曲轴自由端未被磨损的主轴颈，曲轴的另一端则由顶尖顶住。把千分表装在刀架上，用千分表的触头顶住待测轴颈的曲轴中心线的水平平面的外圆，并使二者总是接触，然后慢慢转动车床主轴，观察表针偏摆。表针最大偏摆量的一半便是曲轴的弯曲度，同时记下弯曲值，并在轴上作弯曲方向的记号。

大中型曲轴由于本身刚性较差，轴线的弯曲情况在很大程度上取决于支承的数目和位置。因此，对于中型以上的曲轴，无论是在车床或平台上检验轴线时，都需要有适当数目的支承，而且支承沿轴向的布置应当合理。一般以开档差是否合格来判定轴线是否为一直线。

在船上就地检验曲轴轴线的弯曲时，可测量各曲拐的开档差进行，也可用桥规测量主轴颈下沉量来判断曲轴轴线状态。关于开档差的测量分析将在第八章讨论，现讨论用桥规测量的方法。

桥规是检查曲轴主轴颈下沉量的专用工具。检验方法如图 2-79 所示，拆除上半块主轴承，将桥规 1 横跨主轴颈 2，安装在轴颈两旁的轴承座 3 的平面上，并用厚薄规测量桥规中部下面凸块和轴径的最高点的距离 a，当距离 a 比以往在同一位置所取得的数据大时，说明轴颈随着轴承的磨耗而下沉。在每一主轴的全长上至少找两个位置(首尾)进行测量，测得各段轴颈处的数据时，应及时填入表 2-14 上。测量时应注意两点：一是安放桥规前，落脚平面应擦干净，插入厚薄规测量时，应防止将桥规抬起；二是每次测量必须把曲轴转到上次测量时的同一位置上进行。

根据所得的主轴承下沉量，可以判断曲轴轴线的弯曲状态。在正常情况下，与测量开档差值所作的两条曲线，应当是一致的。

b.曲轴弯曲的修理工艺　当曲轴在机座时，通过桥规或开档差检查发现曲轴轴心线（弹性）弯曲。若这时各主轴承大部分良好，曲轴与中间轴的连接处又正常时，可用修刮主轴承办法来校正其轴心线。

当主轴颈与曲柄销的不平行度及弯曲变形较小时，可结合轴颈不圆度及不柱度的修复一起考虑。

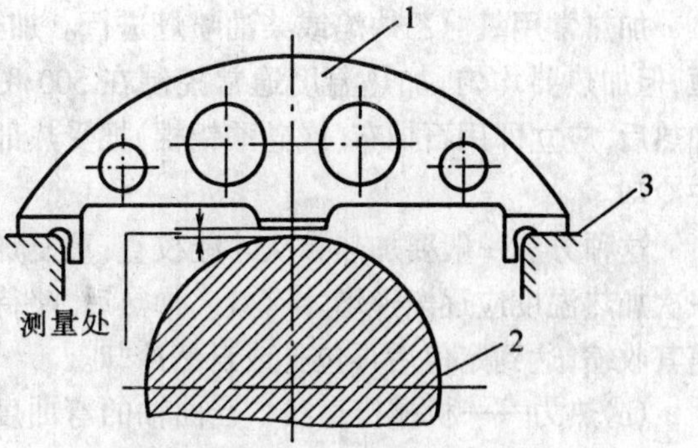

图 2－79　桥规检验法示意图

1—桥规；2—主轴颈；3—轴承座平面；4—测量处

表 2－14　用桥规测量主轴颈下沉量记录表

船名＿＿＿＿＿＿		主轴颈标准直径＿＿＿＿＿＿mm			
机型＿＿＿＿＿＿		上次测量后运转时数＿＿＿＿＿＿h			
主轴颈号数	测量位置	桥规测量 k 值 /mm	平均值	上次测量 k 值	主轴颈下沉量 /mm
1	首	k_1'	$k_1=\frac{k_1'+k_1''}{2}$	k_1''	k_1-k_1''
	尾	k_1''			
2	首	k_2'	$k_2=\frac{k_2'+k_2''}{2}$	k_2''	k_2-k_2''
	尾	k_2''			
3	首				
	尾				

对于弯曲度较大，或虽弯曲度较小，但为了尽量减少主轴颈的机械加工量，常采用下述方法进行修理。

(a)静载荷校直法　此法常用于弯曲度不大的小型曲轴的校正。具体作法是：将曲轴置于二支承上，沿曲轴弯曲的凸出方向施加压力（用螺栓压板、液压顶或压力机），施力点应在轴的最大变形处，使之产生一定的残余变形，以消除原先的变形。

静载荷校直法虽然简单可行，但对多曲柄的曲轴来说却有许多缺点。因为曲轴的刚性随曲柄方向及其沿轴向的布置而变化，所以加压以后，其最大残余变形亦不一定发生在所加压力的位置和方向上。只有对轴的变形有精确的估计时，才能正确整形；同时，静载荷校直将大大降低曲轴的疲劳极限。因此，一般只在发动机曲轴的应力较小，弯曲变形能够精确测定并且操作本身能保证可靠地校正弯曲的情况下，才予采用。

(b)热力校直法　热力校直法是在曲轴弯曲变形处迅速地进行局部加热，使轴凸出一面的金属局部膨胀，但未受热部分必将阻止受热金属的膨胀而使其受压，当受热处的压缩压力超过材料的屈服点时，便产生塑性变形。曲轴受冷后，金属再度收缩，弯曲部分得到校直。

加热常用氧－乙炔焰或柴油喷灯进行。加热时轴的凸出部分朝上，加热时间应尽可能短，但加热要均匀，加热温度通常控制在 500 ℃～550 ℃范围内，即以轴颈呈暗红色为限。加热后，应立即用石棉布（或硅酸铝棉）把受热部分包好，保湿 30 分钟至 1 小时，然后在空气中冷却。

这种方法一般要加热数次才能校直，重复加热必须等曲轴温度完全冷却后再进行。每一次加热温度应逐渐递增才有效。加热后，略待片刻，即用冷水喷淋加热区的两侧，可以加速其收缩，达到定值后再包扎或自然冷却。

(c)热力——机械校直法　当曲轴的弯曲度较大时，常采用此法。校直时，先用螺栓和压板将曲轴朝弯曲的相反方向压下一定数值，然后用火焰对弯曲部分局部加热（加热方法与热力校直相同）；或者先局部加热，后加压。总之是二者结合进行。

曲轴经此法校直后，要对加热部分进行局部退火（加热温度为 150 ℃）以消除应力。为了使加热均匀，加热时应缓慢转动曲轴，而且加热速度应控制在每小时升高 150 ℃～200 ℃范围内，并在 150 ℃的温度下保持一小时，此后用数层硅酸铝棉（或石棉布）把加热处包住。当温度降至 50 ℃～70 ℃时，让它自然冷却。

c.红套处滑移的修理工艺　曲轴红套处滑移，在船舶一时不能进厂修理的情况下，可暂时降低功率使用，但应尽早进厂修理。

滑移的修理，若将曲轴吊回车间，可将产生滑移的一段主轴颈或曲柄更换，使红套处握紧力恢复到设计要求。但这样做工作难度大，修理周期长，通常采用就地温差法修复。利用加热曲臂和冷却主轴颈的方法，使其原有过盈量消失并产生一定间隙，然后将曲臂转回到原来位置。同时采用内冷外热的方法更有效、更快。图 2－80 所示就是主轴颈处使用液氮冷却，曲臂用加热设备加热，然后用液压顶顶回滑移量。

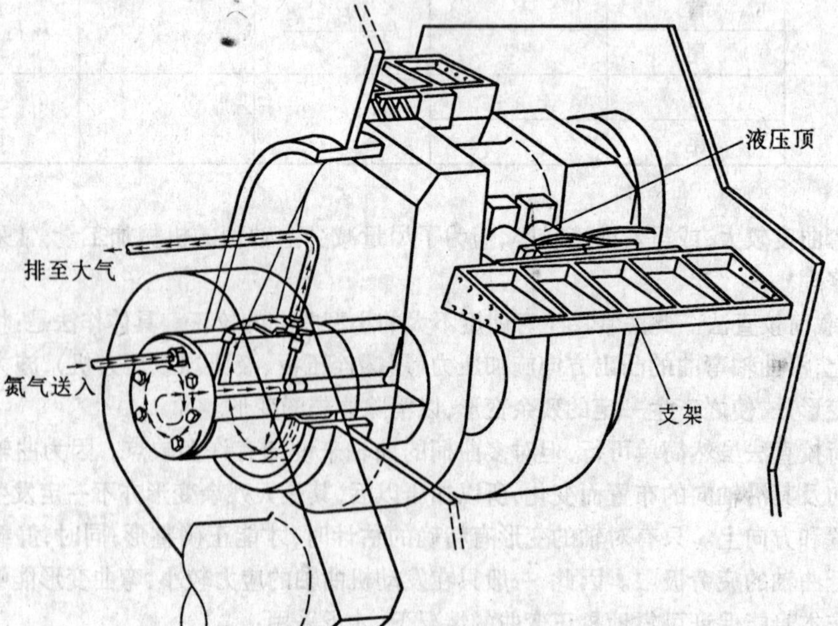

图 2－80　曲轴曲柄滑移的修复

二、飞轮

飞轮是一个具有较大转动惯量的圆盘形零件，安装在柴油机曲轴上。飞轮的作用如下：

1.储存和放出动能，使柴油机转速比较均匀；在启动和调整时，利用飞轮进行盘车；

2.飞轮上一般可做出刻度，指示曲轴曲柄销上、下止点位置和转角，供定时调整用；

3.有些柴油机的飞轮还兼作联轴节之用。

飞轮一般是用铸铁制成，在高速柴油机上亦有铸钢的。对于单缸四冲程柴油机，飞轮质量要大些，而缸数越多飞轮质量越小。二冲程柴油机的飞轮比四冲程柴油机的飞轮质量轻。

在拆卸飞轮后重新装复时，要使曲轴和飞轮的配合位置照旧，以免破坏平衡和定时的准确性。

第八节　主轴承和推力轴承

一、主轴承

主轴承用于支承曲轴并为曲轴定位。它承受着燃气的冲击力和运动件的惯性力，而且是整机功率输出的枢纽，所以主轴承应具有足够的强度、刚度和耐磨、耐振性能。一般采用滑动轴承，少数高速机采用滚动轴承。

主轴承按结构形式不同有正置式轴承和倒挂式轴承。大型低速柴油机采用正置式，轻型或中型中高速机采用倒挂式，有些大功率中速机也采用倒挂式轴承。正置式轴承和倒挂式轴承的一般结构如图 2－81、图 2－82 所示。

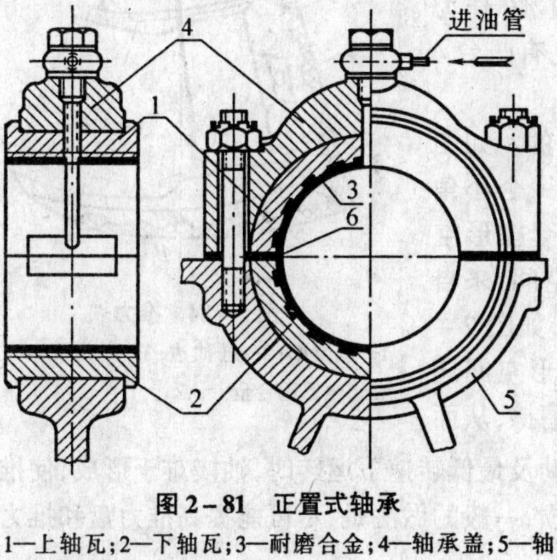

图 2－81　正置式轴承

1—上轴瓦；2—下轴瓦；3—耐磨合金；4—轴承盖；5—轴承座；6—垫片

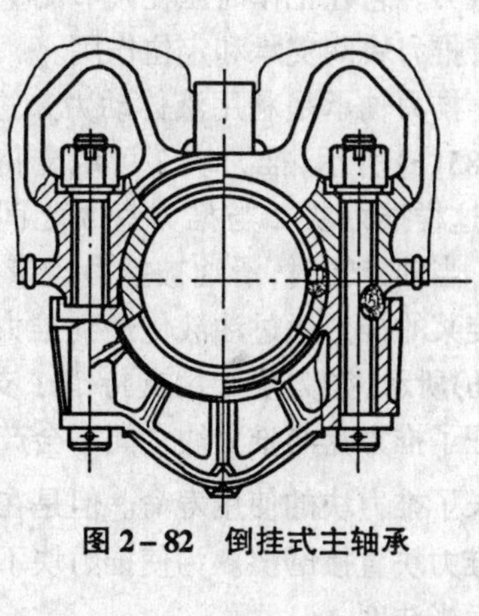

图 2－82　倒挂式主轴承

二、推力轴承

船舶柴油机所发出的功率由轴系传给螺旋桨，而水对螺旋桨所产生的反作用力又由轴系传给船体,从而形成船舶的推进力。推力轴承即用以传递推力和平衡推力。

推力轴承一般采用盘式(如图 2-83 所示),推力盘两面与推力块作用承受推力,一面正车,一面倒车,推力块一般为扇形,前后各六块,布置在推力盘的四分之三圆周上,下部浸入滑油池中。扇形推力块一般为铸铁,它与推力盘接触那一面浇铸轴承合金。正、倒车推力块的背面各有一个调节垫圈,用以调节推力块与推力盘之间的轴向间隙。间隙前、后均等,一般为 0.5 mm。为了使各道曲柄与主轴承的轴向间隙前、后不致相差太大,在调节时,可使最后一道曲柄中心移向推力轴承 1~1.5 mm,这是由于柴油机曲轴受热后向前膨胀。

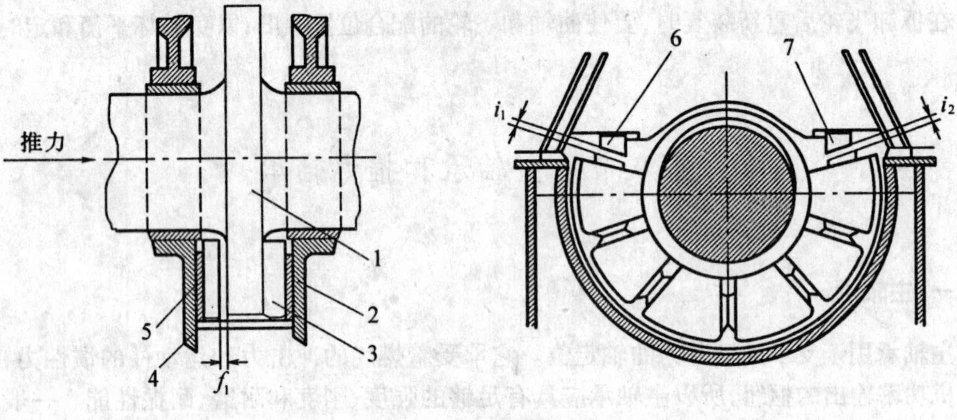

图 2-83　推力轴承简图

1—推力环;2,5—调节圈;3,4—推力块;6,7—压板

图 2-84 为推力块的立体图,其工作面(靠推力盘)浇有轴承合金 5,靠调节圈的一面为一折曲的面,有低位面 1 和高位面 3,高、低面相交的棱边 *AB* 作为支持刃。它在工作时压在调节圈上,侧面上有凸台 4 起着推力块间支承和定位作用。

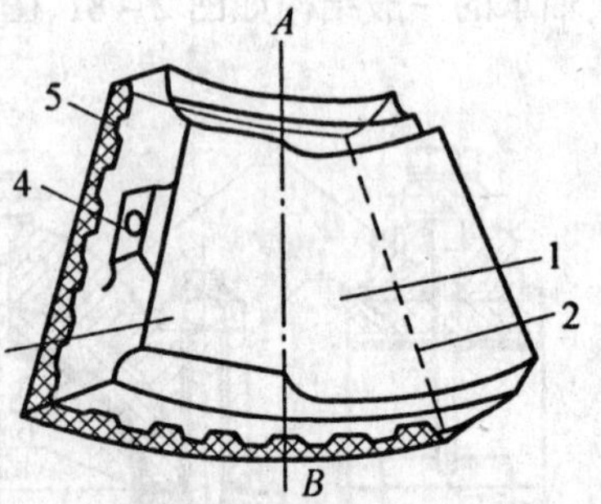

图 2-84　推力块

1—低位面;2—进油边;3—高位面;4—凸台;5—巴氏合金

推力轴承是利用液体动力来进行工作的。如图 2-85(a)所示,推力块 2 可绕支持刃偏转一个小角度,这样推力块 2 与推力盘 3 之间形成一个楔形空间。当轴旋转时,滑油被推力盘带入楔形空间,来自螺旋桨的推力通过油液传递到推力块 2 上,如图 2-85(b)所示,推力块 2 由支持销 1 支承。楔形空间还保证了推力盘与推力块之间不会产生直接磨擦,从而延长了推力块的使用寿命。但是在开始转动及最低转速下运转时,油楔难于形成,使推力盘与推力块直接磨擦。为使推力块不致被磨损,一般的做法是,尽可能提高推力盘和推力块的表面光洁度。

拆检推力轴承的推力块和推力轴支持轴承时,不必拆卸推力轴,可用图 2-86 所示的工具。把专用工具 2 按图所示用螺栓 3 安装在推力盘 1 上,通过盘车,便可将推力块 4 转出。把该工具再装上推块 6,并用螺栓 7 锁紧,便可通过盘车转出轴瓦 5。正、倒车推力块的有效工作面积与推力盘环形面积之比一般为 0.76~0.91。推力块安装后,推力块与推力盘工作

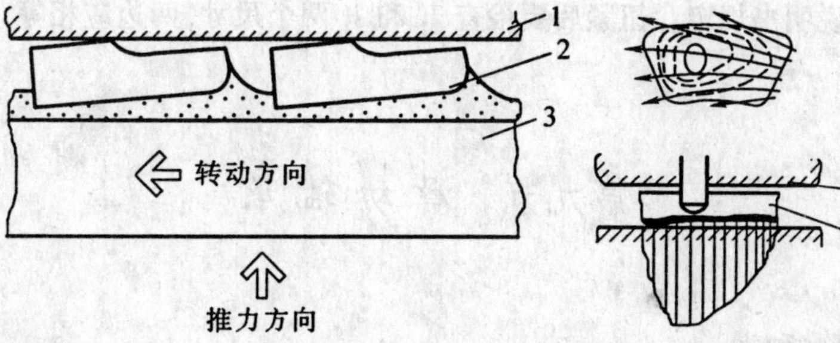

(a)　　　　　　　　　　　　(b)

图 2-85　推力轴承结构

1—支承销;2—推力块;3—推力盘

面之间,以及推力块与推力块之间都需有适当的间隙。

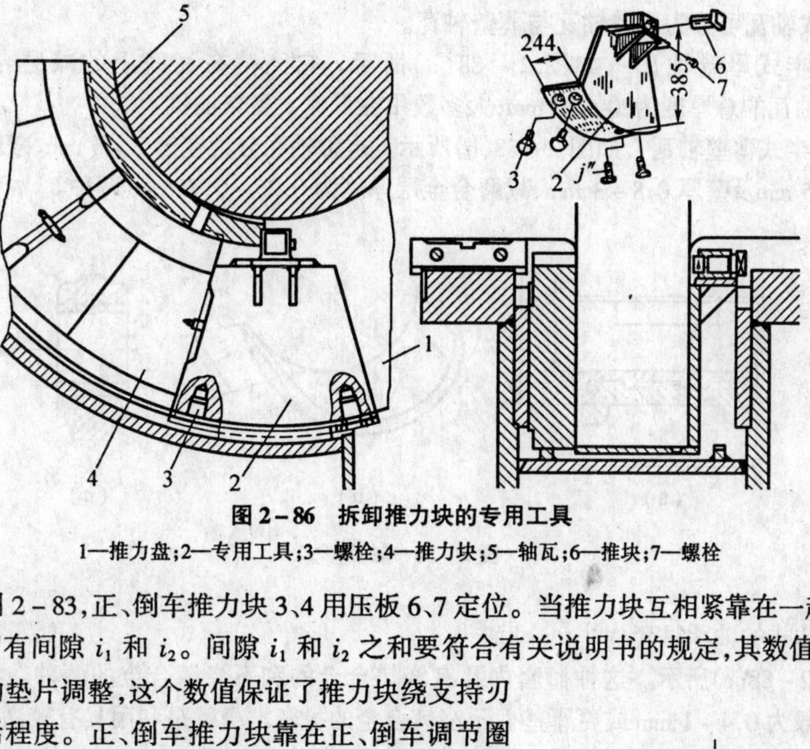

图 2-86　拆卸推力块的专用工具

1—推力盘;2—专用工具;3—螺栓;4—推力块;5—轴瓦;6—推块;7—螺栓

参阅图 2-83,正、倒车推力块 3、4 用压板 6、7 定位。当推力块互相紧靠在一起后,在压板 6、7 处留有间隙 i_1 和 i_2。间隙 i_1 和 i_2 之和要符合有关说明书的规定,其数值可通过增减压板处的垫片调整,这个数值保证了推力块绕支持刃摆动的灵活程度。正、倒车推力块靠在正、倒车调节圈 2、5 上,倒车调节圈用于调整推力块与推力盘间的间隙 f_1 和曲轴与主轴承之间的轴向相对位置。间隙 f_1 是将推力盘压紧在正车推力块上时,倒车推力块与推力盘间的间隙(可用厚薄规测量)。它要根据说明书规定进行调整。

推力轴支持轴承垂直方向的径向间隙 h,可通过改变轴瓦之间垫片的厚度 k 来调整,参照图2-87。为了在正、反转时都有较好的油楔,当轴落在轴瓦上时,轴颈与轴瓦左右两侧都要留有间隙 g(参照说明书规定)。

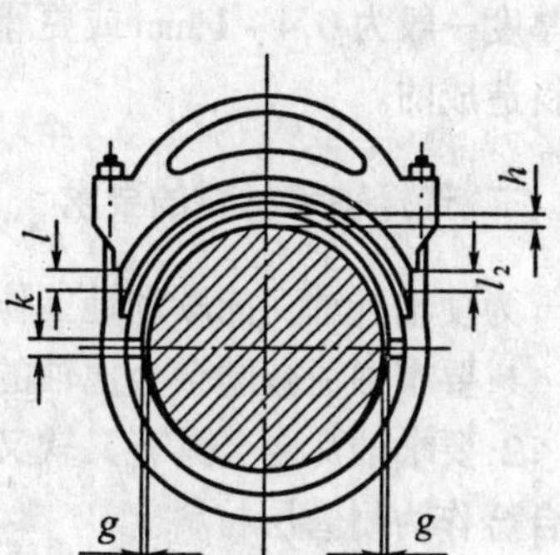

图 2-87　推力轴承间隙调整

水平方向的径向间隙需要由机械加工或刮瓦来实现。轴承盖的两边螺栓应交替均匀上紧，上紧力矩要符合说明书规定。扭紧后要检查 l_1 和 l_2 两个尺寸，两边应相等，误差应符合说明书的规定。

第九节 滑动轴承

一、滑动轴承的种类

滑动轴承广泛地应用在各种柴油机上，作为主轴承、曲轴承、推力轴承、十字头轴承等。下面介绍船舶柴油机用的滑动轴承，而且着重讨论轴承的轴瓦或轴衬套的结构、对轴瓦材料的要求和修理工艺。一般轴承由轴承座、轴瓦(衬套)、轴承盖及螺栓等零件组成。

1.两半式轴瓦

两半式轴瓦可分为厚壁轴瓦与薄壁轴瓦。

(1)两半式厚壁轴瓦　如图 2－88(a)所示。它浇铸在瓦底上的减磨合金厚度为 5～8 mm，轴瓦的总厚度为20～40 mm，大多数用在低速大型柴油机上。

(2)两半式薄壁轴瓦　如图 2－88(b)所示。这种轴瓦分为壁厚 3～6 mm、减磨合金层厚度0.4～1.5 mm及壁厚 0.8～3 mm、减磨合金层厚度为 0.25～0.75 mm 两种。

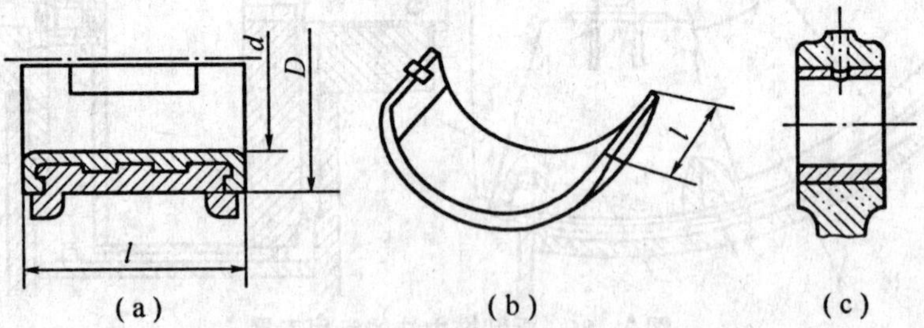

图 2－88　轴瓦形式

2.整体式的轴承衬套

如图 2－88(c)所示。这种衬套内孔有浇铸合金的和不浇铸合金的两种。浇铸合金层的厚度一般为 0.4～1 mm 或更厚些。不浇铸合金的衬套本身就是利用具有较高强度的减磨材料造成的。

二、选择轴承材料的要求

为使轴与轴瓦能顺利地工作，必须考虑下列几点要求来选择轴承合金材料。

1.要求轴瓦减磨合金比轴的材料软一些。使轴瓦较轴易磨损，以减少轴颈磨损。

2.要求轴瓦合金具有又软又硬的特点。软，便于拂配；硬，提高耐磨性。因此常选用多相合金作为耐磨层材料。

3.要求具有耐疲劳性。在冲击和变化负荷的情况下不易产生疲劳裂缝与破碎。

4.要求具有抗胶合性。柴油机轴承在干性磨擦的情况下，具有不易产生胶合而损坏的性能。

5.要有具有可嵌入性。在润滑油中混有杂质或金属碎粒时,使杂质能嵌入合金的基体,而不致损伤轴颈。

6.有较好的导热性和抗腐蚀性能。

根据上述要求,用作柴油机轴承磨擦面的金属目前有锡基、铅基、铜基、铝基轴承合金。

三、锡基轴承合金轴瓦的损坏与修理工艺

锡基轴承合金又称锡基巴氏合金(又名白合金)。船用柴油机的修理中,这种合金轴承的修理是最常见的。小型柴油机的轴承损坏,往往是更换整个轴瓦。大功率低速柴油机轴承的修理则多是重铸轴承合金。

1.轴承合金层常见损坏形式及原因

损坏形式有合金层产生裂纹、剥落、脱壳、熔化、腐蚀及磨损等。

裂纹和剥落主要是耐磨合金的疲劳、轴瓦的弯曲、修刮不良、装配间隙过大、浇铸质量不好、滑油不足或失油等造成。合金层的腐蚀也会加速疲劳。

脱壳主要是浇铸工艺不正确、轴承与轴间间隙过大产生冲击而造成。

熔化主要是润滑系统工作不正常、失油造成。腐蚀是润滑油中酸性杂质造成的。

2.修理工艺

对于厚壁轴瓦,若合金层没有损坏,可以稍加修刮继续使用;若损坏严重,则应重浇轴承合金。对于铅铜合金薄壁轴瓦,若因磨损而使装配间隙超过要求时,可以在轴瓦内表面电镀一层合金(铅、锡、铟),厚度在 0.4 mm 以下(厚度可根据间隙而定)。

现在以锡基轴承合金主轴承为例,说明轴承浇合金后的修配工艺。主轴承拂刮要与调整曲轴开档差结合起来。

(1)拂刮前的工作

①测量曲轴的开档差及主轴颈下沉量。

②按说明书规定的方法拆出主轴承上、下瓦。

③如果有条件,对主轴颈的不圆度、不柱度、径向跳动等进行测量。

④测量下瓦底厚及壁厚,如图 2-89 所示。

⑤检查下瓦背面与主轴承座孔的接触情况,确保下瓦背面与主轴承座孔贴合良好;若贴合不好,必须进行拂配。

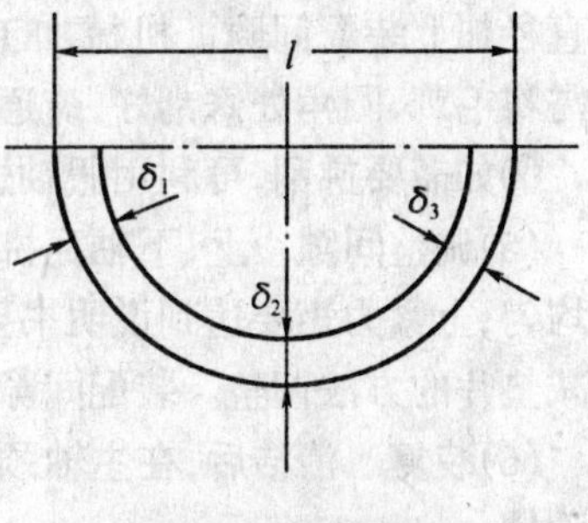

图 2-89 轴瓦厚度及轴瓦张开量的测量

⑥根据曲轴主轴颈的下沉量及开档差的要求和旧轴瓦的检查测量结果,判定旧轴瓦是否继续使用。如确定更换,一是用船方提供的备件,二是将旧轴瓦重浇铸轴承合金加工拂配。若用备件,则要对备件进行测量检查,且要有 0.05 mm 左右的拂刮余量。若将旧轴瓦重浇轴承合金,浇铸前,对旧轴瓦自由状态的张开量总值 l 要测量(图 2-89)。待浇好轴承合金后,再检查此值。一般浇合金后轴瓦有所收拢,要用手锤轻轻敲击轴瓦两侧,以恢复原值,并与轴承座孔进行拂配,必要时进行整形加工。主轴承下瓦的底厚和拂刮余量必须事先考虑周到。下瓦底厚要根据开档差而定,拂刮量一般留 0.04~0.06 mm。

(2)用假轴拂刮轴瓦　假轴刚性好,轻便,起吊容易,可以减轻劳动强度,提高工效。在

修船中,往往用假轴将主轴瓦初拂至90%(下瓦底厚可留0.03 mm左右精拂余量)后,才直接用主轴精拂。假轴与主轴颈直径相同。初拂接触角度为60°~70°。

(3)主轴承下瓦的拂刮程序与要求

①首先在主轴颈上涂上一层薄而均匀的色油,然后将下瓦小心地装入轴承座孔,并将下瓦固定。

②转动曲轴1~2周,同时测取相邻两个缸的开档差;转出下瓦,观察接触情况。

③根据开档差及接触情况,用刮刀将接触点(呈黑亮色)刮去,并拂好圆角,使之与曲轴圆角相配。

④为了减少拂刮次数,拂刮时要仔细分析接触点的情况与趋势。拂刮方向应与轴承轴向成45°左右。每次拂刮方向应一致,下一次拂刮方向应与上一次相交,如图2-64。

⑤经过反复多次的拂刮,使开档差基本达到要求,且轴瓦与轴颈的接触角度为60°~90°,面积达到如图2-90所示。

⑥将两侧垃圾槽刮顺,两端封油部位按间隙要求拂松。如果轴承内径已按装配间隙要求加大直径镗削,则封油部位可不必拂刮。

⑦下瓦全部拂刮好后,用厚帆布将轴瓦合金工作表面打光。装入轴承座孔前测量底厚、壁厚,并作好记录。装入轴承座孔后,测量主轴颈下沉量及相邻近的几个缸的开档差,并作好记录。

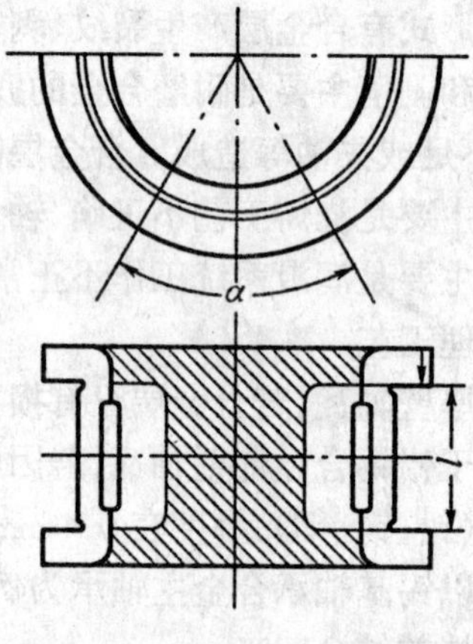

图2-90　主轴颈与下轴瓦接触要求

虚线部分—主轴颈与下轴瓦接触面积;

α—接触角;L—下轴瓦宽度的70%~80%

(4)主轴承上瓦的拂刮

①单作用式柴油机主轴承上瓦在修理中更换机会很小。如果换新主轴承上瓦,则它的内径为主轴颈直径加上装配间隙。机械加工后一般不用拂刮,只需将毛刺、圆角处修刮好,疏通油孔。

②如需要拂刮,可利用假轴进行。

(5)调整间隙　上、下轴瓦拂正后,进行压铅线调整间隙。压铅线时,两侧轴承螺栓受力应均匀,上紧力矩要达到说明书要求。不允许用放松轴承螺栓的方法来调整间隙,必须采用增减垫片的方法调整。装配间隙应按说明书要求。无数据可查时,可参考表2-12的规定。

(6)装复　清洁后,在主轴颈上加油,安装轴承上瓦,按规定的力矩均匀上紧螺栓,穿好保险销。

有的轴瓦上的轴承合金层,如有局部缺损、裂纹、局部脱落、新浇铸时产生的气孔与缩孔等,在不影响使用性能时允许用补焊轴承合金的方法修复。补焊轴承合金的一般步骤如下:

①用煤油或轻柴油将轴承表面洗净擦干,然后敲击轴承,以确定有无裂纹和脱壳现象;

②从轴承上取一小块轴承合金(约20 g),作化学分析,以其化学成分确定焊条材料;

③将焊补部位用刮刀刮净,露出金属光泽;

④在焊补前,补焊处用氯化锌溶液涂刷干净,并将补焊地方预热到120 ℃左右;

⑤用喷灯进行补焊,要注意不能使轴瓦过热;也可用大功率电烙铁进行补焊;

⑥补焊后只需用刮刀修刮即可投入使用。

第三章 柴油机燃油和润滑系统的组成、原理、拆检工艺与调试

第一节 燃 油 系 统

一、燃油系统的功用和组成

燃油系统的作用是有控制地向燃烧室供应具有一定压力、流量和雾化良好的燃油，以保证柴油机高效燃烧和可靠的连续运转，正确发挥柴油机的功能，维持良好的经济性。燃油系统的设备和布置，根据机型和所用燃油而有所不同。

1.中小型船用柴油机的燃油系统

一般中小型船用柴油机的燃油系统如图 3－1 所示。燃油由高位燃油箱流经滤清器，进到高压油泵，高压油泵将燃油压力升高至 15～35 MPa(有的更低，有的更高)，高压油经高压油管进入喷油器，以雾化状态喷入燃烧室，各喷油器内多余的燃油经回油管流入盛油器。

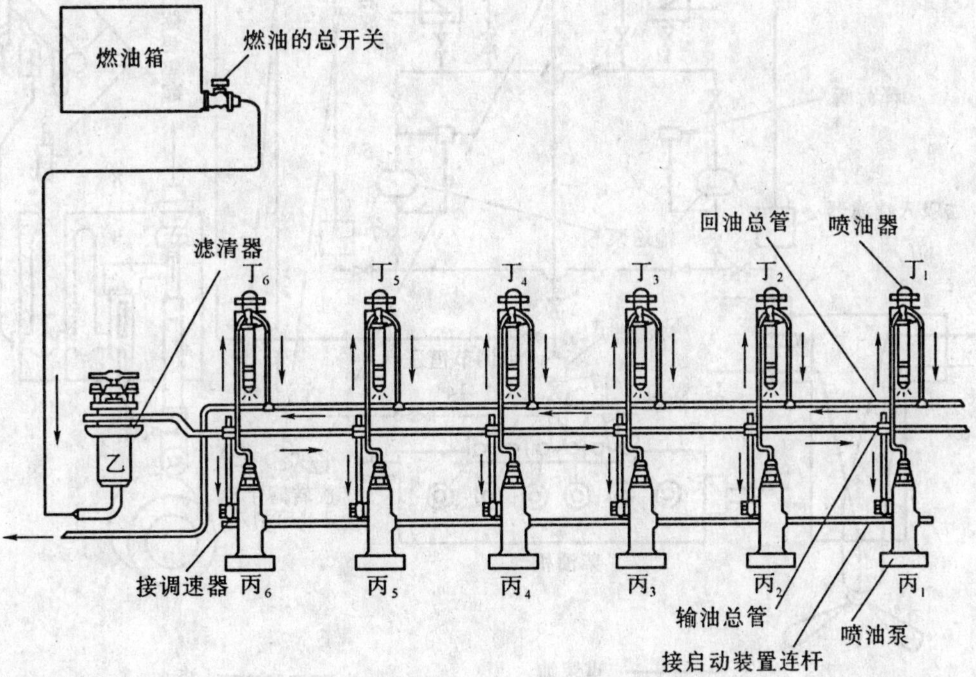

图 3－1 中小型船用柴油机的燃油系统

2.大型船用柴油机燃油系统

在大型船舶上，柴油机燃油系统一般由重油和轻油两套系统组成。系统中都需要装设分油机和燃油加热器等装置。图 3－2 所示为苏尔寿(SULZER)燃油系统简图。

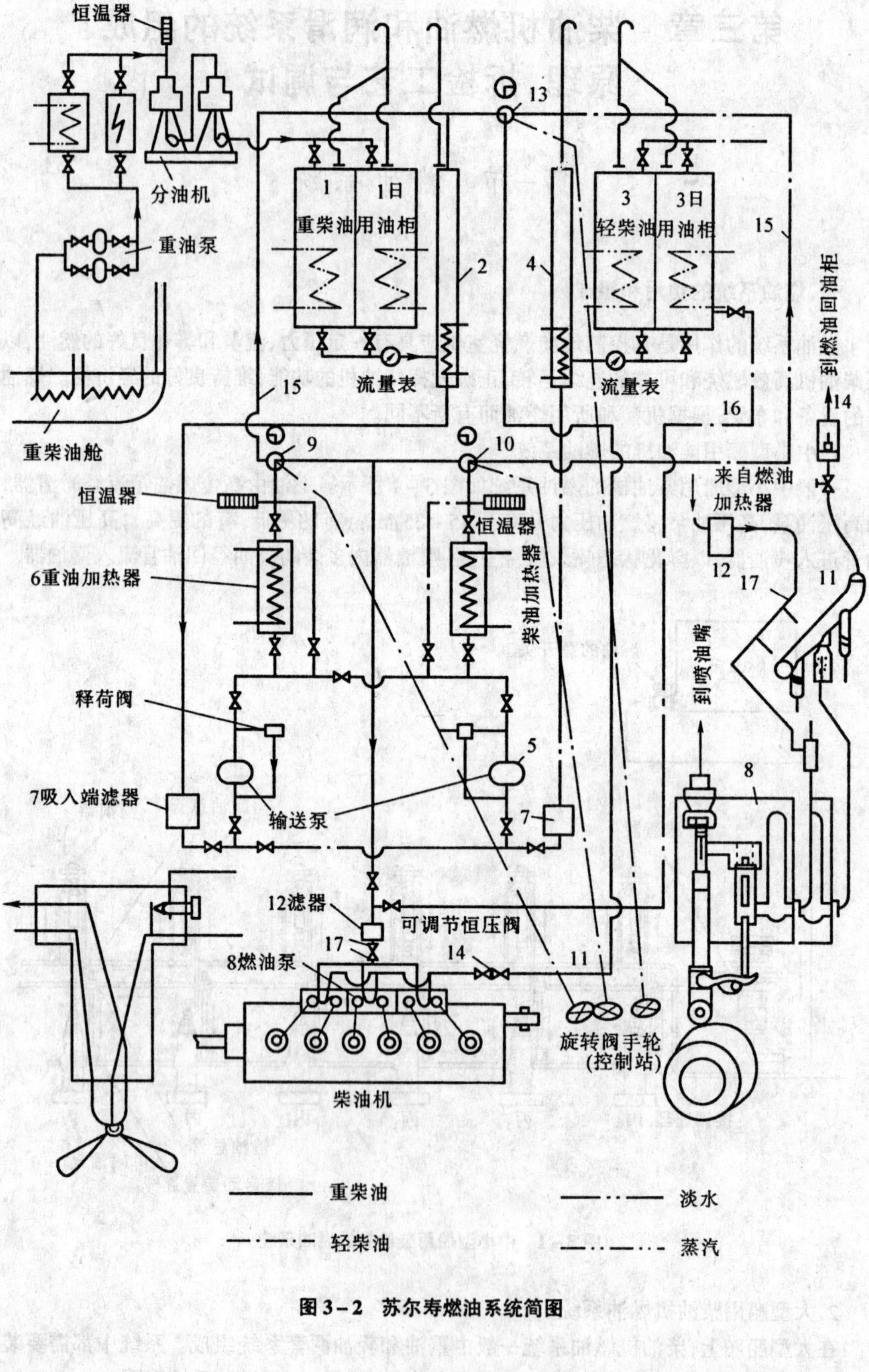

图3-2　苏尔寿燃油系统简图

(1)重油系统(见图中实线部分) 重油泵把重油从重油舱吸出送入加热器,加热后进入分油机(净油机 P 和分油机 C 串在一起),再送入重油日用柜 1。重油从日用柜出来经流量表,入回油箱 2,经过滤器 7 进入输送泵 5,再送入重油加热器 6,加热后由转换阀 9 再引到滤清器 12,进入高压油泵 8,加压后进入喷油器喷入燃烧室。燃油回油经可调节恒压阀 14,转换阀 13 回到重油回油柜 2。

轻油系统(见图中点划线部分) 轻油自轻油柜 3 流出,经流量表入回油柜 4,自回油柜流出经过滤器 7 入输油泵 5,送入加热器,加热后经转换阀 10、滤器 12 进入高压油泵 8,加压后进入喷油器喷入燃烧室。回油路线与重油相同。轻油也可以从日用柜直接经滤器 13 进入高压油泵 8。

当从重油改用轻油时,可以在输油泵运转的情况下打开轻油日用柜 3,关闭重油日用柜 1,转动转换阀 10,使轻柴油与柴油机接通,转动转换阀 9,使重油与柴油机切断,稍待片刻转动转换阀 13,使回油进入柴油柜 4,否则轻油就会泵入重油中去。从轻油改用重油也采用同样的方法,把有关的阀门位置变换过来。

二、燃油系统的主要设备及修理工艺

1.高压油泵

高压油泵的功用是在柴油机工作时,按发火顺序和负荷大小,将高压燃油在一定的时间内,以确定的数量和规律供给喷油器喷射到各缸。高压油泵又称喷油泵。

柴油机高压油泵种类繁多,船用柴油机常见的高压油泵就其调节方法和机构来说,有柱塞回油孔调节式和回油阀调节式两大类。

(1)回油孔调节式高压油泵 这种油泵又称波许泵。根据其结构,可分为单体式和组合式两种。将各缸油泵单独装置的单体式波许泵,常用于大、中型柴油机。将各缸油泵装置在同一个外壳内的组合式波许泵,仅用于小型柴油机。

①波许泵的构造 图 3-3 所示为单体式波许泵,主要零件为柱塞 1 和套筒 2。这是一对精密偶件,称为柱塞副,其配合间隙一般为 0.001~0.003 mm。在柱塞上铣有立槽和斜槽,在套筒上的 180°方向开有两个孔,这孔与泵体内的低压油道相通。在套筒中部的外围,装有一个调节齿套,这齿套与调节齿条啮合。调节齿套的下端有两个缺口,柱塞杆下端的凸耳刚好嵌入其内,并可以在缺口内上下滑动。这样移动调节齿条 4,就可以带动柱塞转动,使柱塞上部的斜槽位置与回油孔的相对位置改变,从而调节柱塞的有效行程来改变供油量。

油泵柱塞下端装在弹簧座 5 中,并与油泵弹簧 6 一同装入导筒,柱塞与导筒等一起上下运动。其运动由高压油泵凸轮通过顶头滚轮和顶头螺钉等零件顶动柱塞向上泵油,由弹簧 6 将柱塞拉下吸油。套筒上部的两个孔,一个是进油孔,另一个是回油孔,回油孔外有一个定位螺钉,使套筒定位不能转动。排油阀由排油阀座、排油阀芯和排油阀弹簧组成,阀芯与阀座偶件经过精密研磨不能互换,以确保在高压下不漏油。

对于组合式波许泵,它是将多缸柴油机的各个单体泵及其传动机械装成一个整体。每个单体泵按编号用高压油管与对应的喷油器相连,泵体内设有总燃油室,与各套筒进、回油孔相通。在泵体的一端与输油泵排出管相连,以输入柴油。

②波许泵的工作原理

a.泵油工作原理 图 3-4 所示为波许泵泵油原理。当凸轮转动时,柱塞经传动机构的传动,在套筒内作上下往复运动。当柱塞在弹簧的作用下向下移动并打开进油孔时,燃油进

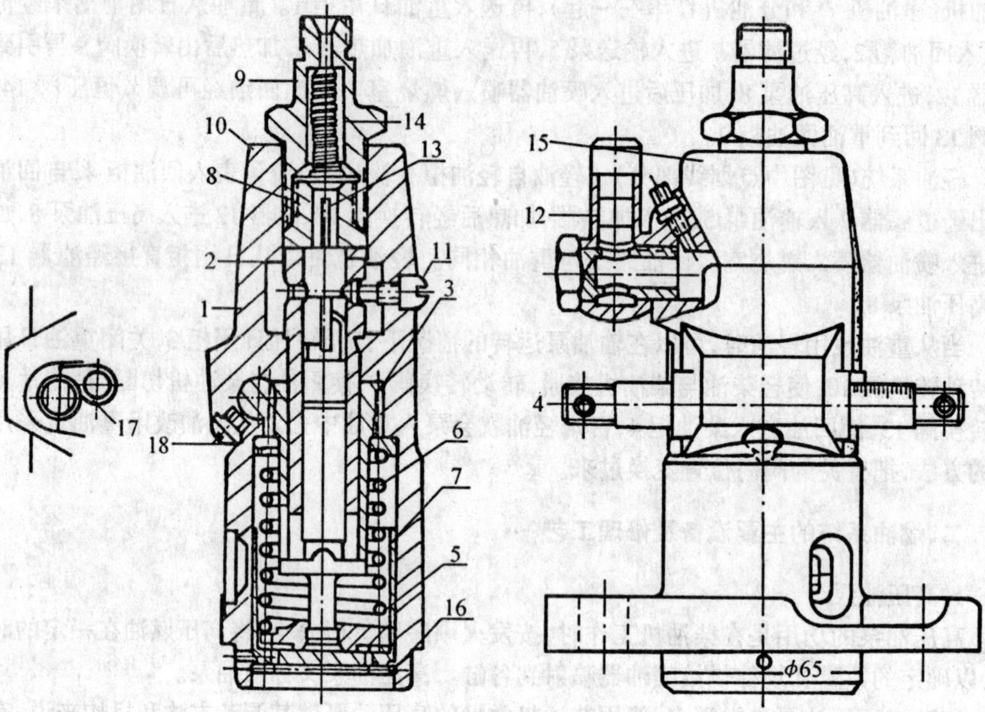

图 3-3　回油孔调节式喷油泵

1—柱塞;2—套筒;3—调节齿套;4—调节齿条;5—弹簧下座;6—弹簧;7—导筒;8—排油阀座;9—出口管接头;10—油泵本体;11—定位钉;12—管接头;13—排油阀;14—排油阀弹簧;15—放气螺钉;16—卡簧;17—指示片;18—销钉

入套筒内,如图 3-4①所示。当柱塞在凸轮的作用下向上移动并封住两油孔时,就对燃油加压,如图 3-4②所示。当燃油的压力超过输出阀弹簧的压力时,输出阀被打开,燃油经输出阀及高压油管进入喷油器,再喷入汽缸。在左右两油孔被遮住的时间内,喷油器一直在进行喷油。当柱塞上升到斜槽与左右油孔相通时,如图 3-4③所示,套筒内的高压燃油经柱塞上的直槽与斜槽由回油孔流到进油孔腔内。这时套筒内的油压很快降低,输出阀关闭,喷油器停止喷油。

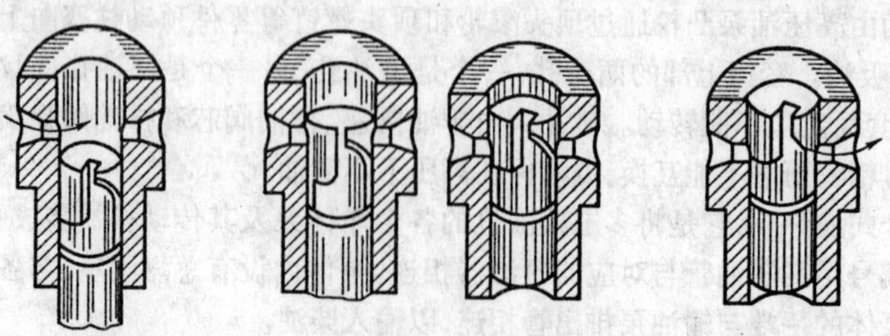

①进油　　②喷射过程　　③终止喷油

图 3-4　波许油泵泵油原理

b.油量调节原理　当柴油机在不同的负荷和转速下工作时，柱塞送到喷油器的油量也是不相同的。波许泵是靠转动柱塞来改变柱塞斜槽与套筒回油孔的相对位置，即改变有效行程的长短，如图3－5所示。

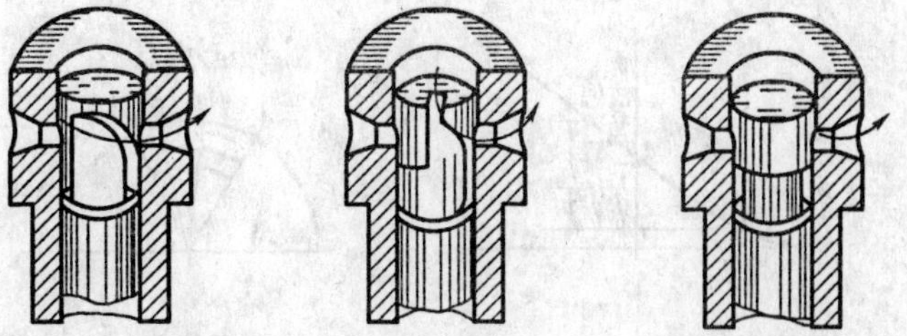

图3－5　波许泵的油量调节原理

在图3－5①所示位置中，直槽靠近左油孔，右油孔与斜槽边的垂直距离最长，故喷油量最大。

在图3－5②所示位置中，直槽位于左右油孔的中间，右油孔与斜槽边的垂直距离较为缩短，故喷油量适中。

在图3－5③所示位置中，直槽对着右油孔，套筒空间的燃油始终经柱塞直槽和套筒右油孔流出，故柱塞无法压油，喷油量为零，即停止供油。

c.油量调节方法　为了适应不同工况柴油机的需要，波许泵油量调节方法有以下三种。图3－6表示了三种调节方法的柱塞外形图及燃油凸轮展开图、曲轴转角图。

图中Ⅰ所示为终点调节法。柱塞上端为一平面，在其下一定高度处，沿圆柱面开有斜槽。从图(a)(凸轮展开图)和(b)(曲轴转角图)可以看出，这种油量调节法供油始点始终不变，而供油量的改变是通过将喷油终点调节到 B_1、B_2、B_3 的位置来实现。这种调节方法适应于柴油机发电机组上。

图中Ⅱ所示为始点调节法。它自顶面起沿柱塞外圆面向下开有斜槽，开槽方法与第一种相反。从图(a)和(b)可以看出，供油终点(即 B 点)保持不变，而供油始点可以调节，即可调节到 A_1，A_2，A_3 等，不同的位置有不同的供油量和供油规律。这种调节方法适用于与螺旋桨直接相连的主机。

图中Ⅲ所示为始终点调节法。柱塞上开有两条斜槽，它既能调节供油始点，又能调节供油终点。由下斜槽边将供油终点调节至 B_1，B_2，B_3，…，上斜槽边将供油始点调节至 A_1，A_2，A_3，…，从而改变了供油量和供油规律。这种调节法特别适应于高增压柴油机及转速与负荷都变化的柴油机。

不仅各型柴油机因用途不同而高压油泵柱塞斜槽不同，就是同一机型的左右机，其柱塞斜槽的方向也不相同，如图3－6(c)与(d)所示。为了区分左右机油泵，可根据套筒回油孔的方向、操纵台的位置、调节机构的型式，分析当油量调节杆向加油(或减油)方向移动时，柱塞斜槽方向所造成斜槽边与回油孔相对位置的改变是否增加供油量(或减少供油量)。有的机型用中心孔代替直槽的柱塞，例如MAN B&W－MC型柴油机就是采用这种柱塞。

(2)回油阀式高压油泵　这种高压油泵的特点是柱塞上没有斜槽，供油的多少与定时是由回油阀的启闭时刻来决定的。

①工作原理　回油阀式高压油泵的工作原理(参照图3－7(a))简介如下。

a.吸油过程　当滚轮2沿凸轮1走到基圆上时，柱塞3被弹簧4拉向它的最低位置。与此同时，摆杆10的左端随柱塞往下移至最低点，借助偏心轴11为支点，其右端移动向上至最高位置，通过顶杆8将进油阀7顶起，燃油经进油阀7进入泵的工作空间。这就是吸油

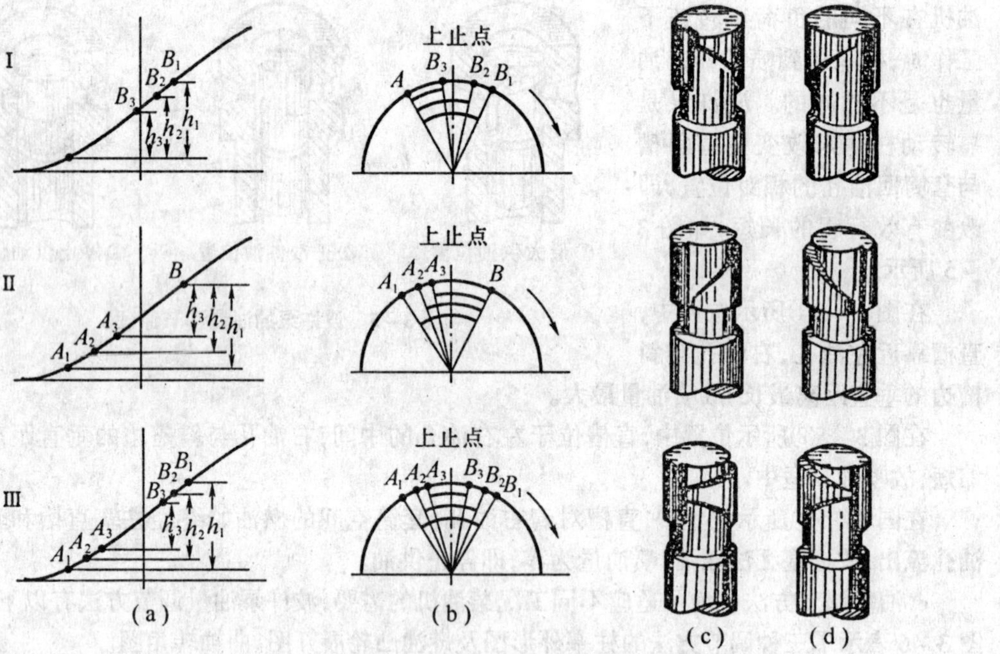

图 3-6　三种油量调节法及相应的柱塞结构

(a)燃油凸轮展开图;(b)曲轴转角图;(c)右机柱塞;(d)左机柱塞

过程。

b.压油过程　当滚轮从凸轮的基圆开始上升时,柱塞亦从最低位置开始上行。在柱塞开始上行阶段,由于进油阀(也是回油阀)尚未关闭,燃油经此阀流回进油空间。当柱塞上升到一定位置时,顶杆 8 刚刚脱开回油阀,阀就在弹簧的作用下关闭。这时柱塞上部的燃油开始被压缩,这就是喷油泵的几何供油始点。柱塞继续上行压油,当油压大于高压油管中的剩余压力和排出阀作用力之和时,排油阀 6 被顶开,燃油经高压油管流入喷油器。当柱塞上行到最高位置时,泵腔中的油压不再上升,排油阀 6 自动关闭,供油即终止。

②油量调节原理　从图 3-7(a)中可看出,当柱塞处于最高位置时,顶杆处于最低位置,此时顶杆与进油阀的间隙越大,表示柱塞有效行程越长,喷油量越多。调节此间隙的大小就能调节喷油泵的喷油量。一般调节的方法有二个:一是转动偏心轮,改变摆杆右端位置的高低来改变间隙的大小,这是总调;二是旋转调节螺钉 9,这是微调,按顺时针旋转,放低顶杆,间隙增大;逆时针旋转,抬高顶杆,间隙减小。

③油量调节方法　与波许泵调节方法一样,这种泵也有三种调节方法,始点调节法、终点调节法和始终点调节法,如图 3-7(a)(b)(c)所示。

图 3-7(a)所示为始点调节法。它改变供油始点,而供油终点始终不变。始点的改变即改变柱塞的有效行程,从而调节供油量。其调节机构的特点是,具有一个进(回)油阀,顶杆在摆杆支点(偏心轴)的右端。图(a)上方示出了该喷油泵柱塞的升程曲线 S 和运动速度曲线 V(横坐标为曲柄转角)。由图可见,供油始点是变化的,供油终点即是柱塞最大升程位置。柱塞上升的速度在始点和终点均为零,在行程中段柱塞速度达到最大值。由于油泵的喷油压力与柱塞的运动速度成正比,因此油泵喷油最好能在柱塞运动速度最大的一段时间

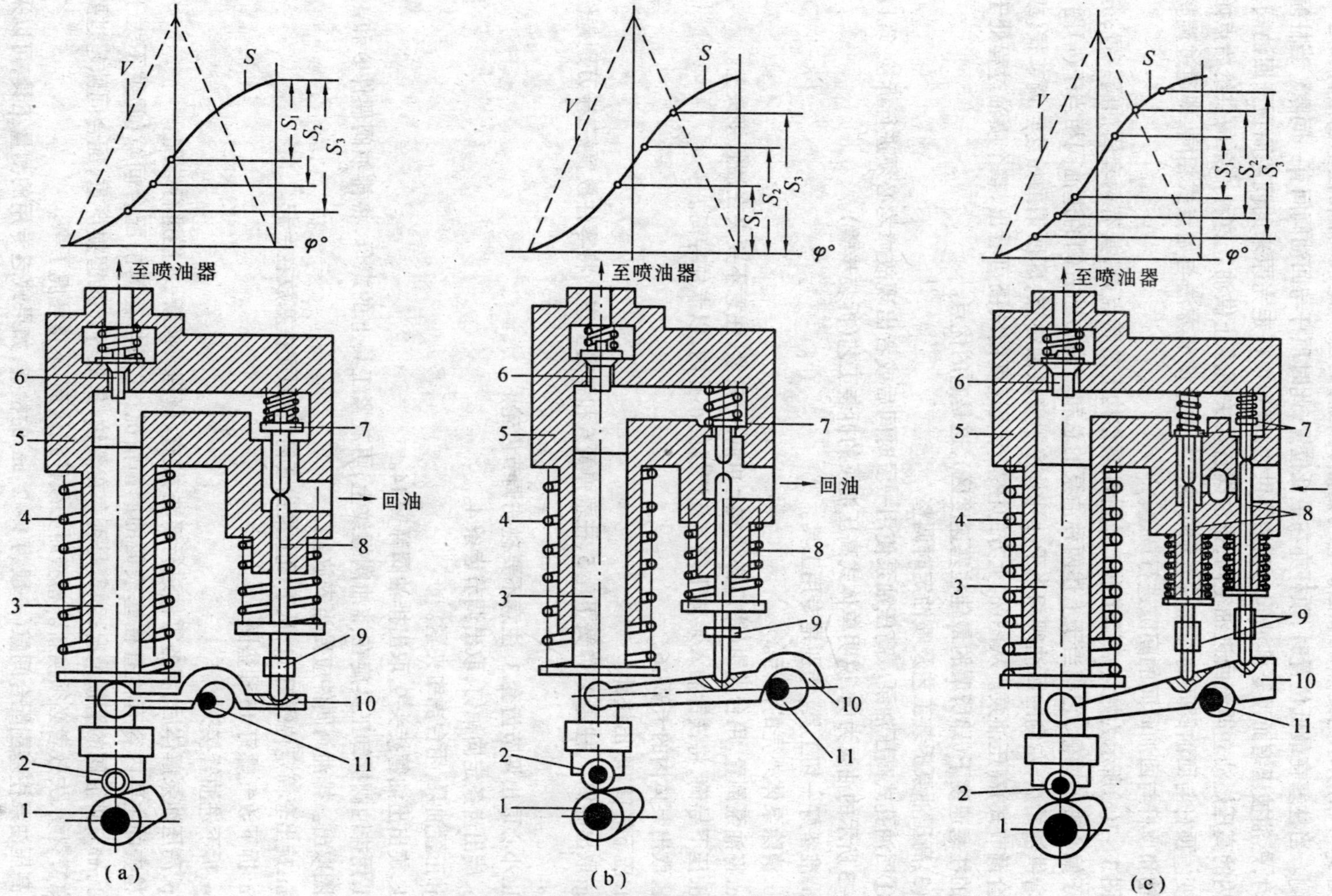

图3－7　回油阀调节式喷油泵的工作原理

1－凸轮；2－滚轮；3－柱塞；4－弹簧；5－泵体；6－排油阀；7－进油阀；8－顶杆；9－调节螺钉；10－摆杆；11－偏心轴

进行,以获得较高的喷油压力。这种始点调节式高压油泵,喷油开始时的柱塞速度值较大,但喷油结束时的速度为零。这就是这种调节方法的缺点。

图 3-7(b)所示为终点调节法。它与始点调节法的区别是,顶杆和柱塞在摆杆偏心轴的同侧。当柱塞在最低位置时,顶杆亦在最低位置,此时顶杆与回油阀间有一间隙。当柱塞上行时,燃油被压缩而顶开排油阀向喷油器供油,直到顶杆走完原来的间隙而顶开回油阀,泵腔内的高压燃油立即流回进油空间,排油阀自动关闭停止供油。这种油泵的供给始点始终不变。顶杆与回油阀间的间隙就表示喷油量。油量调节方法与始点式相同,即通过调整偏心轴和顶杆与回油阀间的间隙进行调整。

图 3-7(c)所示为始终点调节法。这种油泵结构上的特点是,具有两套回油阀装置,分别置于偏心轴的两侧,它相当于上述两种油泵的总和。偏心轴右侧的进油阀相当于(a)图,控制着供油始点,左侧的回油阀相当于(b)图,控制着供油终点,即所谓的始终点调节式(或称混合调节式)高压油泵。从图(c)上方的柱塞行程速度曲线图可看出,整个喷油过程处于较高的柱塞速度下(即所谓的最佳柱塞速度区),这是它的优点。

(3)高压油泵拆装工艺及喷油定时调整

①回油孔式高压油泵　高压油泵使用一段时间后或者出现故障均必须进行拆检,现以图 3-3 所示的油泵为例,说明单体式高压油泵的拆装工艺(拆装步骤)。

a.准备好一切工具,特别是专用工具。

b.清除泵体外壳的油污。

c.将油泵倒置,用台虎钳(钳口必须放上角铜片)夹紧,注意不要夹在油管接头上。

d.压下导筒,将铁针插入泵体下端有标记线的小孔内,以卡住导筒。

e.取出泵体内的卡簧 16。

f.压下导筒,取出铁针。

g.取出导筒 7、柱塞 1、弹簧下座 5、柱塞弹簧 6 和弹簧上座。将零件放置好,千万别碰伤柱塞。

h.小心取出调节齿套 3,注意不要碰伤调节齿轮。

i.旋出齿条定向销钉,取出调节齿条 4。

j.正置油泵,用台虎钳夹紧。

k.旋出出油管接头 9,取出排油阀弹簧 14。

l.用排油阀拆卸工具旋在排油阀螺纹上,再旋紧工具上的螺母,将排油阀偶件 8 和 13 及垫圈取出。排油阀偶件应妥当安放。

m.旋出套筒定位螺钉 11,从下面上推出套筒,与原配柱塞放在一起。

n.拆下放气螺钉 15 和垫圈。

o.拆下进油管接头。

p.高压油泵解体后,将各零件进行清洗、检查、修理或换新,才能进行装配。

检查的主要内容有检查柱塞表面的磨损情况;柱塞与套筒的配合间隙(间隙不大于 0.008 mm);排油阀的磨损情况;弹簧是否存在裂纹、失效等。凡磨损严重,配合间隙超过要求,弹簧裂纹、失效者必须换新。检查时必须仔细认真,不得马虎了事。

高压油泵柱塞副配合间隙(一般为 1~2 μm)的检查,如果缺乏专用的测量工具,可以采用这样的方法,将柱塞(或针阀)抽出全长的 1/3 长度,并在成对偶件倾斜 60°的情况下,使柱塞(或针阀)依其自身的重力自由无阻地滑下,观察其滑下的情况。如果柱塞(或针阀)滑下的速度极快,则说明成对偶件间的间隙相当大。再抽出柱塞(或针阀)全长的1/3,并旋转柱塞一角度,再让其自由落下。如果柱塞以缓慢速度下降,则说明偶件副已产生不圆度的磨损。两种检查结果都说明必须成对换新。

船舶柴油机燃油系统中各种精密偶件,如柱塞副、出油阀副、针阀副需换新时必须成对换新,一般不作单件换新。

高压油泵的安装步骤按拆卸的反向进行,各种专用工具必须齐全并且干净,还需注意如下几点。

①高压油泵的柱塞和套筒、出油阀和出油阀座等,由制造厂已研配成对的偶件,拆装时不允许调换其中任何一个。为了防止错乱,一般采取单台拆卸、清洗、检查、安装。所有零件均在干净的柴油中清洗,清洗后立即进行安装,不允许用棉纱或旧布抹擦后再装。

②套筒制动孔应对正泵体制动螺钉孔,制动螺钉应旋进到位。

③带垫圈的螺钉插入齿条槽后,在整个行程内拉动齿条往复运动几次,移动应灵活平稳。调节齿条与调节齿套上的齿圈必须对正安装标记,装配后拉动齿条几次,检查调节机构是否运动灵活。

④柱塞手臂与调节齿套的切口配合记号必须对正。

⑤安装完毕后必须进行泵压试验,输出压力和保压时间必须达到要求。此项试验可与喷油器的雾化试验同时进行。

泵压和保压时间(一般为不少于半分钟)试验的方法:在排油管接头处装上一个压力表,用手撬动高压油泵的杠杆,当油泵压力达到说明书规定的压力时,停止泵油,使油泵柱塞处于不动状态。若此泵油压力能保持半分钟,那么可认为该高压油泵的密封性良好。

排油阀密封性的检查方法:把高压油泵头部插入盛有柴油的容器中,自进油口通入低压压缩空气,若容器中出现气泡,则表示排油阀偶件密封性不良。

如果调节齿条没有安装标记,可按下述方法进行装配。

将调节齿条置于正中位置,再将调节齿套的齿圈中点对准齿条中点,两者进行啮合。拉动调节齿条至停止供油位置,检查齿套是否转到最后一齿。若是,即可将柱塞手臂放入齿套切口内,检查柱塞直槽是否与回油孔相对;若相对,说明安装正确。

高压油泵的喷油定时直接影响着柴油机的运转和功率的发挥,因此必须进行认真的检查和调整,下面介绍喷油定时的检查和调整方法。喷油定时的检查和调整,是通过飞轮刻度进行检查和调整的。

喷油定量的检查常采用冒油法,此法能更正确地测出喷油始点。其步骤如下。

①将操纵手柄置于工作位置,即使高压油泵柱塞处于额定工况供油位置。

②拆下高压油泵上的高压出油管,并泵油逐气,至出油管接头看到液面。

③顺向盘车。

④当看到高压油泵的出油口油面波动时,立即发出信号(声音或光信号),盘车人员听到(或看到)信号,立即停车。飞轮处指针所指的飞轮上的刻度(飞轮转角)即为该缸的喷油提前角。

采用冒油法检查定时,注意之点是观察冒油的人和盘车的人必须配合好,观察者要准确发出信号,盘车者动作要敏捷。为使测量数据可靠,一般要反复测量几次,以作比较。

此外,还有观看光线法。检查时先盘车,使高压油泵下部传动滚轮与燃油凸轮基圆接触,然后将泵体上两个尖头螺丝拆下,从螺孔中观察柱塞的运动情况,并在对侧用手电筒对着螺孔处照明。当柱塞在下止点时,从回油孔应能看到一丝光线。缓慢盘车,当柱塞上升到刚好将回油孔盖住而看不到光线时,即为高压油泵的几何供油始点,此时飞轮侧处指针所指的飞轮转角就是喷油提前角。

喷油提前角的调整,一般方法有两种:一是改变喷油泵顶杆的高度(少量调整);二是转动凸轮轴上的燃油凸轮(较大调整)。

1.少量调整

当喷油提前角度与规定数值相差不大时,可以调节高压油泵顶杆上的螺栓。调整时,松开顶杆上调节螺栓的锁紧螺母;拧出(即升高)螺栓可使喷油提前角加大(即提前);拧进(即下降)螺栓可使喷油提前角减小(即迟后)。调节螺栓每转动60°,喷油角度相应改变1°,进油孔的开启量改变0.35 mm左右。调好后,必须将锁紧螺母拧紧,然后再复查一遍。

按上述方法调节螺栓的高低时,具有双燃油凸轮的柴油机其顺车和倒车的喷油定时有相同的变化,单凸轮的柴油机其顺车和倒车的喷油定时会有不同的变化,应以顺车为主;还会引起高压油泵柱塞往复运动的上下极限位置的变化。若调节螺栓升高,高压油泵进油孔的开启度变小,这将直接影响到高压油泵的供油量。因此,在用此法调整时,还应同时检查进油孔的开启度是否符合要求。若不符可以按照全负荷时的爆发压力及排气温度进行修正。必须注意,顶杆调节螺栓不可伸长过多,否则柱塞升至最高位置时可能碰到排油阀座而使柱塞损坏。

2.较大调整

当喷油提前角度与规定数值相差较大时,可以调整凸轮与凸轮轴的相对位置。调整时,将燃油凸轮的固定螺栓松开,若凸轮以过盈配合用液压方式安装,用高压油泵向凸轮内孔泵油至可以转动凸轮。若凸轮沿正车方向旋转,则喷油提前角加大;若凸轮沿倒车方向旋转,则喷油提前角减少。若凸轮采用牙嵌式安装,一般凸轮端面共有180个牙齿,每转动一个牙齿,喷油定量改变4°。调整合适后,将凸轮固定螺栓拧紧,最后再复查一下,直到合格为止。

用转动凸轮的方法调整喷油定时,不会使高压油泵柱塞上下运动的极限位置发生变化,也不会影响高压油泵套筒进油孔的开启度。因此,常采用此法进行喷油定量的调整。

3.回油阀式高压油泵　回油阀式高压油泵的拆装、检查与修理工艺,以及安装时的注意事项,与回油孔式高压油孔大同小异,这里不再叙述。下面以苏尔寿RND 76型柴油机高压油泵为例说明回油阀式高压油泵喷油定时的检查与调整方法。

苏尔寿RND76型柴油机的高压油泵,其结构如图3-8所示。这种高压油泵及其燃油凸轮有以下特点:

①燃油凸轮的外形是对称的,正车与倒车的喷油提前角相同,即上止点前12°;

②喷油始点可通过进油阀进行调节;

③喷油终点可通过回油阀进行调节。

喷油定时的检查与调整方法如下。

检查前的准备工作:

①把高压油泵的进、排油管关闭,放掉泵内的燃油;

②拆下排油阀组件,拆下进、回油阀的阀盖,取出压阀弹簧;将各阀进行必要的清洗,以利于安装专用千分表进行测量;

③检查千分表是否灵活准确。

喷油定时的检查与调整步骤具体如下。

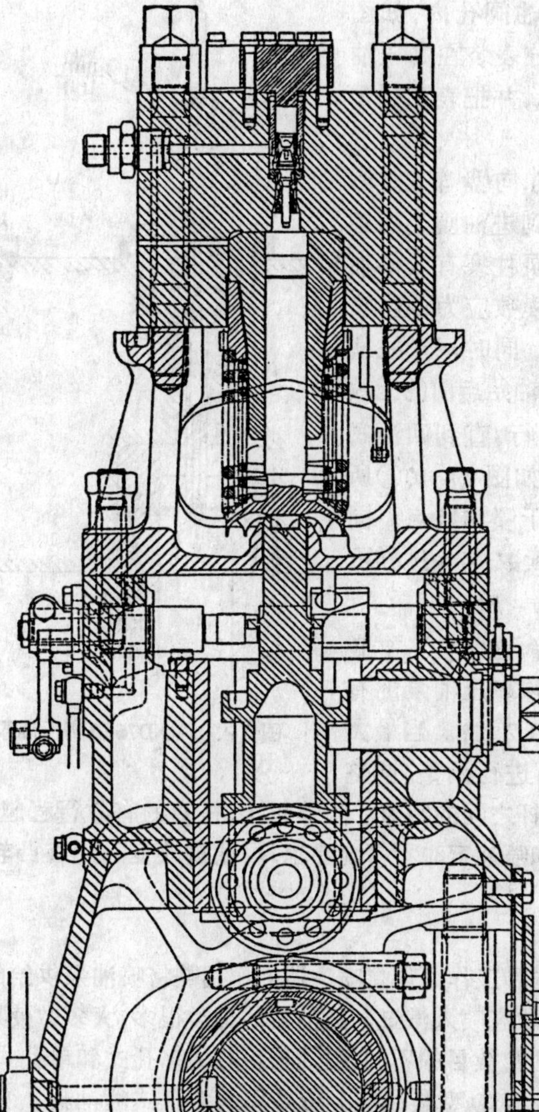

图 3-8　苏尔寿 RND76 型柴油机高压油泵

①盘车使油泵滚轮置于凸轮的顶点，把专用千分表的间距杆放入进油阀孔内（如图 3-9 中的 d），把千分表装在关闭着的进油阀上，如图 3-10①所示。把表调到零位。继续盘

车，直到滚轮重新回到基圆上。把另一个专用千分表连间距杆放入排油阀孔内，如图3－10中的②，把第三个千分表装在高压油泵柱塞上，如图3－10②所示，并把表调到零位。

②朝需要调整的正方向盘车，如图3－10③所示，柱塞上行，直到进油阀上的各分表示出0.02 mm，即为油泵柱塞有效供油始点。这时飞轮上的刻度读数应为该缸喷油提前角，即上止点前12°。同时记录柱塞上的千分表的读数 S_1（即供油始点前的无效行程）。继续盘车使柱塞上行，直到回油阀顶上千分表指示0.02 mm，如图3－10④所示，这时回油阀开启，即等于喷油终点。同时记录柱塞上的千分表的读数 S_2。这样可计算出喷油有效行程 $S = S_2 - S_1$。

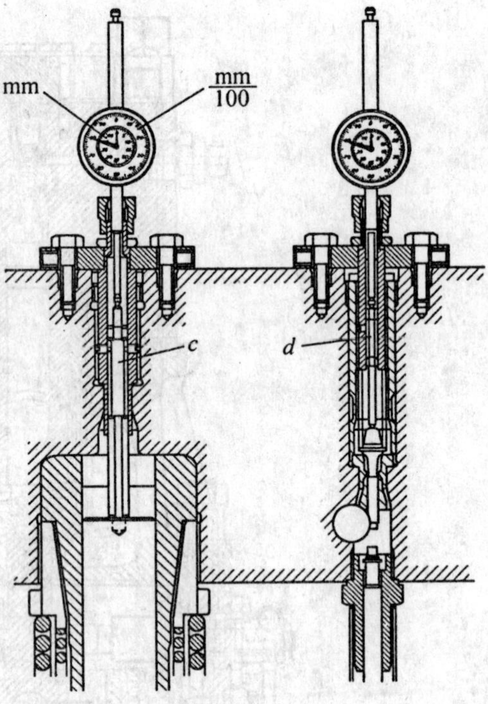

图3－9　RND76型高压油泵的千分表检查

③要使各缸的功率均等，必须使各缸高压油泵的有效行程相等。各高压油泵的有效行程的允许偏差最大为0.2 mm。当最大偏差超过要求时，则应重新进行调整，调整方法是改变进、回油阀与顶杆之间的间隙。间隙越小，柱塞的有效行程越短，反之越长。间隙的调整方法如前所述。如喷油定时不符合要求，可通过改变凸轮在凸轮轴上的位置的方法加以调整。

2.喷油器

(1)喷油器的作用、结构和工作原理　喷油器的作用是将喷油泵供给的高压燃油以一定的压力、速度和方向呈雾化状态喷入汽缸。喷油器的种类很多，大多数使用的是液压启阀式（又称闭式）。按喷油器喷油孔数目的不同，喷油器可分为多孔式和单孔式两种。

图3－11所示为苏尔寿RND型柴油机上所采用的多孔式喷油器。它主要由本体6、针阀弹簧8、针阀3、针阀套14、调节螺钉10等组成。

高压燃油自管接头进入喷油器，经本体中的长孔和针阀套中的斜孔，汇集于针阀套下部的环形腔内。高压燃油作用在针阀的锥面上，克服弹簧的预紧力而将针阀抬起。当针阀一离开闭座时，其承压面突然增大，加速了针阀的升起，减少了柴油的节流损失，燃油便通过喷油孔喷入燃烧室。当喷油泵停止供油时，针阀处的压力下降，于是针阀在弹簧的作用下重新关闭，燃油停止喷射。这就是喷油器的工作原理。由于在不喷射燃油时，针阀把燃油空间与燃烧室隔开，所以这种喷油器又称为闭式喷油器。这种喷油器的启阀压力由弹簧的预紧力来调节。它可以用调节螺钉进行调节，并用调节垫圈确定所调整的位置。变更垫圈的厚度即能改变喷油器的启阀压力。

为了保证喷油器的工作可靠，大型柴油机的喷油器均用柴油或淡水进行冷却。当燃用重油时，水冷却有较好的效果，而且便于检查密封情况。喷油器的冷却水一般由独立的淡水冷却系统供给。小型柴油机的喷油器由于散热较容易，所以不再另设冷却系统。

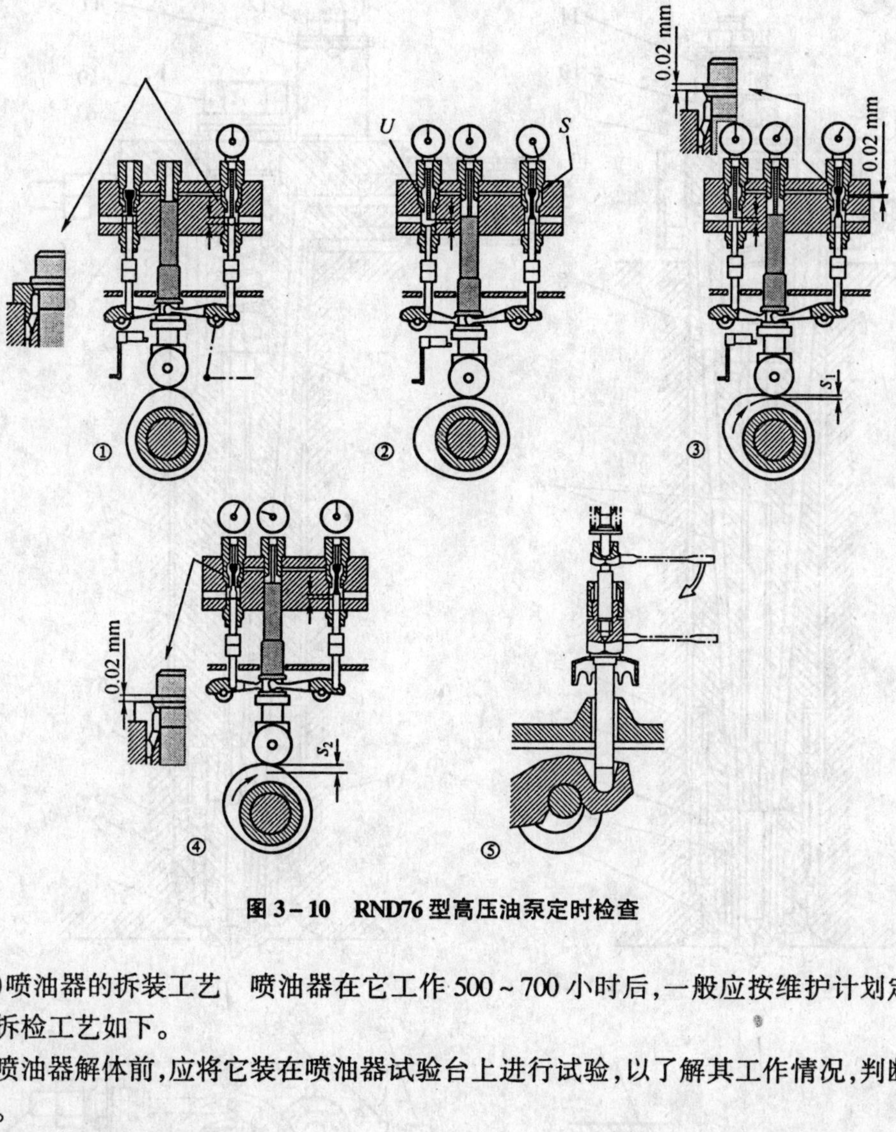

图 3-10　RND76 型高压油泵定时检查

(2)喷油器的拆装工艺　喷油器在它工作 500 ~ 700 小时后,一般应按维护计划定期拆检。其拆检工艺如下。

①喷油器解体前,应将它装在喷油器试验台上进行试验,以了解其工作情况,判断存在的问题。

②将喷油器表面清洗干净。

③将喷油器夹紧在台虎钳中(钳口要放上角铜片),使喷嘴朝上。旋下紧帽,取出针阀偶件,浸入柴油中。若针阀咬牢在针阀体中,绝不能硬拨,可放在润滑油中加热后取出。拨时将针阀柄部轻夹在有角铜片的台虎钳中,用木块护住针阀端面,用软锤轻轻敲击。

④将喷油器调头夹紧,旋下调压螺帽和调压螺钉,取出调压弹簧。

⑤旋下油管接头,取出滤器放入柴油中。

⑥从台虎钳中取出本体,将其倒转 180°并取出顶杆。

⑦拆开的各零件(除喷嘴外)均应在柴油或煤油中清洗,再用压缩空气吹净。喷嘴的清洗应按下列顺序细致地进行:

a.用铜丝刷蘸汽油或柴油刷洗,并除去针阀体上的碳渣;

b.用细钢丝或钻头清洗针阀体油路;

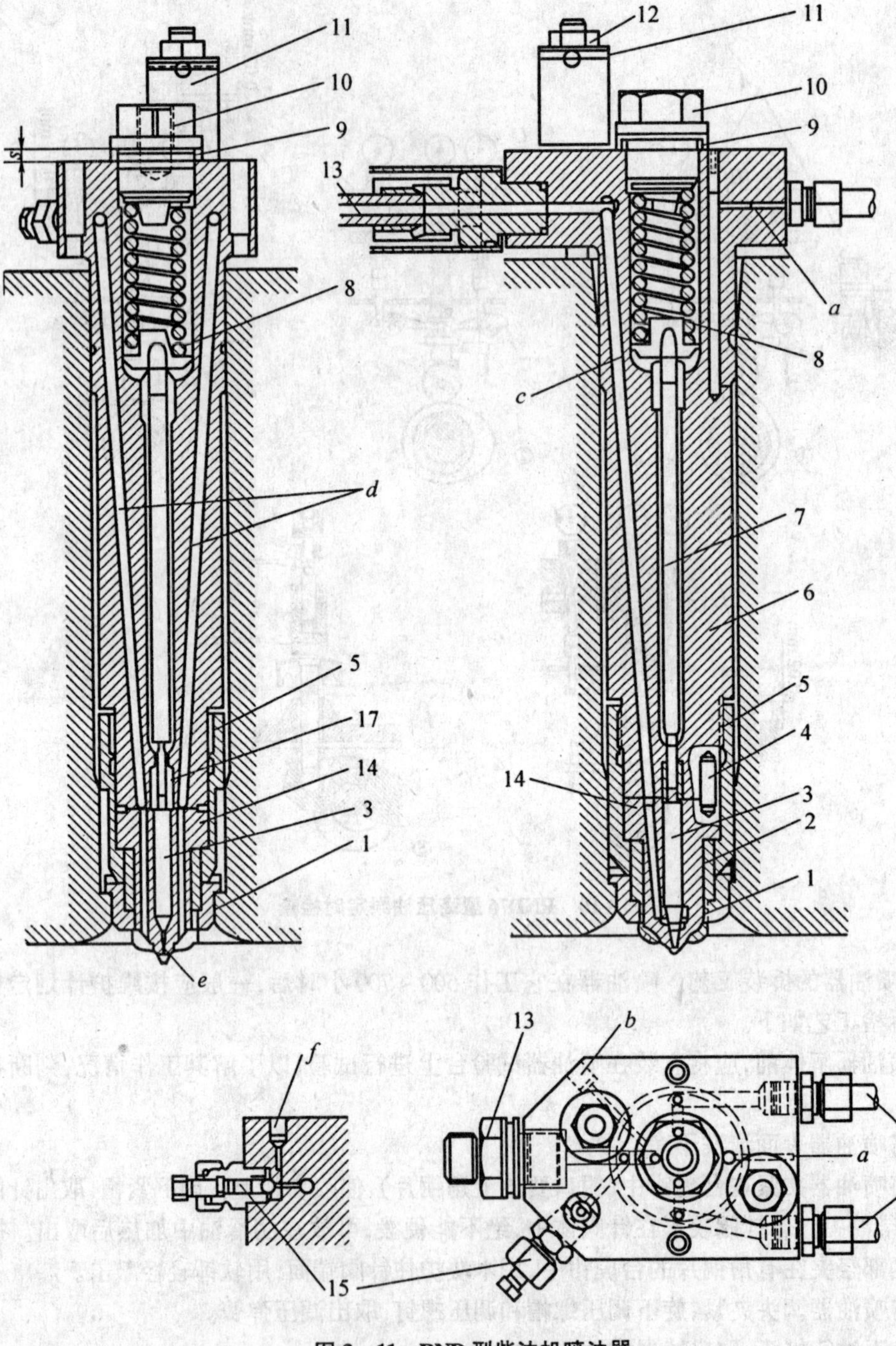

图 3-11 RND 型柴油机喷油器

1—喷油器座;2—冷却水套;3—针阀;4—定位销;5—锁紧螺母;6—喷油器本体;7—顶杆;8—针阀弹簧;9—垫圈;10—调节螺钉;11—支撑套;12—固紧螺母;13—高压油管接头;14—针阀套;15—放气阀;16—冷却管接头

c.用探针或比喷孔细的钢丝将堵塞的喷孔疏通;

d.将在清洁柴油中浸过的针阀,用专用金属刷子刷洗针部。

⑧零件清洗后,应对主要零件进行检查,检查针阀弹簧是否存在裂纹、失效等缺陷;检查

针阀与阀座的配合情况;检查针阀套平面与本体平面的接触情况。

⑨喷油器的装配步骤按拆卸步骤的反向顺序进行。值得注意的是保持零件清洁,精密结合面不要用棉纱或旧布擦抹,也不宜用手抚摸。在清洁柴油中刷洗后,立即进行安装。

⑩装好后应做调压和雾化试验。调试是在专门的喷油器试验装置上进行的,如图 3-12 所示。

(3)喷油器的检查与试验

①喷油器启阀压力的检查和调整　喷油器的喷油启阀压力对雾化质量影响很大,故各柴油机都规定其启阀压力。启阀压力的检查,是把喷油器固定在高压油管接头上,并把截止阀打开。打开喷油器放气阀,用手摇杆泵油。当放气阀处有油溢出时,关闭放气阀急速泵油几次,让柴油冲洗喷孔等处。然后用手摇杆缓慢泵油,开始喷油时的压力就是喷油器的启阀压力。若此压力值与规定的压力不符,则可通过调节螺钉进行调整,直到满意为止。

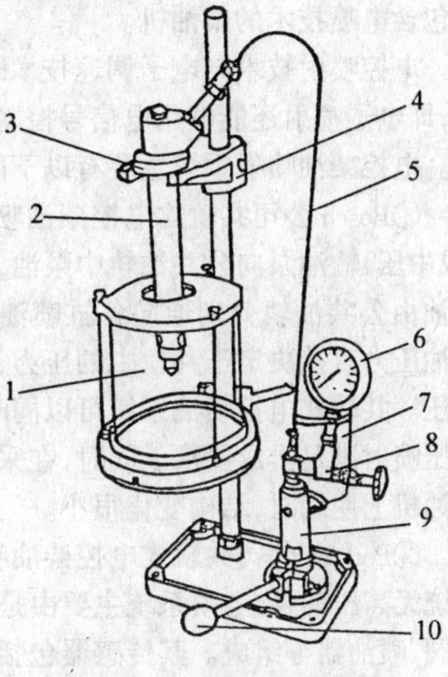

图 3-12　喷油器试验装置

1—玻璃罩;2—喷油器;3—支承环;4—支架;5—高压油管;6—压力表;7—盛油容器;8—截止阀;9—手摇泵;10—杠杆

②喷油器密封性的检查　喷油器针阀与针阀套密封性的检查,是在油压升至一定数值但不使喷油器喷油的情况下,观察其油压降落速度。通常均以在规定时间内压力降不超过规定范围为标准,若超过规定范围则说明针阀与针阀套间隙过大,密封性不良,产生漏油。

针阀锥面与针阀座的密封性,也是在上述试验装置上进行检查。此时可在油压升至接近喷油器启阀压力时,以每分钟 10 次的速度压油,使油压缓慢上升,直至喷油为止。然后察看喷嘴附近是否有滴油现象。喷嘴滴油是针阀与阀座锥面密封不良所致,当然喷孔增大也会造成这种现象。通过研磨可以消除针阀与阀座的不良配合,但这项工作既费时又要有相当的耐心。如果有可能,将喷嘴换新。喷孔周围有轻微潮湿是允许的。

③喷油器的雾化试验　喷油器的雾化试验,是通过观察喷出的油束形状、数目、分布情况和喷射的清脆性来判断雾化的好坏。雾化质量好时,各油束分布均匀,没有局部密集现象或油滴漏出,而且每次喷油从开始到终了都很迅速、明确、利落、有清脆的"吱吱声"。在连续几次喷油后,喷油器不应有油滴。应特别注意检查缓慢泵油的质量。燃用劣质油的新型柴油机喷油嘴,对滴油要求已不再很严格。

若通过检查发现喷孔堵塞,则需用钢针或直径与喷孔相同的钻头疏通。若孔径因磨损而增大,油束的正确形状将遭到破坏,因此必须限制喷孔直径的增大量,一般增大 10%时就应予以换新。

三、柴油机电喷技术

电喷技术即柴油机燃料系统由电子控制燃油喷射供给技术。传统的柴油机燃油供给方式均采用高压喷射的方法,技术上要改变原有的供油方式与汽油机相比具有较大的难度。实际上,柴油机的污染比汽油机低,特别是排烟及其中碳氧化合物等。

对于带动发电机的柴油机要求其运转速度稳定、动态性能好，才能输出高品质的电能；同时也要求柴油机具有转速调整的自动化，才能真正做到供给的电源具有自动化、智能化，为此，部分柴油机已装置了电子调速器，从而实现了电子调速，但仍不能满足日益高要求的排污标准。为了更好地实现柴油机的低排放，借鉴汽油机良好的电喷降污技术，开发并生产了包含电喷技术的柴油机。

电控喷射技术与电子调速技术既有相同点（即控制柴油机的喷油量），又具有根本的区别，即电子喷射还能够用电信号控制喷油时刻、喷射压力，完全取消了燃油系统中的机械结构。电控柴油喷射系统主要有以下两种形式。

①Bosch公司共轨式电控柴油喷射系统。其特点是系统中有一公共高压油轨，用高压（或中压）输油泵向公共油轨中泵油，用电磁阀对油轨中的压力进行调节。高压（或中压）的柴油由公共油轨分别通向各缸喷油器，由装在喷油器内的电磁阀控制喷油量和喷油正时。喷油压力直接决定于共轨中的压力，或由喷油器中的增压活塞对从公共油轨来的燃油进行增压。共轨式电控喷油系统可以同时控制喷油量、喷油正时、喷油压力、喷油速度，且能实现高压喷射满足排放要求。同时，在采用传统高压油泵——高压油管——喷油器的喷油系统柴油机上使用时，结构变化很小。

②Perkins公司共轨式电控柴油喷射系统，是在Bosch公司电喷系统基础上的改进。该系统无高压油泵，电喷系统主要由是电子控制模块（ECM）、高压润滑油供应泵、喷注压力调节阀、喷油器等组成。其传感器包括曲轴位置传感器（CMP）、增压压力传感器（MAP）、喷油压力控制传感器（ICP）、润滑油温度传感器（EOT）、水温传感器（CET）和油压传感器（EOP）。

系统中燃油流程如图3－13所示，燃油经滤清器进低压油泵吸入排至燃油集合管通向喷油器。燃油系统中已取消了高压油管，这样可以防止柴油的可压缩性和油管的弹性在油管内形成压力波动，可能造成已关闭的针阀重新打开，产生二次喷射，造成燃烧不完全。

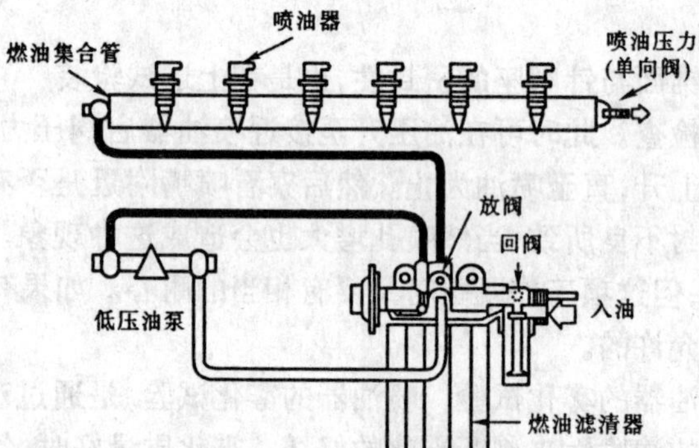

图3－13　燃油流程

喷油压力控制系统如图3－14所示，系统由高压机油泵、喷油压力阀、喷油压力控制感应器、调节阀等组成。该系统内流动的是高压机油。高压机油泵由曲轴带动，在正常运行条件下，油泵输出的压力经过一个路轨式压力控制阀（RPCV）控制，多余的机油经过旁通回流到回油系统。柴油机的运行状况取决于液压压力，而控制压力取决于电子控制模块（ECM），良好的液压控制使柴油机具有良好的运行条件。

喷油器结构如图3－15所示，主要由电磁阀、提动阀、酸化增强活塞、喷油嘴总成等组成。喷油器的喷射动力来自液压能量，喷油器内的活塞及柱塞是由液压压力及速度进行控制的。同时，喷油器由ECM发出脉冲的宽度控制喷油器中电磁阀开关时间的长短。当电磁阀通电时，提动阀打开其阀座，高压机油将会推活塞及柱塞下行直至最低位；当ECM输出信号断开喷油器的电磁阀电源后，喷油程序停止，提动阀关闭。由于提动阀关闭，高压机油输送管道关闭，停止供油至酸化增强活塞，使酸化增强活塞内的高压机油进入转动空槽内。柱塞弹簧把酸性增强活塞和柱塞推回原位。当柱塞向上移动时，把燃油阀打开，低压燃油开始注入柱塞瓣内。

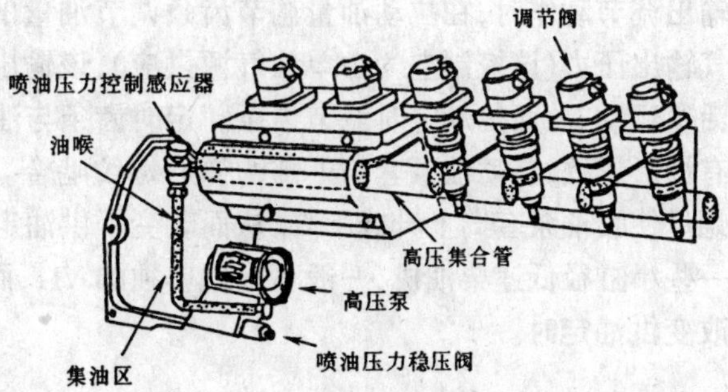

图 3－14　喷油压力控制系统

ECM 通过其喷油器使喷射速度、喷射时间及高压喷射压力得到有效控制。

①喷射速度的控制　喷油器由液压系统控制，它的速度比传统的机械式快，同时其喷射速度及喷射压力与柴油机速度无关。

②喷射时间的控制　从开始至结束的喷油时间为全电子化控制，与一般的电子调速器不同。一般的电子调速器其执行器是统一拉动(转动)柱塞，不可能各个汽缸单独控制，而电喷系统的喷油器的柱塞是由电磁阀分别控制，且柱塞的运动与柴油机的运转速度或曲轴位置传感器信号的持续时间无关。

③喷射压力的控制　喷油器酸化增强活塞能产生倍增的液压力推动柱塞，即使输入的高压机油压力不稳定，但喷射压力仍能保持在 3 000～21 000 Pa 内。这样的液压压力也适用于高转速的柴油机。

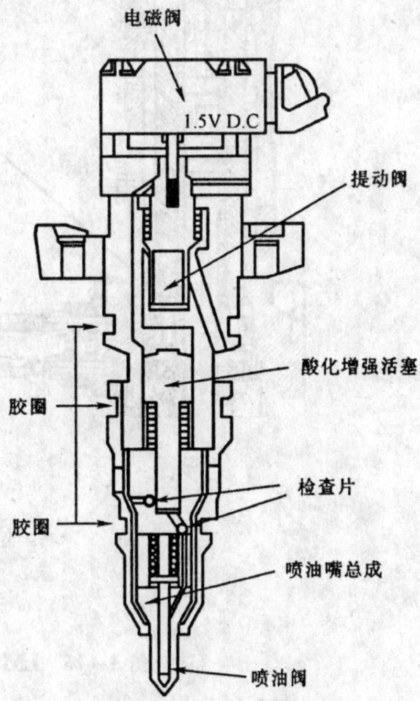

图 3－15　喷油器

四、柴油机可变喷油定时机构(VIT)

当代新型船用超长行程柴油机，在额定负荷运行时有较高的经济性，而在其他负荷下就没有那么理想了。为了提高在各种负荷下的经济性，最有效的途径就是提高最高爆发压力。提高爆发压力最有效的方法就是改变喷油提前角，即在部分负荷时自动调整喷油定量(提前)，保证最高爆发压力基本不变(不会因负荷的降低而降低)。同时在高负荷运转时，又要控制其最高爆发压力不超过标准。为此，需要在喷油泵中增设一套专门的供油定时调节机构(VIT)，又称调喷器。

VIT 机构随着喷油泵的不同而有不同的类型，但其工作原理都是相同的。该机构受柴油机调速器输出轴的控制，在调节喷油泵供油量的同时，自动按最高爆发压力的要求调节其供油定时。下面举 MAN－B&W MC/MCE 柴油机使用的 VIT 为例具体说明。

如图 3－16 所示，该机构主要由位置传感器、位置伺服器和定时齿条组成。该柴油机使用回油孔终点调节式喷油泵，喷油泵调节机构有二根齿条，其一在油泵下部，为油量调节齿条，其二在油量调节齿条上方，为定时调节齿条。这两根齿条均由调速器调节轴控制。当调速器输出调节动作时，在拉动油量调节齿条调节油量的同时，通过杆件改变位置传感器，控制空气输出压力（该控制空气由单独气源供应），该输出控制空气使位置伺服器（每缸一个）中的活塞运动，从而拉动定时调节齿条。定时齿条与油泵下部的齿套螺母外部啮合，齿套螺母内有梯形螺纹，与喷油泵套筒下部的梯形螺纹啮合。所以，在定时齿条移动的同时，通过齿套螺母使喷油泵套筒上升或下降，从而改变了供油定时。

一些小缸径低速柴油机，一般不采用单独的 VIT，而是在油泵柱塞头部边缘用特殊的线形来改变供油定时。

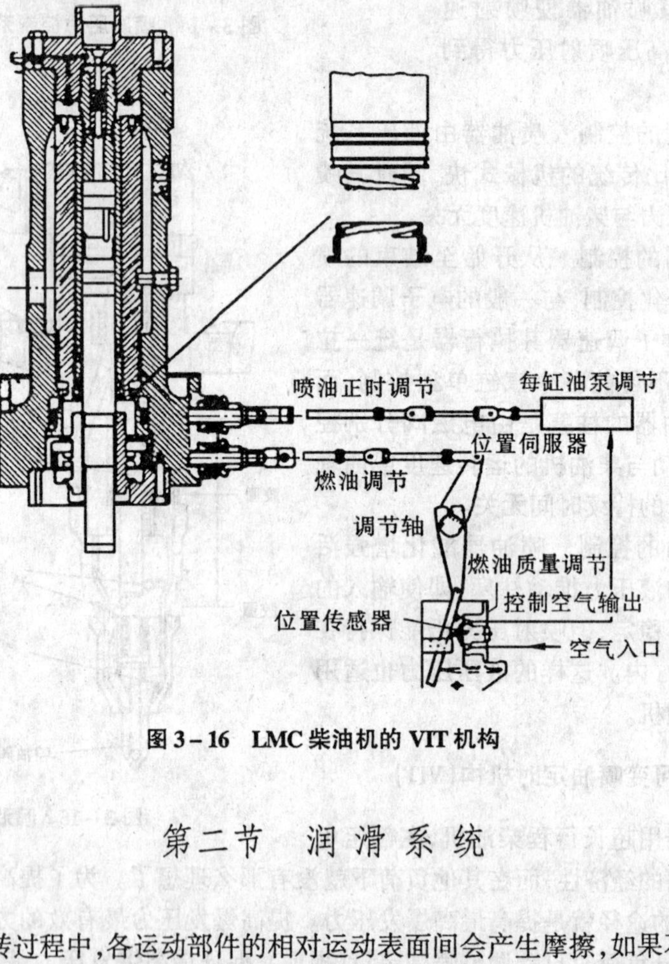

图 3－16　LMC 柴油机的 VIT 机构

第二节　润 滑 系 统

柴油机在运转过程中，各运动部件的相对运动表面间会产生摩擦，如果不进行润滑或润滑不良，则会造成严重的磨损，甚至会因强烈摩擦生热而烧坏。为了保证柴油机各部分零件可靠地工作，延长其使用寿命，必须设置润滑系统。

一、机件的润滑

根据机件之间油膜的形成方法，润滑可分为液体动力润滑和液体静力润滑两种。

1.液体动力润滑

液体动力润滑是指润滑油膜是靠摩擦表面的相互运动自然形成。如图 3－17(a)所示，轴与轴承间存在间隙，使轴承两侧形成楔状间隙。若轴承间隙内充满滑油，而且滑油由外界不断地供给，那么当轴沿图示方向转动时，由于滑油的粘性，吸附在轴表面的油膜将随轴一起旋转，并从间隙较大的区域上方，顺着转角向狭窄的区域流去。滑油在流向右下方的过程中，因容积减少，滑油受到挤压，油压逐渐升高，这时就相当于一个楔子，插向轴颈与轴承的接触面间，如图 **3－17**(**b**)所示，称为油楔作用。当油压对轴颈产生的向上作用力大于轴的自重和负荷的总合力时，轴就被滑油抬起，并向左上方偏移(轴顺时针转动时)，这样直到轴上下滑油压差等于轴上的作用力时，轴就相对稳定在一定位置，如图 **3－17**(**c**)所示。这时轴颈周围的间隙内保持着一定厚度的油膜，轴颈与轴承不再直接接触，形成完全的液体摩擦。

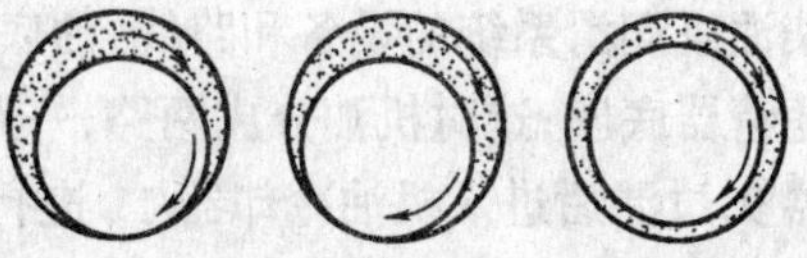

图 3－17　楔形油膜的形成

影响油膜厚度的主要因素有轴的转速、滑油黏度和温度；转速愈高，愈易形成油楔。此外，油楔的形成还与轴承间隙、轴承表面光洁度和轴承负荷等有关。当轴颈严重磨损时，正常的轴承间隙遭到破坏，就不利于油楔的形成。若在轴承油楔的最大压力区内，不合理地开挖油槽，会大大降低油楔压力，从而使轴承承受负荷的能力降低，并把油膜破坏。

2.液体静力润滑

如轴承中轴的转速太低、负荷太高，或轴的运动不连续，很难自然形成完整的楔形油膜时，可以采用液体静力润滑方式，即由油泵产生高压力的润滑油，送入接触面间以维持油膜。柴油机的十字头销轴承或活塞销轴承，因为轴承负荷特别高，并且摩擦表面在短的弧度内摆动，运动又不连续，故在一些低速重型柴油机的十字头和连杆上装设了专用的高压油泵，把压力油送入摩擦面，使摩擦面之间达到完全液体润滑。

二、润滑系统的作用

润滑系统的作用，是把具有一定压力和一定温度范围内的清洁润滑油源源不断地输送到柴油机各摩擦表面，在摩擦表面间形成一层油膜。其主要作用如下所述。

(1)润滑　这是主要作用。柴油机运动部件的相对运动表面间产生液体动力润滑，提高机件的使用寿命。

(2)冷却散热　带走摩擦产生的热量，使机件不至于过热损坏。

(3)冲洗清洁　冲洗摩擦表面，带走摩擦脱落的金属颗粒和缸壁上的炭粒，防止出现颗粒磨损。

(4)密封防漏　缸壁与活塞环间的润滑油膜能使活塞环的密封性增加，减少漏气损失。

(5)防止腐蚀　使机件工作时摩擦表面不与空气接触而氧化生成铁锈；缸壁与活塞环的摩擦面免受燃气中硫化物等的腐蚀。

三、润滑系统的组成与分类

船用柴油机的润滑方法，多数采用压力循环润滑的方法。这种方法可靠，供油充足，可使用黏度较小的滑油，以达到良好的溢流润滑。船用柴油机润滑系统根据其大量润滑油存放位置的不同，可以分为湿式和干式油底壳润滑系统。

1.湿式油底壳润滑系统

湿式油底壳润滑系统(润滑油储存于底壳中)的大致工作过程是:如图 3－18 所示为小型柴油机润滑系统的设备和路线;油底壳中的润滑油经粗滤网 2 入机油泵 5,加压后送到机油滤清器底座;这时机油分成两路,一路到离心式滤油器 6,过滤后回到油池内;另一路经滤清器 9,过滤后进入机油冷却器 11 进行冷却,然后送入传动机盖板中,又分成两路:一路经过曲轴内油道分别通至各曲柄销;另一路经过凸轮轴后,分别进入汽缸头内的配气机构,一小部分机油从盖板上一个喷嘴 13 将机油喷到各传动齿轮上。

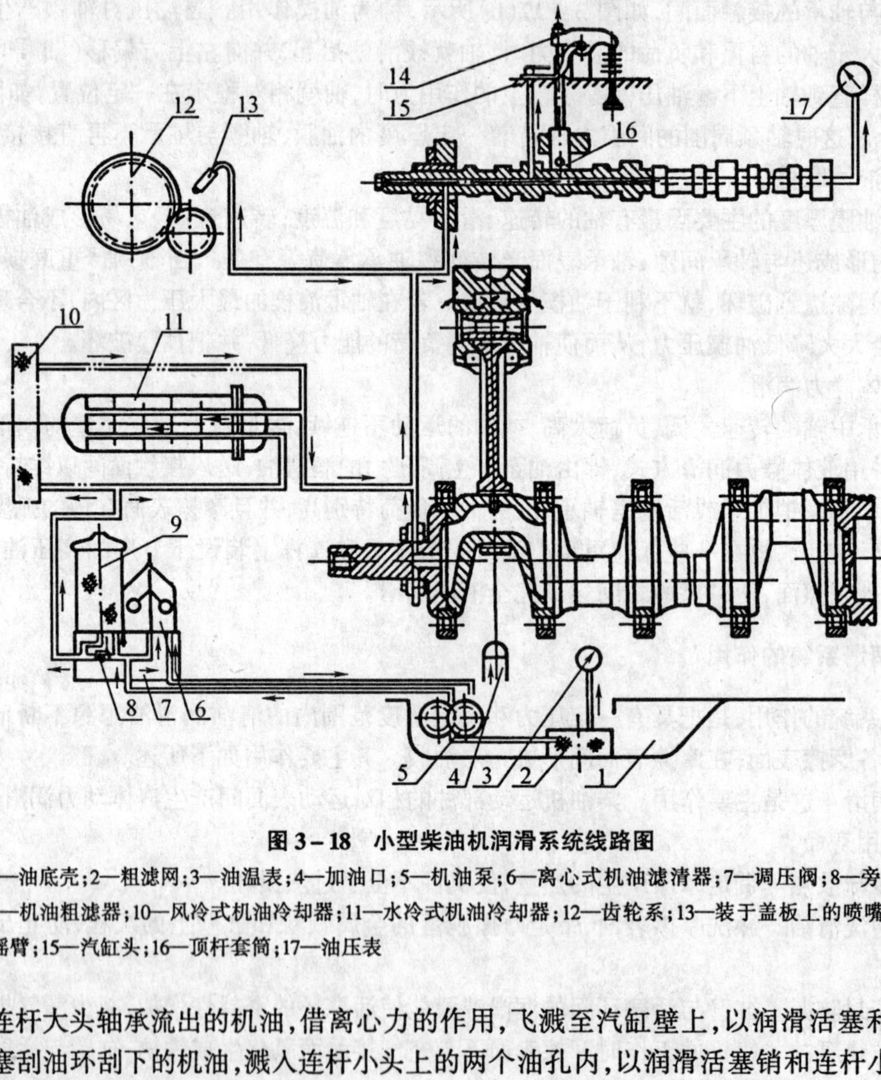

图 3－18　小型柴油机润滑系统线路图

1—油底壳;2—粗滤网;3—油温表;4—加油口;5—机油泵;6—离心式机油滤清器;7—调压阀;8—旁通阀;9—机油粗滤器;10—风冷式机油冷却器;11—水冷式机油冷却器;12—齿轮系;13—装于盖板上的喷嘴;14—摇臂;15—汽缸头;16—顶杆套筒;17—油压表

连杆大头轴承流出的机油,借离心力的作用,飞溅至汽缸壁上,以润滑活塞和汽缸套。从活塞刮油环刮下的机油,溅入连杆小头上的两个油孔内,以润滑活塞销和连杆小头轴承。主轴颈上的滚珠轴承和凸轮轴上的凸轮都是靠飞溅起来的机油进行润滑的。

2. 干式油底壳的润滑系统

干式油底壳润滑系统(底壳不作为存油器)常用于大、中型柴油机上,其工作过程如下所述。

如图 3－19 所示,润滑油从滑油循环柜 3 经滤网及粗滤器 4 入滑油泵 5,加压后通过细滤器 6 和滑油冷却器 7,输送至主机 1 的滑油总管中。滑油总管上设有很多支管,滑油经支管流至主轴承、十字头销轴承和凸轮轴轴承等处(用滑油冷却活塞的柴油机滑油系统中还设有专门管路通至活塞)。润滑后的机油即从轴承等处流出,落入曲轴箱底,汇集于循环油柜。

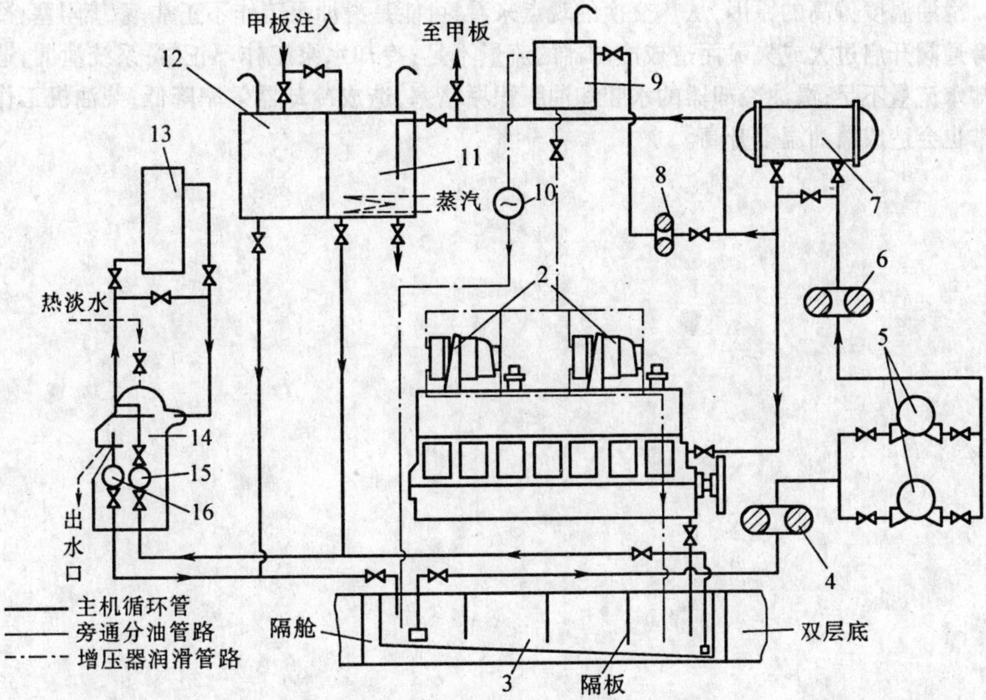

图 3-19 滑油系统示意图

1—主机;2—涡轮增压器;3—滑油循环柜;4—磁性粗滤器;5—滑油泵;6—细滤器;7—滑油冷却器;8—增压器用细滤器;9—重力油柜;10—溢流管观察镜;11—滑油污油柜;12—滑油储存柜;13—滑油加热器;14—分油机;15—分油机吸入泵;16—分油机排出泵

图 3-19 中的点划线标明了增压器的润滑路线。润滑油从重力油柜 9 依靠重力流至增压器进行润滑。若涡轮增压器采用黏度较低的汽轮机油润滑,则设有独立的增压器润滑系统,一般多为压力循环润滑方式。

为了保持柴油机润滑系统润滑油符合要求,在润滑系统中设有旁通净油装置,主要装置是分油机,如图 3-19 中用实线表示的部分。

四、润滑系统的检查、调试

1.滑油压力的调整与故障产生原因

柴油机在运转中,滑油压力一般保持在 0.15~0.4 MPa 之间,有的机型采用较高的油压。滑油压力必须高于海水压力。滑油压力的高低调整,一般可借助于滑油泵的旁通阀(安全阀),也可以通过系统中的调压阀调整油压。

若柴油机运转中,滑油压力急剧变化,通过调整调压阀或旁通阀都无法解决,则可能是以下几种原因造成:滑油从冷却器处漏入冷却水,或从破裂的油底壳处外泄;滑油泵工作不正常;管路或滤器堵塞;滑油泵的旁通阀(安全阀)或调压阀泄漏或失灵等。应找出原因消除之。

2.滑油温度的调整与故障产生原因

滑油温度应保持在30 ℃~50 ℃之间,一般不超过70 ℃。油温的调节,一般是通过冷却器旁通阀来进行。开大旁通阀,通过冷却器的海水减少,油温则升高,反之则降低。

滑油温度偏高的原因,从热交换的观点来看,可能是滑油泵工作不正常;系统阻塞;冷却器旁通阀开启过大或失灵而造成冷却器的流量不足;冷却水泵工作不正常;系统泄漏,造成冷却水流量不足;滑油冷却器的水腔和油膜积垢堵塞,造成冷却器效率降低;柴油机工作不正常也会造成滑油温度升高。

第四章　柴油机冷却和配气系统的组成、拆检工艺与调试

第一节　冷却系统

一、冷却系统的作用

冷却系统的作用是：带走柴油机零件工作中产生的热量，使这些零件的温度保持在柴油机正常工作所许可的范围内。在寒冷地区还可以利用这个系统来进行预热。

二、冷却系统的组成与分类

柴油机冷却系统主要由冷却水泵（海水泵、淡水泵）、淡水冷却器、水箱、连接管路和各种控制仪表等组成。船用柴油机的冷却系统一般都是采用水泵强制循环冷却的，根据其冷却水循环路线的不同，可以分为开式和闭式冷却系统两种。

开式冷却系统一般是用海水泵（淡水泵）将海水（江水、河水）从舷外吸入，送至柴油机冷却部位，冷却后又排出舷外。这种系统的结构与管路布置最为简单，为部分中、低速柴油机所采用，并航行于内河湖泊。

闭式循环冷却系统被大部分船舶柴油机所采用，特别是船舶主机，其组成如图 4-1 所示。它包括两个部分，淡水循环部分和海水循环部分。

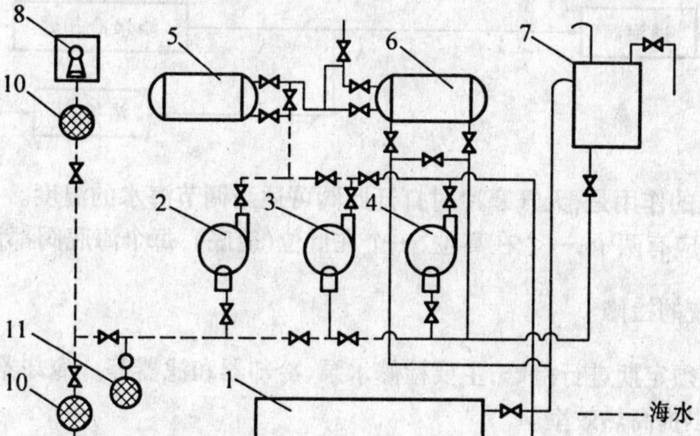

图 4-1　海、淡水系统原理简图

1—主机；2—海水泵；3—海、淡水共用泵；4—淡水泵；5—滑油冷却器；6—淡水冷却器；7—膨胀水箱；8—低位海底门；9—高位海底门；10—滤网；11—应急吸口

1. 淡水循环部分

淡水冷却一般可以采用两种循环路线，如下示意框图所示。

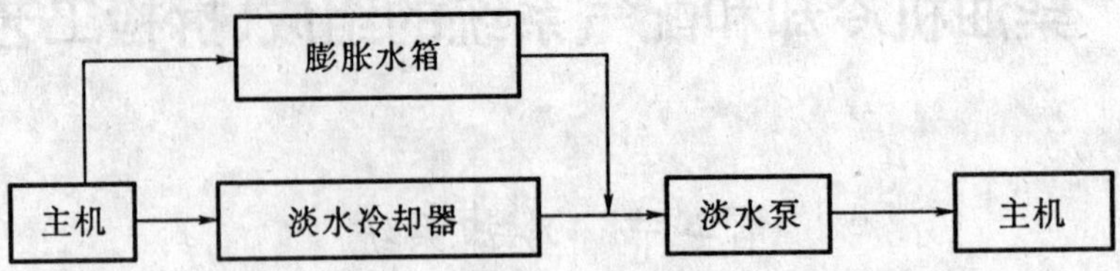

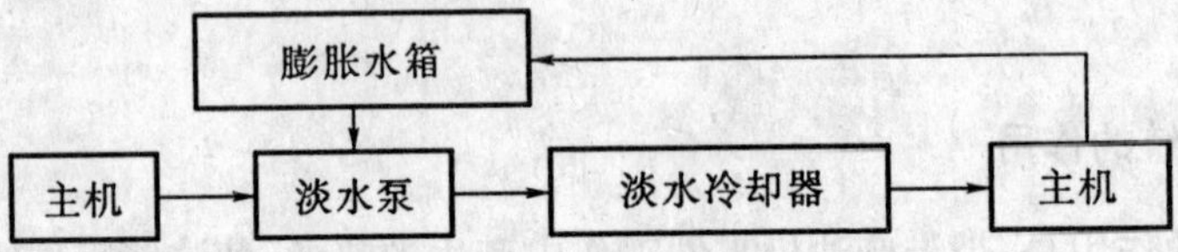

淡水循环路线(图中实线)是:淡水冷却主机后进入淡水冷却器 6,经海水冷却降温,由淡水泵 4 打进主机。

系统中的膨胀水箱有以下作用:使系统中的水受热后有膨胀的余地;当系统中的水减少时,给予补足;放出系统中的空气;与淡水泵的吸入口相通,以保证淡水泵有足够的吸入压头。此外,若对冷却水进行化学处理,膨胀水箱也是投药的场所。因此,膨胀水箱总是放在最高处,其上装有水位表、透气管、补给水接头和溢流泄放管等。

2. 海水循环部分

如图 4-1 虚线所示,海水循环路线如下示意框图所示。

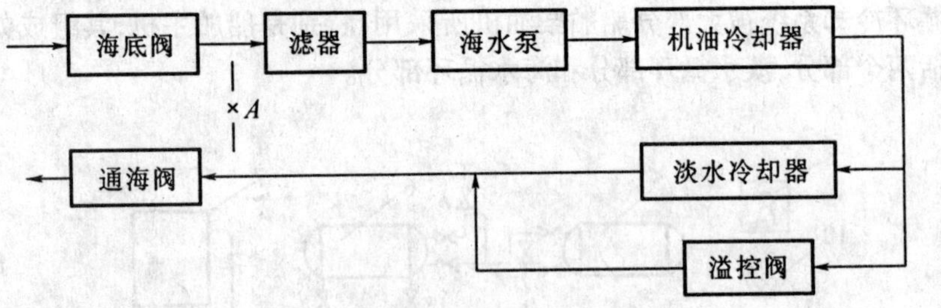

系统中阀 A 的作用是,天气寒冷时打开此阀可适当调节海水的温度。

海底阀至少应有两个,一个在高位,一个在低位(船底),每个海底阀都设有滤网。

三、冷却系统的检修

冷却系统必须定期进行检修,主要检修水泵、冷却器和滤器等。冷却器必须进行冷却面的清洗及试压,以提高热效率。

第二节　配气系统

为使柴油机工作循环正常进行,必须设置一种专门机构和管系,以保证在适当的时刻和规定的时间里向工作汽缸输送新鲜空气,并在燃烧做功之后,把废气排出去。这套机构和管系称为配气系统。

四冲程柴油机的配气系统是由气阀式配气机构和进、排气管路等组成。在二冲程柴油机中，进气口代替了进气阀，并由活塞控制开阀；直流扫气式设置了排气阀，用液压来控制。下面介绍两种配气机构及定时的检查调整。

一、气阀式配气机构

图 4－2 所示为气阀式配气机构的组成部分。它一般由气阀机构、气阀传动机构、凸轮与凸轮轴、凸轮轴的传动机构四个部分组成。它的基本动作原理是：曲轴转动时带动凸轮轴的传动机构，使凸轮轴转动，而凸轮轴上的凸轮就在一定的时刻顶动气阀的传动机构（图中的 B 部分），从而驱动气阀装置（图中的 A 部分），使气阀定时启闭。

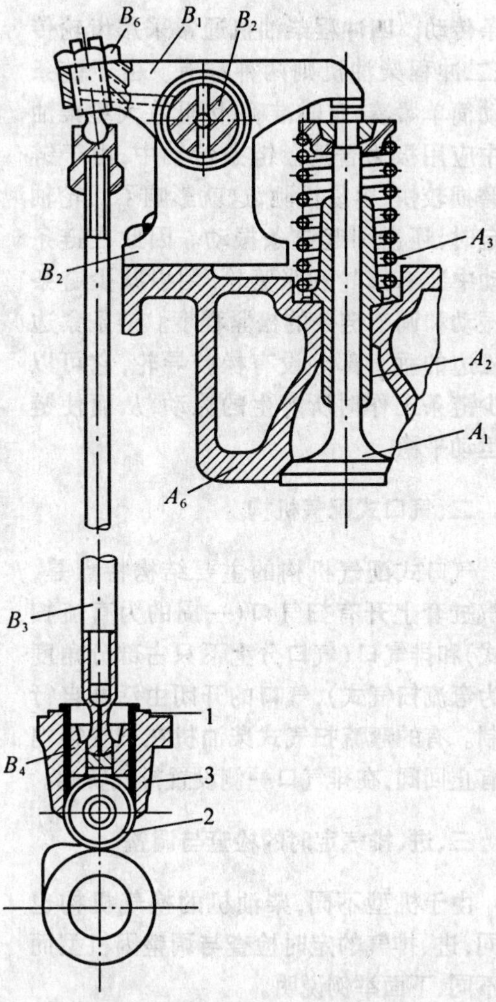

图 4－2　气阀式配气机构的组成部分

A_1—气阀；A_2—气阀导管；A_3—弹簧；A_4—阀座；B_1—摇臂；B_2—摇臂支座；B_3—推杆；B_4—顶头；B_5—摇臂轴；B_6—调节螺钉（调节气阀用）；1—推杆承座；2—滚轮；3—导承

1.气阀机构

气阀机构设置在汽缸盖上，由气阀、阀座、气阀导管和气阀弹簧等组成。利用弹簧将气阀紧闭。大、中型柴油机多数采用阀壳式气阀机构，它的特点是：气阀、阀座、弹簧、导管等机件全部安装在独立的阀壳中，如图 4－3 所示。这对于拆装和修理是方便的。

2.气阀传动机构

气阀传动机构的作用是把凸轮的运动传给气阀。凸轮轴在柴油机上的安装位置不同，则传动机构和配气机构的零件也就不同。凸轮轴的位置有以下三种形式：

(1)下置式凸轮轴　凸轮轴位于曲轴箱中或汽缸体上，这种型式被各类型柴油机广泛采用。它是由顶头、推杆、摇臂和摇臂座等组成（如图 4－2 中 B 部分）。顶头又叫做凸轮的随动部，它支承着推杆。顶头有两种，机械滚动式和液压传动式。

(2)上置式凸轮轴　凸轮轴布置在汽缸盖上，凸轮直接作用在摇臂上，省去顶头和推杆等零件，减少传动误差，但凸轮轴的传动机构较复杂。它适用于较高转速的柴油机。

(3)顶置式凸轮轴　凸轮轴安装在汽缸盖顶上，凸轮直接作用在气阀上。这种气阀传动装置最简单、紧凑，气阀机构运动零件的质量减至最小。一般在高速柴油机上应用较广，但增加了汽缸盖的复杂程度。

3.凸轮轴和驱动机构

凸轮的作用是控制气阀打开和关闭的时刻。在四冲程柴油机中，凸轮轴上一般装有进、排气凸轮和喷油泵凸轮，有的还装有空气分配器凸轮。在二冲程柴油机中，直流扫气式装有排气凸轮、喷油泵凸轮，其他机型一般装有喷油泵凸轮。有的还装有空气分配器凸轮。

凸轮轴的传动有两种型式，即齿轮和链条传动。四冲程柴油机通常采用齿轮传动；二冲程柴油机则两种都有。由于链条传动简单紧凑，定时准确，因此在大型柴油机中应用极为普遍。链条传动中，由于链条磨损较快，容易松弛，这就影响了凸轮轴的定时，还会引起链条振动。因此在链条传动中装有惰轮和张紧轮，用以减少链条的振动和调节链条的松紧程度。链条紧边和松边的垂直部分设有橡胶导轮，它可以减少链条工作时所产生的晃动，从而使链条运动平稳。

二、气口式配气机构

气口式配气机构的主要结构特点是，在汽缸套上开有扫气口（一周的为直流扫气式）和排气口（气口分上下只占部分角度的为弯流扫气式），气口的开闭由活塞自行控制。有的弯流扫气式柴油机在扫气箱内设有止回阀，在排气口一侧设置排气转阀。

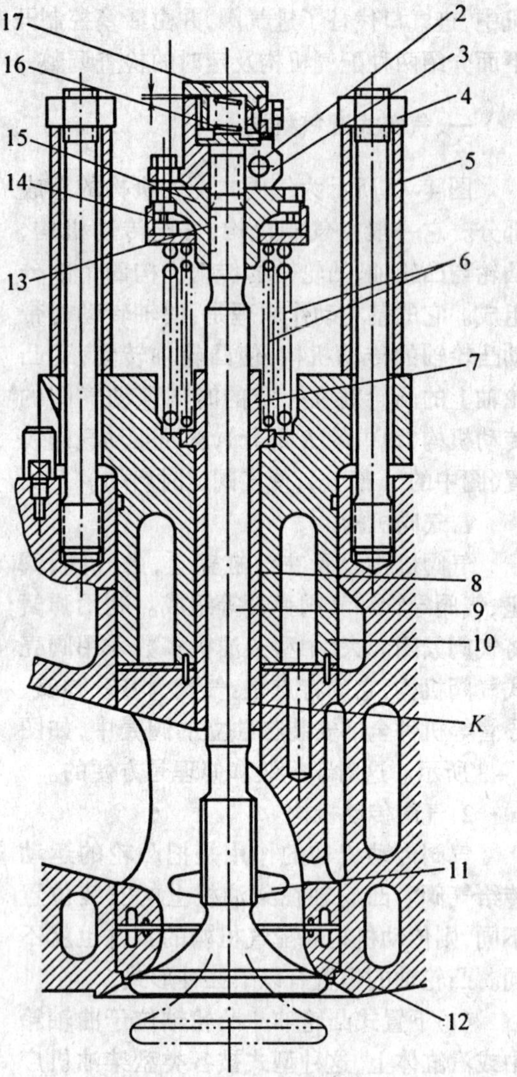

图 4－3　阀壳式气阀机构

1—防转螺栓；2—夹紧螺栓；3—阀夹；4—气阀螺栓；5—螺栓管；6—气阀弹簧；7—密封圈；8—气阀导管；9—气阀；10—阀壳本体；11—阀壳流道体；12—阀座；13—键；14—旋阀器；15—弹簧盘；16—击块弹簧；17—击块；D—气阀间隙；K—阀杆与导管间隙

三、进、排气定时的检查与调整

由于机型不同，柴油机的换气机构也不同，进、排气的定时检查与调整因机型而有不同，下面举例说明。

1. 四冲程柴油机进、排气定时的检查与调整

四冲程油机曲轴每转两圈各缸做功一次，所以飞轮转两圈时各缸的正时复核应该结束，关键是按一定程序进行。四冲程柴油机的气阀启闭程序由柴油机的发火顺序和本身的正时所决定。因此，只要知道某机的发火顺序和正时，就能用表格排列出各缸气阀启闭次序。按表格中所列的次序进行调整，就可以减少盘车次数。

(1)配气定时的检查方法

①捻转顶杆法　一人按正车转动曲轴，另一人用手捻转第一缸进气阀顶杆，当顶杆由捻转得动到刚好转不动时即停止转动曲轴，观察飞轮刻度，此时正是该缸进气阀开启的时刻，然后正车转动曲轴，当顶杆由转不动到刚好转得动时即停止转动曲轴。此时指针所指的飞

轮刻度,正是进气阀关闭的时刻。其他进、排气阀均按此法进行检查。

②千分表测量法　在汽缸盖上的适当位置放置一个千分表,使表的触头接触到气阀上弹簧座上平面,将表的读数调整到零位,然后正车转动曲轴,当指针从零位开始转动的瞬间,立即停止转动曲轴,此时飞轮指针所指的刻度正是该缸气阀开启的时刻。继续正车慢慢转动曲轴,当千分表指针刚好不动时,立即停止转动。此时飞轮刻度正是该气阀关闭的时刻。

(2)配气定时的调整方法

①固定式凸轮配气定时的调整　凸轮与凸轮轴为一整体的或凸轮用键固定在凸轮轴上的均属于固定式凸轮(即不可调试)。这种类型的柴油机,在安装时只要将定时齿轮按记号装配,配气定时就基本上得到了保证。

经检查,若配气定时与规定值相差不大,可以通过调节气阀与摇臂之间的间隙进行调整。减少气阀间隙可以使气阀提早开启并延迟关闭;增大气阀间隙可以使气阀延迟开启并提早关闭。但要注意,用此法调节,不得使气阀间隙超过规定极限。若配气定时与规定值相差较大时,应检查定时齿轮安装是否正确,记号是否对准,必要时需调节定时齿轮的配合位置。

②活动式凸轮配气定时的调整　凸轮与凸轮轴的相对位置可以改变的均属于活动式凸轮(即可调试)。这种类型的柴油机,经检查若配气定时与规定值不符,可以将凸轮与凸轮轴的相对位置改变一下。如果气阀开启时间过早,调节时只要将凸轮逆着凸轮轴转向转动一定角度(对于四冲程的柴油机,凸轮每转动 1°,配气定时就可以改变 2°)即可。调节合格后,将凸轮与凸轮轴固定妥当。

(3)气阀间隙的调整　气阀间隙(气阀杆与摇臂之间的间隙)的大小对柴油机的工作影响较大,气阀间隙过大,一方面会使该处敲击声加大,另一方面使气阀升程和开启时间减少,降低柴油机的功率;间隙过小,气阀由于受热膨胀会使气阀关闭不严,也会造成柴油机功率下降。检查和调整气阀间隙应在冷车时进行,必须使该气阀顶杆接触在凸轮基圆位置上。例如 6300 型柴油机,先盘车使第一缸位于正车工作冲程的始点,那么除了该缸的进、排气阀以外,还有如表 4-1 所列出气阀可以同时进行气阀间隙的调整。

表 4-1　第 1 缸在爆发冲程始点时可调的气阀

可调气阀 缸序 / 转向	1	2	3	4	5	6
右　转	进气阀 排气阀	进气阀	排气阀	进气阀	排气阀	
左　转	进气阀 排气阀	排气阀	进气阀	排气阀	进气阀	

按表 4-1 所列的气阀间隙调整合格后,再盘车 360°(即一转),使第六缸处于工作冲程始点,与此同时,可以进行调整的的气阀如表 4-2 所列。这样,只要盘车二次,曲轴转动不超过二圈就能把所有气阀全部调整好。其他机型也可照此办理。具体的调整方法是,用扳手松开摇臂后端的调节螺钉的索母(即锁紧螺母),把塞尺(其厚度为气阀间隙规定值)插入气阀杆与摇臂前端的间隙内,用螺丝刀拧紧摇臂后端的调节螺钉,同时用手拉动塞尺,当感觉到稍有阻力(但仍能拉动)时,将索母拧紧(同时用螺丝刀固定调节螺钉,防止转动),再用

表 4-2　第 6 缸在爆发冲程始点时可调的气阀

可调气阀 \ 缸序 \ 转向	1	2	3	4	5	6
右　转		排气阀	进气阀	排气阀	进气阀	进气阀 排气阀
左　转		进气阀	排气阀	进气阀	排气阀	进气阀 排气阀

塞尺复查一次。

2. 二冲程柴油机排气定时的检查与调整

采用气口－气阀换气方式（即直流扫气式）的柴油机，如 MAN－B&W 型柴油机、6ESDZ75/160B 型柴油机等，它们的排气正时的检查与调整，也是通过飞轮刻度来检查调整的。有的机型是通过凸轮进行检查与调整的，例如 MAN－B&W MC 型直流扫气式柴油机。下面就这种机型简述排气定时的检查和调整方法。

MAN－B&W MC 型柴油机排气阀的传动装置是液压的，其排气凸轮的固紧方法亦是液压的。按正车方向盘车，直到排气凸轮上的滚轮导筒被提起 10 mm（如图 4－4 所示），可以在液压缸柱塞处测量。此时，该汽缸曲柄销处在上止点后 $A°$的位置上（在飞轮上读取）。要检查排气提前角（上止点前），继续按正车方向盘车，直到滚轮导筒提起 10 mm，这时相应的曲轴转角为 $B°$，亦是在飞轮上读取，那么排气提前角为

$$180° - \frac{A° + B°}{2}$$

也可以目视检查排气提前角，方法是在凸轮轴标记刻线上直接读出排气凸轮的刻度位置，如图 4－5 所示。用随机配备的凸轮轴死点规可正确读出。

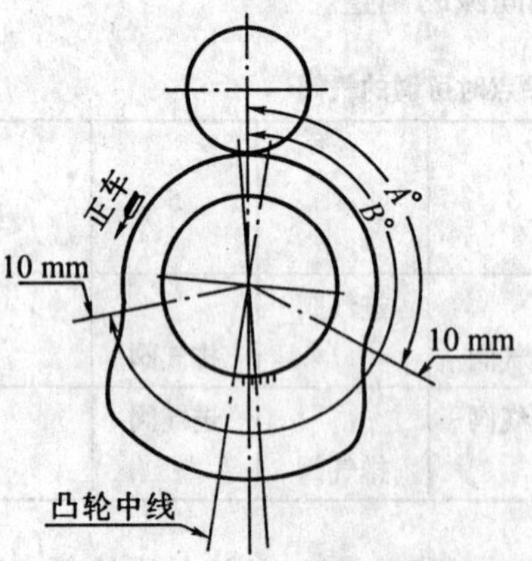

图 4－4　排气定时的检查

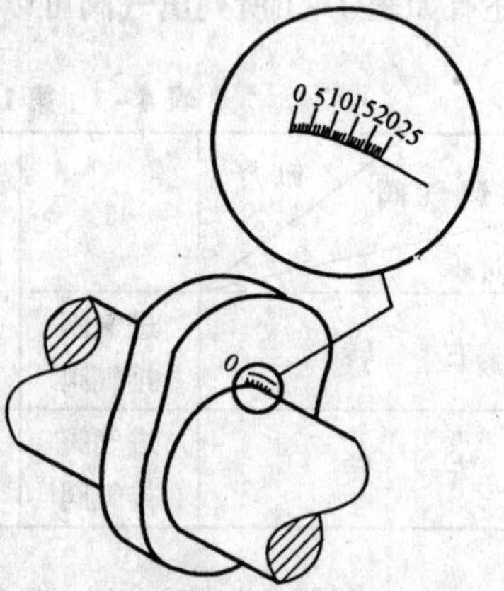

图 4－5　排气凸轮刻度

用随机配备的液压设备和工具，就可以对这种机型的排气定时进行调整。

第五章　柴油机的控制系统

第一节　启动装置

一、启动装置的功能

柴油机启动装置的作用就是使静止的柴油机运转起来，并使转速达到最低启动转速。吸入新鲜空气并压缩，燃油喷入汽缸发火燃烧、膨胀做功、排气，周而复始地运转起来。当转速达到启动转速后，启动装置的动力即脱开或停止。柴油机的启动转速随着柴油机类型不同而不同，各类型柴油机的最低启动转速：大型低速柴油机为 40 r/min 左右；中、高速柴油机为 80～150 r/min；小型柴油机为 200～250 r/min。

柴油机启动装置有手动、电动和压缩空气启动三种。

二、电力启动

电力启动广泛应用于高速小型柴油机上，其优点是设备简单紧凑、启动方便；缺点是柴油机启动能力受蓄电池工作能力的限制。所以在中型和大型柴油机，尤其是可逆转的主机上，广泛采用压缩空气启动。

三、压缩空气启动

压缩空气启动的原理是，将压缩空气按柴油机的发火顺序，定时在各缸的膨胀冲程引入汽缸，以压缩空气代替燃气推动活塞运动，带动曲轴旋转。当曲轴转速达到启动转速后，汽缸内喷入的燃油便自行发火燃烧而实现启动。

1.压缩空气启动的要求

为了实现压缩空气启动，保证启动可靠，必须满足以下要求。

(1)压缩空气应具有一定的压力和足够的贮量。启动空气压力一般为 1.5～3.0 MPa。

(2)供气要适时，并有一定的延续时间。船用大型低速柴油机的启动阀大约在上止点前5°曲柄转角时开启，在上止点后 100°～120°关闭，延续时间不超过 120°曲柄转角。在中、高速四冲程柴油机中，汽缸启动阀在压缩冲程上止点前 5°～10°曲柄转角打开，供气延续时间一般不超过 140°曲柄转角。

(3)必须保证最少的启动缸数。对于二冲程柴油机，最少启动缸数为四缸；对于四冲程柴油机，最少启动缸数为六缸。如果柴油机启动缸数多于最少启动缸数，可以使柴油机在任何曲柄转角位置都能启动。

2.压缩空气启动装置的类型

船舶柴油机压缩空气启动装置的基本形式有两种——气压控制式(间接启阀式)和单向阀式(直接启阀式)。

(1)气压控制式启动系统　系统由主启动阀和开车操纵控制阀、空气分配器和汽缸启动阀两步控制，如图 5－1 所示。备车打开空气瓶出口阀，压缩空气第一步到达主启动阀和控制阀。操纵手柄操纵启动时，空气第二步到达空气分配器和汽缸启动阀，然后由空气分配器按发火顺序控制汽缸启动阀的开启。主启动阀和汽缸启动阀都是由气压控制的，其连续控制性、操纵控制效率都较好，管路损失也较少，主要用于主机的启动。

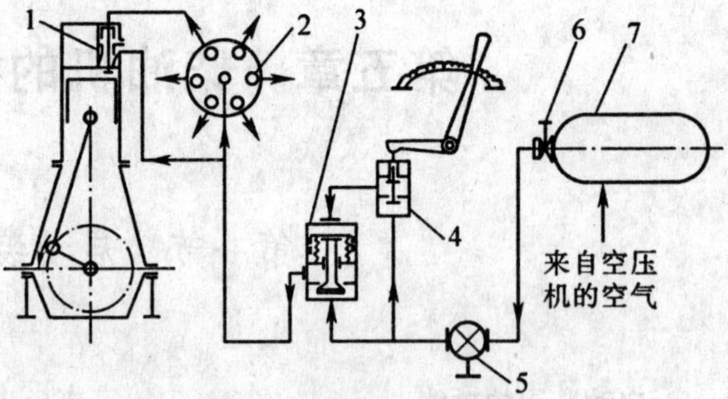

图 5－1　气压控制式启动系统

1—启动阀；2—空气分配器；3—主启动阀；4—启动控制阀；5—截止阀；6—出气阀；7—空气瓶

（2）单向阀式启动系统　系统由启动控制阀和开车操纵阀、空气分配器和单向启动阀等组成，如图 5－2 所示。备车打开空气瓶出口阀，空气到达启动控制阀和操纵阀。开车操纵启动时，空气到达空气分配器，按发火顺序经汽缸单向启动阀送入汽缸。汽缸启动阀是单向阀，而不是气控阀。这种结构形式较简单，多用于发电辅机。

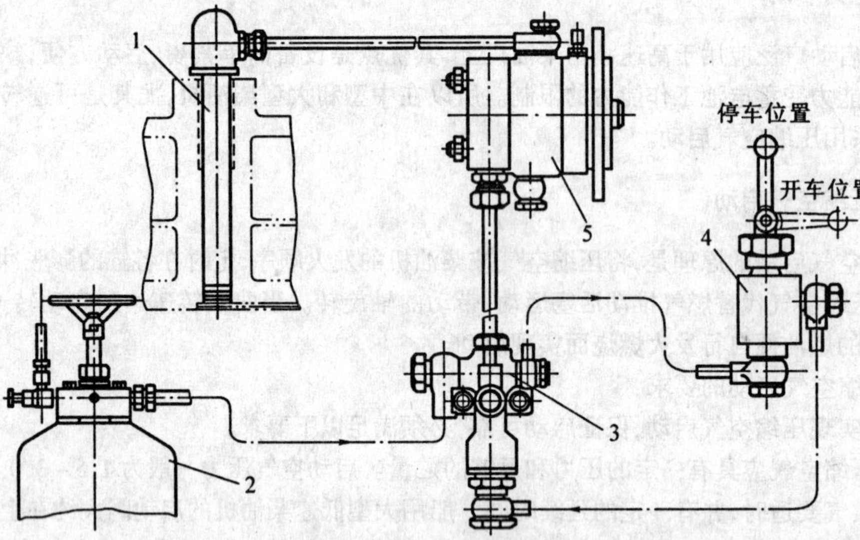

图 5－2　单向阀启动系统

1—启动阀；2—空气瓶；3—启动控制阀；4—操纵阀；5—空气分配器

3．压缩空气启动装置的主要元件

（1）汽缸启动阀　根据控制汽缸启动阀启闭气路的不同分为单气路控制和双气路控制启动阀。

①单气路（直接启闭式）汽缸启动阀　图 5－3 所示为单气路汽缸启动阀，由弹簧将阀拉紧在阀座上，当控制空气进入阀上部空室中时，阀被压开，启动空气送入汽缸。这种阀开和关动作快，结构也简单，但关闭时会发生撞击，磨损快，易损坏。

②双气路（间接启阀式）汽缸启动阀　图 5－4 所示为双气路启动阀结构，阀靠弹簧张力

拉紧在阀座上。这种阀的结构特点是启动阀活塞由一个直径不等但连成一体的分级活塞所组成，由两个气路分别控制启动阀的开关。活塞可在滑套中移动，并与阀壳组成三个空间：上空间 *T*、中空间 *M*、下空间 *U*。平衡孔 *L* 使空间 *P*、*M* 相沟通。上面安装的弹簧可用螺母调节松紧。这种阀的开关过程如下。

当来自空气分配器的控制空气经开放管 *A* 进入上空间 *T* 时，控制空气推动活塞下移，此时打开斜槽 *S*，空气进入 *P* 空间。空气作用在活塞上的面积加大，向下的压力也增大，启动阀将迅速打开，阀盘上的启动空气进入汽缸。下空间 *U*

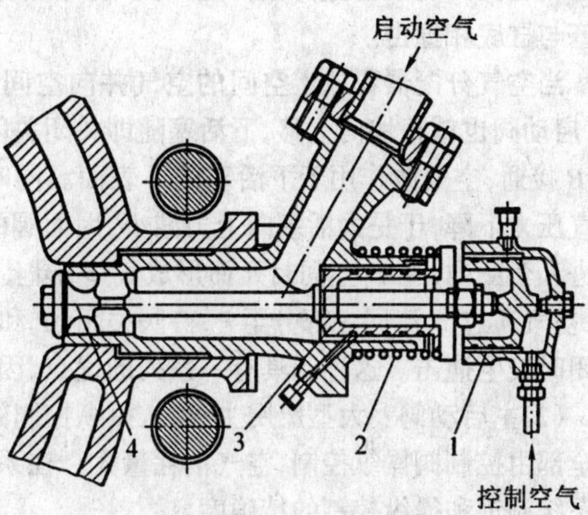

图 5-3　单气路启动阀

1—启阀活塞；2—弹簧；3—平衡活塞；4—阀

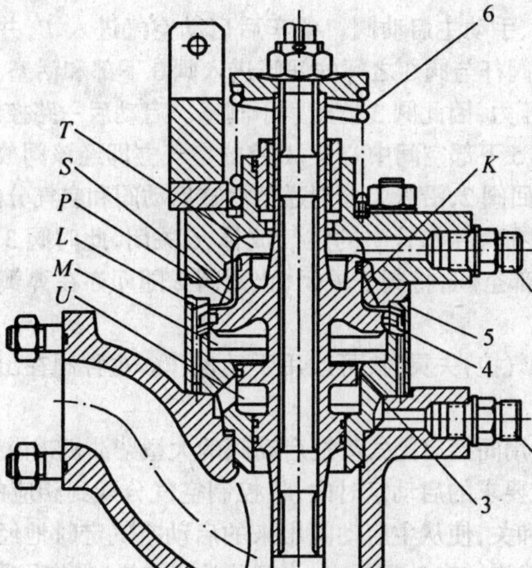

图 5-4　双气路启动阀

1—启动阀；2—阀体；3、4—气封圈；5—导套；6—弹簧；*K*—分级活塞；*T*—上空间；*U*—下空间；*P*—空间；*S*—斜槽；*L*—平衡孔；*A*—开放管（与空气分配器相接）；*B*—关闭管（与空气分配器相接）

的空气经关闭管 B 通过分配器逸入大气。大活塞的下空间可作为阀下行时的气垫，避免了活塞与缸底相撞击。

当空气分配器释放上空间的空气并向空间 M 供气时，大活塞下面受力而推动活塞上移，启动阀也就很快向上移，下活塞随即关闭关闭管 B 与中空间的通路，并使下空间与关闭管 B 接通，空气改作用于下活塞的下表面。同时大活塞上行使中部空间容积相应增大，其空气压力下降，于是大活塞向上力减小，因而阀的上升速度减慢。此时大活塞上部的小圆柱面进入套圈内，将 P 空间封死而形成气垫，阀上升速度更慢。随着阀继续上升，T 内压力增高，空气通过 S 流回一部分至 P，待阀关闭，T 和 P 内的空气压力才最后平衡，这也避免了阀关闭时发生撞击。这种阀具有一系列的优点，因此为很多大型柴油机所采用。

(2)主启动阀　大型船用主机，从操纵控制阀到空气分配器、各缸启动阀间的路程较长，若全部由控制阀操纵控制，空气消耗量大。在系统中设置主启动阀，可以减少空气损耗，提高系统制锁和操纵控制的精确度。

主启动阀是由控制空气进行控制的启动空气截止阀，有的既可以用控制空气控制，也可以手动控制。主启动阀按动作原理分为两类，一类是充气使阀开启，另一类是放气使阀开启。大型柴油机多采用后一类。

图 5-5 为泄放式自动、手动主启动阀。备车后启动空气进入 B，并通过阀 3 上的小孔 D 进入阀的内腔 A，又通过阀杆与阀 3 之间的间隙进入阀 3 下部和活塞 5 下部空间，阀 3 上向下的压力远大于向上的压力，因此阀 3 被压紧于阀座。启动后一路控制空气进入 6 下部，将该阀顶开，使阀 3 和活塞 5 下部空间中心及 A 腔的空气立即经该阀放入大气，阀 3 打开，启动空气从 B 顶开上部止回阀 2，沿管 1 分别通至汽缸启动阀和空气分配器。启动完毕，进入 6 的控制空气被切断，留在阀腔和管中的空气放掉，6 关闭，此时阀 3 外周的空气又经小孔 D 进入内腔 A 和阀 3 下部空间，将阀 3 关闭，止回阀 2 随即亦在弹簧作用下压紧在阀座上。

当主启动阀的自动(即气控)失灵时，可改用手动操作。这种阀在出口处加装了一个止回阀，可以阻止燃气倒流。

(3)空气分配器　对采用间接启阀式汽缸启动阀的大型柴油机来说，空气分配器的作用是按柴油机的发火顺序，在要求的启动定时内，将控制空气分配到相应的汽缸启动阀处，定时地控制汽缸启动阀的开和关，使从主启动阀出来的启动空气定时地经汽缸启动阀进入各汽缸。对于采用直接启阀式汽缸启动阀的中、小型柴油机来说，其作用是按柴油机的发火顺序直接控制启动空气，定时打开和关闭汽缸启动阀，使启动空气进入各汽缸。

图 5-6 所示为 350 柴油机的单缸分配阀。不工作时滚轮与凸轮保持一定间隙，导阀呈关闭状态。启动时，滚轮 3 与凸轮 4 低处相接触，自主启动阀来的启动空气，将导阀 1 压下，启动空气即经通道 6 至汽缸启动阀。当滚轮与凸轮外圆接触时，通道 6 被隔绝，启动空气被切断。

在多缸柴油机中，一般将各缸分配阀集中在一起，形成空气分配器，有的排成并列式，有的排成圆列式。图 5-7 所示为圆列单气路空气分配器的结构。启动空气由进口 E 通至各阀腔，使各柱塞端紧压于凸轮轮缘上，同时启动空气便按发火顺序经 F 口通向各缸并打开或关闭启动阀。当滚轮 6 落在凸轮的缺口部分时，滑阀 3 伸出阀体，空气通过 F 口进入各缸启动阀，待滚轮回到外圆时，截断供气，同时将该缸启动阀的控制活塞上的空气释放掉，完成一次供气。完成启动后，分配阀与大气相通，各组分配阀的滑阀在弹簧作用下抬起，与凸

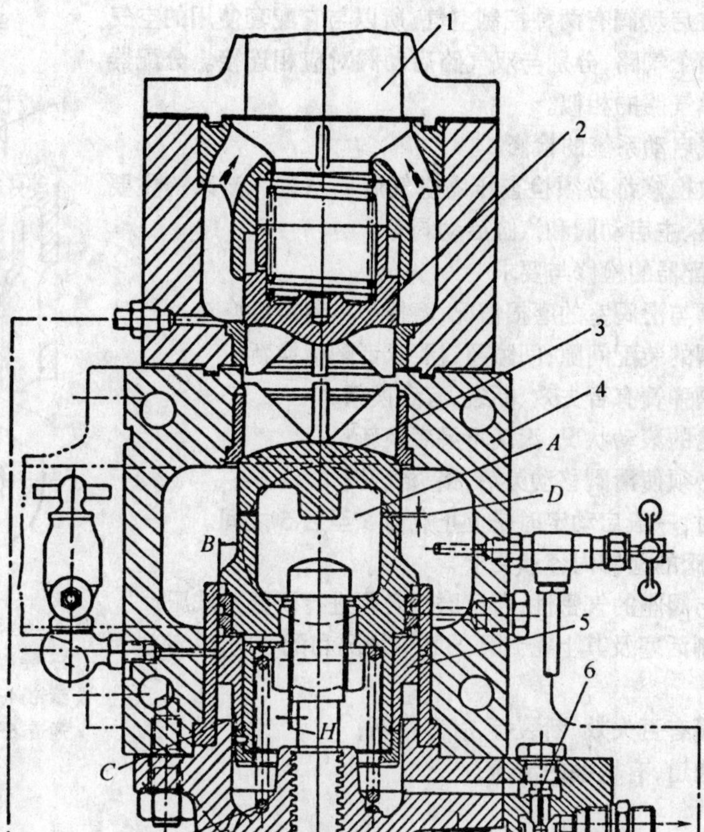

图 5-5　主启动阀

1—空气管;2—止回阀;3—阀;4—阀体;5—活塞;6—卸载阀;7—止动杆;8—手轮;9—弹簧

轮保持一定间隙。这种分配器一般与单气路汽缸启动阀配套使用。

双气路汽缸启动阀有两种控制空气,所以与它配套使用的空气分配器必须有两个气路,分别与双气路启动阀对应相连接。分配器的动作原理与单气路的相似。

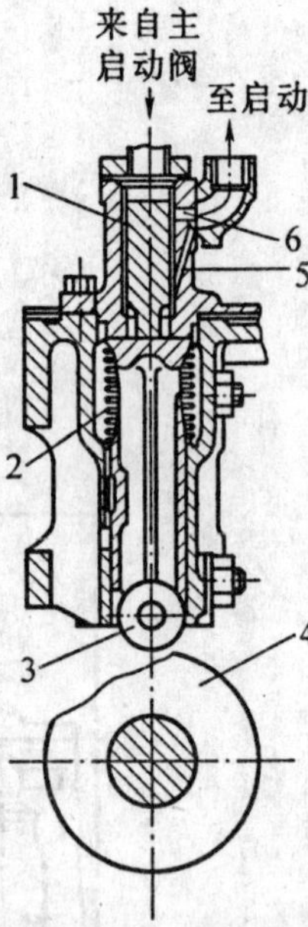

图 5-6 350 柴油机分配阀

1—导阀;2—弹簧;3—滚轮;4—凸轮;5—放气通道;6—通道

4.压缩空气启动系统的检修

柴油机每次检修都必须检查压缩空气启动系统。该系统主要检修空气分配器、主启动阀和汽缸启动阀等。

(1)空气分配器的检修与要求

①检查滑阀与滑阀室的磨损情况,磨损严重者需要换新;

②测量滑阀的装配间隙,间隙超过要求者酌情换新;

③检查滑阀弹簧有否失效、断裂,有者换新;

④检查滚轮的滚动状况,滚动不灵者换新;

⑤安装时必须使滑阀移动灵活,接头气密;

⑥检查定时,一般启动定时是上止点前 5°至后 5°之间。

(2)主启动阀的检修内容和要求

①检查阀与阀座的气密性,若已磨损必须进行研磨并试压;

②检查控制活塞及其上密封环的磨损情况和配合间隙,超过要求者酌情换新;

③检查弹簧有否失效、断裂等,有者换新;

④检查内通道,有堵塞的清通;

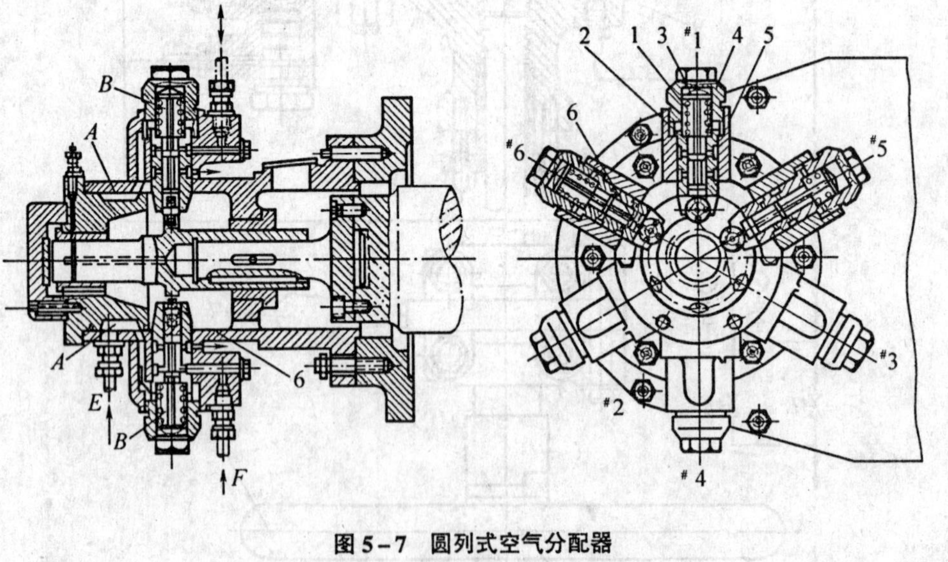

图 5-7 圆列式空气分配器

1—弹簧;2—阀套;3—滑阀;4—阀体;5—压差;6—滚轮;
A—环形腔;B—进气腔;E—进口;F—控制空气进口

⑤安装时所有密封圈换新;

⑥安装后要测试阀的开度。

(3)汽缸启动阀的检修内容和要求

①检查阀与阀座的磨损情况，一般都必须进行研磨并进行气密检验；

②检查控制活塞及其上的密封环的磨损情况和配合间隙，磨损严重或装配间隙超过要求者必须换新；

③检查弹簧有否失效、断裂等，有者换新；

④检查阀杆上导向部分的装配间隙和阀杆的平直度，装配间隙超过极限的要更换气阀导管；

⑤安装时所有的密封圈换新；

⑥安装后要检查启动阀的灵活性；

⑦弹簧的预紧力影响到阀的气密和开度，因而要调节好。

汽缸启动阀的气密性直接影响汽缸的压缩压力和爆炸压力，因而必须认真地检修，不得马虎。

5.启动正时的测量方法

(1)滑阀式空气分配器启动正时的测量方法

①将启动空气分配器放在正车位置。

②拆开启动空气分配器通向某一汽缸分配阀的空气出口管，按正车方向盘车，同时用人力将滑阀推到启动凸轮上。观察滑阀，当滑阀移动到出气口正好打开时，此时的曲柄转角位置(即与该汽缸曲柄销的上止点之间的夹角)，就是该汽缸启动阀开启正时。

(2)转盘式启动空气分配器启动正时的测量方法　转盘式分配器的结构主要是利用转盘上的气孔代替滑阀，每当送气口与某一汽缸的进气口相通时，该时刻就是该汽缸的启动正时。

①在送气口的前沿和某一汽缸的进气口的前沿轻轻地划出通过转盘圆心的标记线，并延长至转盘的外圆上，作好记号。

②将分配器放到正车位置。

③沿正车方向盘车，当转盘上的标记线和某一汽缸进气口的标记线重合时，此时的曲柄转角位置与该汽缸曲柄销上止点之间的夹角，就是该汽缸启动阀的启动正时。

第二节　换向装置

一、换向装置的作用和类型

换向装置的作用是使船舶柴油机直接进行换向，即从正转变为反转或从反转变为正转，从而使由柴油机直接带动的螺旋桨实现正、反转，船舶就可以在航行中或靠离码头时由前进变为后退或由后退变为前进。其换向原理是先把柴油机停下来，然后通过换向装置，改变空气分配器的凸轮与曲轴的相对位置，让原先在膨胀冲程进入启动空气改为在压缩冲程进入启动空气，这样就可以改变柴油机的正倒车启动，与此同时还需要改变喷油泵、进排气阀凸轮等位置。凸轮位置的改变视各机型而异。一般有两种方法，双凸轮换向装置和单凸轮换向装置。

1.双凸轮换向装置

双凸轮换向装置(如图 5－8 所示)，就是装置在凸轮轴上的喷油泵、进排气阀、空气分配器均由两个凸轮来控制，一个供正车用，一个供倒车用。这种方式在中型柴油机中应用最广。只要移动凸轮轴就可以改变柴油机的正倒车。使凸轮轴移动的方法，一般采用压缩空气压油（设正车油缸和倒车油缸），压力油推动换向活塞带动凸轮轴作轴向移动。

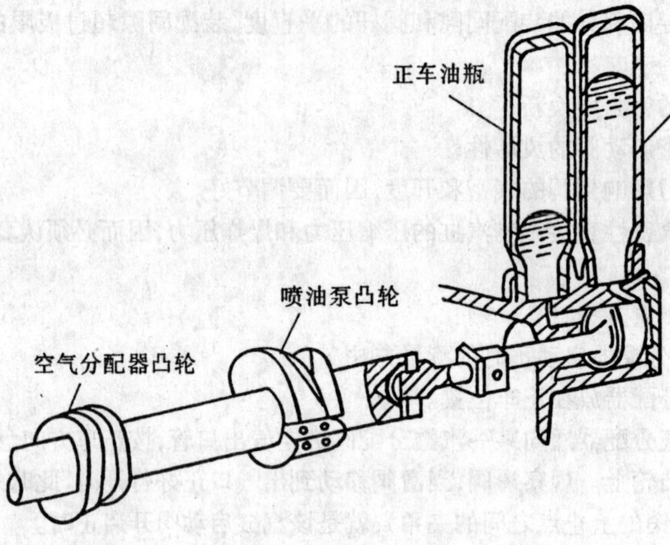

图 5-8　双凸轮换向装置

2.单凸轮换向装置

单凸轮换向装置是正车及倒车都用同一个凸轮。换向时只要将凸轮转一个角度（这个角度叫做差动角）即可。

图 5-9 所示为一个二冲程柴油机的燃油泵凸轮。这种凸轮的形状是对称的，为了使正车和倒车都有相同的喷油提前角，必须使凸轮顺着原转动方向前进（后退）一个角度 $2\alpha_s$

$$2\alpha_s = 2\varphi - 2\beta$$

使凸轮轴与曲轴转过一个差动角的方法很多，常用的有液压差动、机械差动和单轴鸡心凸轮差动法。

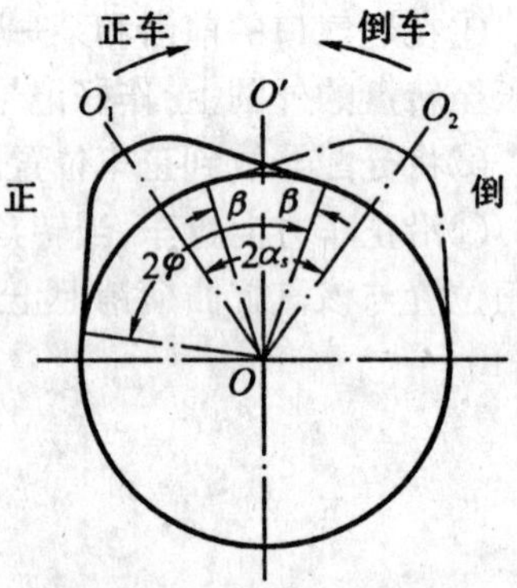

图 5-9　单凸轮换向原理

$2\alpha_s$—差动角；β—喷油提前角；φ—喷油凸轮作用角

二、换向装置主要元件及动作原理

1.双凸轮换向装置

双凸轮换向装置中，需要换向控制的机构均设有正、倒车凸轮。一般这两套凸轮都具有相同的外形轮廓，并根据正倒车的正时要求排列。当换向时，为使滚轮与正车或倒车凸轮相接触，通常可采用移动凸轮轴法、双滚轮法和移动摇臂法等，其中移动凸轮轴法应用得最为广泛。

图 5-8 为气动液压移轴装置，图示为正车位置。换向时，控制空气送入倒车油瓶，油被压入活塞右方，推动换向活塞带动凸轮轴移向左端，同时活塞左方的油被压入正车油瓶，正车油瓶中的空气泄入大气。

2.单凸轮换向装置

单凸轮换向装置需要在换向时改变凸轮轴相对于曲轴的一个差动角，下面介绍两种实现这种换向的装置。

(1)新型换向装置　MAN－B&W公司采用了一种更加简易而新颖的气动机械换向装置。换向时，曲轴与凸轮轴均无差动动作，而是通过改变每缸喷油泵传动机构中的滚轮在凸轮上的角度位置来完成动作，如图5－10所示。图示位置为正车位置，换向时，使用压缩空气拉动滚轮连杆的顶头，使滚轮连杆的倾斜方向发生变化，即改变滚轮与凸轮的相对位置，从而完成超前差动换向动作。

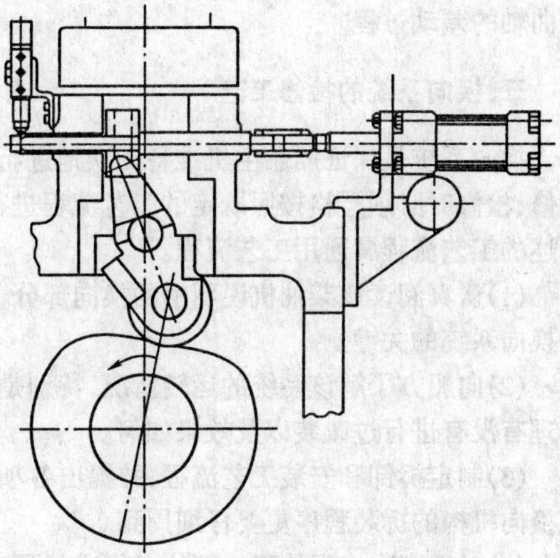

图5－10　MAN/B&W新型换向装置

(2)液压差动换向装置　图5－11所示为液压差动换向伺服器的结构。伺服器本体为传动凸轮轴5的齿轮1，两端用盖板2封闭，由轴承3支承。盖板2上固定有对称安装的两个扇形块4，由此形成伺服器的工作空间。固定在凸轮轴5上的一对转板6将工作空间分为两对空间。一对为正车进油空腔A，另一对为倒车进油空腔B。

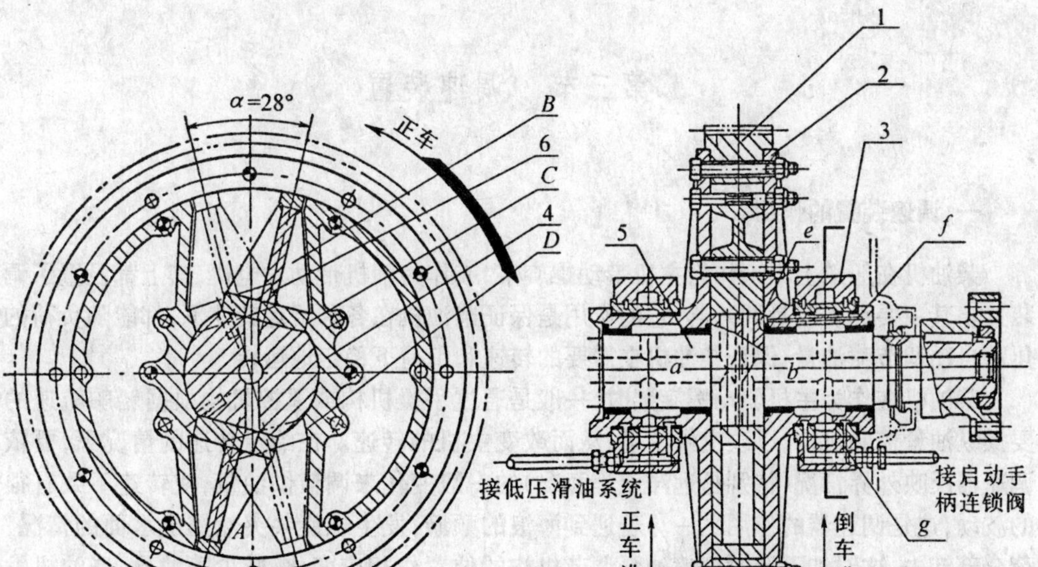

图5－11　液压差动换向伺服器

1—传动齿轮；2—盖板；3—轴承；4—扇形块；5—凸轮轴；6—转板

图示为换向伺服器处于正车位置。从正车油管来的压力油通过轴中心孔的正车油路 a 进入 A 腔，并将转板 b 紧压在扇形块的 C 面上，倒车油腔 B 处于泄油状态。当从正车改为倒车时，通过换向阀使正车油管泄油，而使倒车油管进油。这样，压力油经倒车油路 b 进入 B 腔，推动转板 6 转过 α 角而到达倒车位置，靠在扇形块的 D 面上，从而完成了凸轮轴相对于曲轴的差动过程。

三、换向系统的检修工艺

换向系统是保证船舶主机准备无误地进行正、倒车的一个机构。这机构必须定时进行检修，检修时必须严格按照既定的工艺流程进行工作。工艺流程一般在说明书上均有说明。下述的工艺流程属通用工艺流程。

(1)认真阅读该柴油机说明书的换向部分，弄清楚动作原理和结构特点。这一点是修理好换向系统的关键。

(2)向船方了解该系统的运转情况，特别是出现故障的情况以及历次修理情况，以往的修理有没有进行过改装以及效果如何。

(3)制定拆卸和安装工艺流程，并提出各项技术要求及注意事项，特别是大型低速柴油机换向机构的拆装程序更要仔细周到。

(4)对于多次出现故障的部位必须进行研究分析，作出改进的措施，从材质、形式形状、工艺精度、热处理等几个方面进行改进。

(5)各接头、盖板等必须气密或油密，安装时可用各种密封胶。

(6)安装时各机件必须干净，运动件必须加润滑油并保证灵活，固定件必须加保险装置。

(7)安装后进行试验，换向时各机件动作要迅速、准确、可靠，符合使用要求。

第三节　调速装置

一、调速装置的作用

柴油机在船舶上不论作为主机带动螺旋桨，或作为辅机带动发电机，其上都设置了调速装置。其主要设备就是调速器，它的作用是保证柴油机在各种给定转速下，都能随负荷的变化而自动调节喷油量，保证柴油机在需要的转速和负荷下稳定地运转。

柴油机在作为主机驱动螺旋桨时，一般是通过手操机构或遥控机构根据船舶航速的需要操纵油量控制机构，以改变供油量，从而改变主机的转速。在给定转速的情况下，要依靠调速器反映外界情况(特别是远洋航程海况)的一般变化来调节供油量，使转速不致有很大的波动，这是调速器的作用之一。若遇到海浪的颠簸，发生螺旋桨突然露出水面的情况，负荷全部卸去，这时如不及时把喷油泵调节机构的位置作相应变化，减少喷油量，柴油机发出的功率就会大大超过螺旋桨吸收的功率，使柴油机的转速急剧升高，产生较大的惯性，使零件损伤，甚至产生飞车使机件严重损坏。因此船舶柴油机装置调速器的另一个目的就是防止超速飞车。

柴油机驱动发电机发电时，发电机的电压和频率必须稳定，因此要求柴油机转速稳定，并在负荷变化时能迅速稳定。特别当两台或两台以上柴油机并联运行时，首先要通过调速器使两台发电机达到相同的频率才能并车。其次要在任何负荷下都能均匀地分配负荷，这也要通过调速器使它们的特性相近才能达到。

此外，柴油机也常常要在慢速和低负荷下运行，由于供油系统在低速和喷油量较小时，雾化质量较差，混合气的形成难，燃烧质量较差，容易使柴油机熄火而停止工作，所以也需要装置调速器，使它能在最低稳定转速时稳定地运行。

二、调速器的基本原理

图5-12所示为常用的离心式调速器，基本原理是利用飞铁和调速弹簧组成一个基本机构。这机构常称为传感机构，将它和柴油机的曲轴和燃油泵油量调节杆串联起来。转轴1由曲轴来传动，角杆8、9与油量调节杆相连。当柴油机负荷减小时，转速升高，一对飞铁3向外张开（离心力大），飞铁脚推动套筒4上移，与套筒相连的角杆带动油泵减油，使转速下降。负荷不变，飞铁的离心力和调速弹簧5的张力在这一状态下平衡，转速保持稳定。反之，转速降低，飞铁向内收拢，套筒在调速弹簧张力的作用下向下移动，带动角杆向加油方向移动。负荷不变，柴油机的转速在新状态下稳定。调速弹簧的张力可以用调整螺钉7来调整。

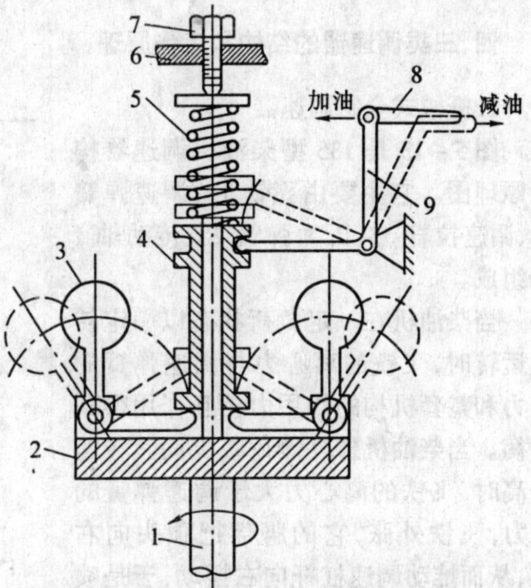

图5-12 机械式调速器工作原理

1—转轴；2—飞铁座架；3—飞铁；4—套管；5—调速弹簧；6—固定部分；7—调整螺钉；8、9—杆

调速器还可以根据船舶柴油机不同转速的需要，利用其操纵机构使调速弹簧的张力增加或减少，实现对柴油机转速的调整。当需要增加柴油机转速时，适当增加对调速弹簧的张力，使飞铁产生离心力，与弹簧张力相平衡，使转速上升；反之则相反。

三、调速器的类型

1.按调速范围分

(1)定速调速器　它能随负荷变化直接调整供油量，保持柴油机在调定转速下稳定运转（保持转速在规定范围内波动）。这种调速器应用在柴油机发电机上。

(2)全制式调速器　它可以保证柴油机在任意选定的转速下都能稳定工作。这种调速器应用于主机和辅机，并有利于自动控制。

(3)限速调速器　它只能用于限制柴油机的最高转速和最低转速。仅限制柴油机最高转速防止飞车的又称为极限调速器。一般用在主机上。

2.按作用原理分

(1)机械式（直接作用式）调速器　它是以飞铁和调速弹簧组成传感机构。柴油机因负荷变化而产生转速变化，传感机构将这一变化直接传给油量调节杆，从而加油或减油，对转速进行调整。

(2)液压式(间接作用式)调速器　它也是以飞铁和调速弹簧为传感机构。柴油机因负荷变化而产生转速变化,传感机构相应产生变化,这一变化经液压放大后,再去推动油量调节机构,从而加油或减油,对转速进行调整。

(3)电子调速器　它主要由磁电传感器、电子控制器和执行器三部分组成。传感器感应柴油机的转速变化,并将这一信息传给电子控制器。转速的变化将会引起执行器电流的变化,从而改变油泵供油量,最终控制了柴油机的转速。

四、三类调速器的结构和工作原理

1.机械式全制调速器

图5-13是135型柴油机调速器构造原理图。它主要由飞铁14、调速弹簧12、调速拉杆13、压力弹簧20、传动轴1等组成。

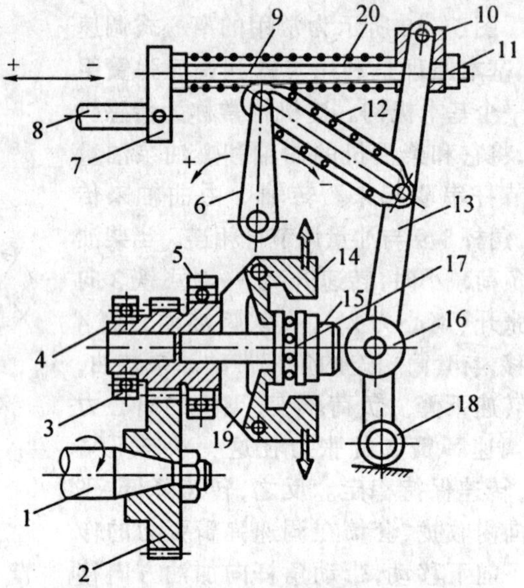

图5-13　135型柴油机调速器原理图

1—传动轴;2—传动齿轮;3、5—滚珠轴承;4—小传动齿轮;6—调速手柄;7—拉杆座;8—油泵齿条;9—拉杆;10—滑套;11—止回螺帽;12—调速弹簧;13—调速拉杆;14—飞铁;15—顶头;16—滚轮;17—平面滚珠轴承;18—销轴;19—飞块托架;20—压力弹簧

当柴油机在一定负荷状态以一定转速运转时,飞铁的离心力与调速弹簧的张力和整套机构的作用力相互作用得到平衡。当柴油机外界负荷减少而其转速升高时,飞铁的离心力大于调速弹簧的张力,飞铁外张,它的脚部把顶头向右推,从而推动调速杠杆向右摆动,于是喷油量减少,转速降低,直至飞铁离心力与弹簧张力再次平衡,重新稳定地运转(此时转速比原来的转速稍高一些)。当柴油机外界负荷增大时,转速降低,飞铁的离心力减少而向内收拢,调速杠杆在调速弹簧的作用下向左摆动,喷油量加大,转速升高,直至飞铁的离心力与弹簧张力再次平衡,重新稳定地运转(此时的转速比原来的转速稍低一些)。

这种调速器的特点是调速弹簧的预紧力可以通过调速手柄来作任意的调整,改变调速弹簧的预紧度相当于改变给定的转速。此外将调速手柄拉到最高转速限位时,调速弹簧的预紧力最大,为最高转速限位。反之,拉到使弹簧预紧力最小时,为最低稳定转速限位。

2.液压调速器

机械式调速器构造简单、维护方便,故广泛应用于高速小型柴油机上。但是它的调节精度不高,而且其移动力不大,因此在大、中型柴油机中,广泛采用液压式调速器。常用的液压调速器有杆式和表盘式两种,前者工作能力大,多用于主机,后者多用于发电机。

(1)杆式液压调速器

①杆式液压调速器的结构　如图5-14所示,它由传感机构、功率放大机构、油量调节机构、蓄压系统和反馈机构所组成。传感机构包括飞铁C、调速弹簧F、调速杆V等。功率放大机构由控制阀柱塞S、控制阀套筒B、动力活塞K以及有关通道组成,用于放大传感机构的动作。控制阀柱塞S通过浮动杆f与调速杆连接,接受感应机构发出的动作。控制阀

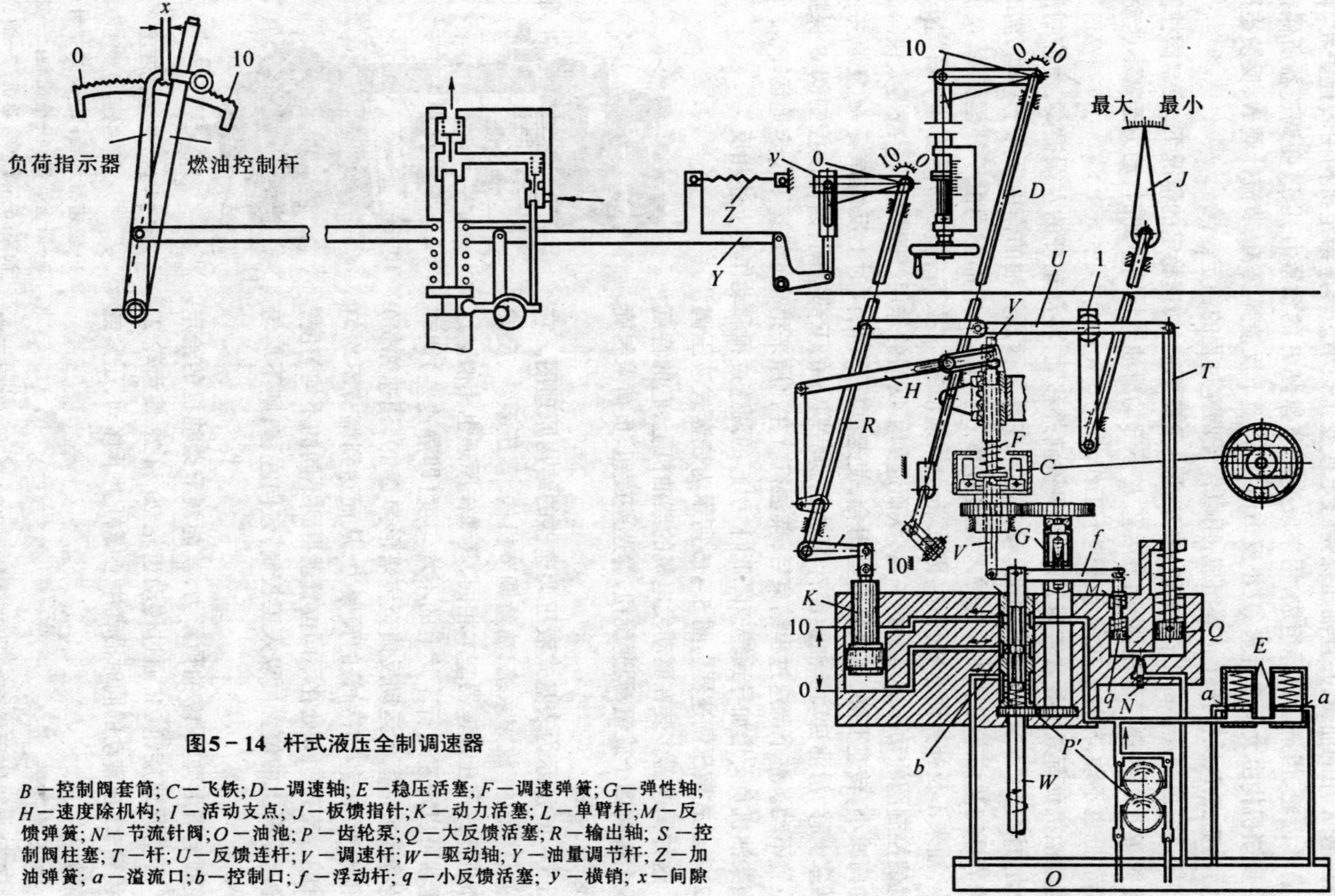

图5-14 杆式液压全制调速器

B—控制阀套筒；C—飞铁；D—调速轴；E—稳压活塞；F—调速弹簧；G—弹性轴；H—速度除机构；I—活动支点；J—板馈指针；K—动力活塞；L—单臂杆；M—反馈弹簧；N—节流针阀；O—油池；P—齿轮泵；Q—大反馈活塞；R—输出轴；S—控制阀柱塞；T—杆；U—反馈连杆；V—调速杆；W—驱动轴；Y—油量调节杆；Z—加油弹簧；a—溢流口；b—控制口；f—浮动杆；q—小反馈活塞；y—横销；x—间隙

套筒 B 由驱动轴 W 带动回转。油量调节机构包括单臂杆 L、输出轴 R、油量调节杆 Y 等。蓄压系统由低压油池 O、齿轮泵 P、油泵进出阀、稳压活塞 E 和有关通道组成,用来产生推动动力活塞 K 用的油压,并且油压保持恒定或变化很小。转速给定机构由转速手轮、调速轴 D、扇形齿轮、齿条套筒等组成,用来改变调速弹簧 F 的预紧力,以改变调速器所保持的转速。反馈机构由大反馈活塞 Q、小反馈活塞 q、上下反馈弹簧 M、节流针阀 N、反馈连杆 U 和 T、活动支点 I、反馈指针 J 等组成,用以保证调速过程的稳定。

②杆式液压调速器的工作原理　在柴油机负荷不变、转速稳定的情况下,控制阀柱塞恰好将套筒 B 上的控制口遮住,将动力活塞 K 下部的滑油道封闭。此时,动力活塞不能动作,油量调节杆也不动,柴油机在稳定转速下工作。

当柴油机负荷减小导致转速升高时,飞铁向外移动,将浮动杆的左端提高,使控制滑阀上移,动力活塞下部空间与油池相通,动力活塞在其上面压力油的作用下向下移动,同时使油量调节杆向减油方向移动。此时大反馈活塞 Q 上移,其中部空间由于补偿针阀 N 的开度很小,油来不及补充而造成低压,因而将小反馈活塞 q 拉下来,带动浮动杆 f 右端下移。这样就使控制阀的动作适当减弱一点,从而起到了反馈的作用,即减油不能减得太快。此后由于油门减小,转速下降,飞铁又向里闭合,使速度杆下降,同时上反馈弹簧 M 复原并使小反馈活塞上移,滑油自动从油池经针阀补充到活塞 q 的下部空间,因而使控制阀 S 保持在平衡位置不动。整个调速过程结束后,柴油机就在比原来稍高的转速下稳定地运转。

当柴油机负荷增加导致转速降低时,引起的调速过程和动作与上述相反。

(2)表盘式液压调速器　图 5 – 15 所示为表盘式液压调速器。这种调速器多装在驱动发电机的柴油机上,它的特点是表盘上装有四个旋钮,调速旋钮、静速差旋钮、负荷限制旋钮、转速指示器。

图 5 – 16 所示为表盘式液压调速器的结构原理图。它的传感机构、功率放大系统、油量调节机构、蓄压系统、反馈机构都与杆式液压调速器基本相同,其动作原理也相似。这种调速器可以定速运行。其上的不均匀度(即静速差)调节机构是将动力活塞的运动反馈至宝塔形弹簧 19(调速弹簧)上,稍微改变一点宝塔弹簧的预紧力,从而达到调节不均匀度的目的。支持销 6 处在不同位置就得到不同的不均匀度,它在静速差杆上的位置可以人工控制,愈向左移,则不均匀度愈小。

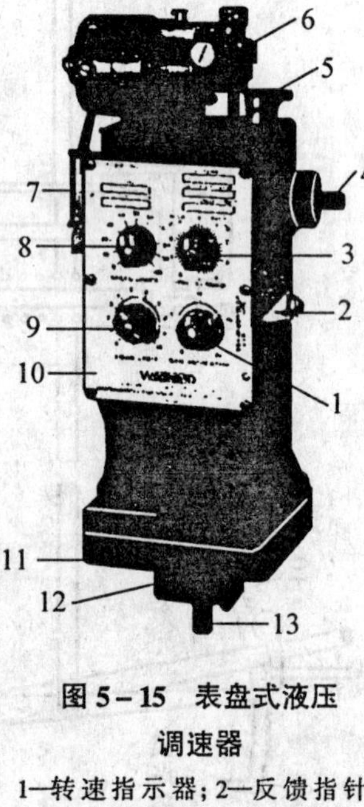

图 5 – 15　表盘式液压调速器

1—转速指示器;2—反馈指针;3—调速旋钮;4—输出轴;5—加油盖;6—调速电动机;7—油位表;8—速度降旋钮;9—负荷极限旋钮;10—表板;11—节流针阀;12—放油塞;13—驱动轴

控制宝塔形弹簧 19 的预紧力,就能调节柴油机的给定转速。旋动调速旋钮 21,通过传动齿轮 20 和 22 使齿轮 23 转动,齿轮 23 在转动的同时沿着中心螺杆上下移动,压紧或放松弹簧。

3.电子调速器

电子调速器使用较多的是 Wood ward 2301 型,它属于电—液调速器,其特点是传感部分(测速传感器)采用磁电式,控制部分采用 2301 型电子控制器,执行部分采用 EG3P 液压执行器。它有单脉冲和双脉冲两种。

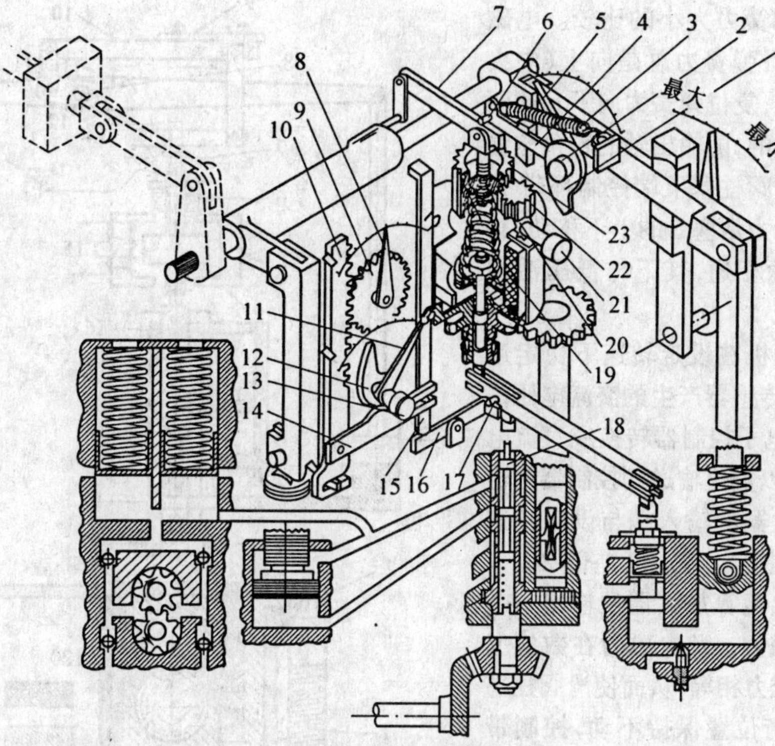

图 5-16　表盘式液压调速器结构原理图

1—静速差凸轮；2—静速差旋钮；3—拉紧弹簧；4—顶杆；5—静速差指针；6—支持销；7—静速差杆；8—负荷指针；9—齿轮；10—齿条；11—负荷极限指针；12—负荷极限凸轮；13—负荷极限旋钮；14—控制杆；15—紧急停车杆；16—限制杆；17—限制销；18—控制阀；19—调速弹簧；20、22、23—传动齿轮；21—调速旋钮

图 5-17 为单脉冲 2301 型电子调速器外形图。其正面面板上有四个调节旋钮，自左而右分别为：怠速调节旋钮——用于调节滑油低压，保护最低稳定转速；设定转速调节旋钮——用于调节设定转速；稳定度调节旋钮——用于稳定性调节；增益量调节旋钮——用于负荷调节。在调节旋钮的下方，有接线端子 1～16 个。它采用 12～40 V直流电源。

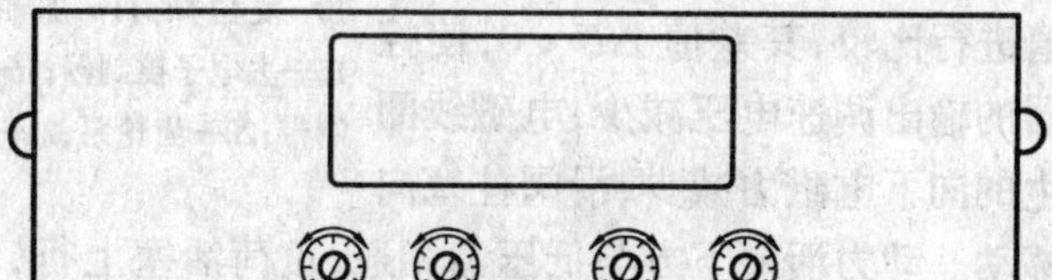

图 5-17　单脉冲 2301 型电子控制器外形图

EG3P 液压执行器如图 5-18 所示，其结构主要由齿轮泵 20（最大压力 2.47 MPa）、滑阀（柱塞 16 和阀套 18）、永久磁铁 4、电磁阀线圈 5、中央弹簧 6、复位弹簧 7、输出轴 8、动力活塞 3、负荷活塞 21、传动杆以及本体等组成。

滑阀柱塞的上或下移动决定于电磁力和弹簧力大小的比较。电磁力总是向下，弹簧力总是向上（中央弹簧力向上，复位弹簧力向下），这两个力是可变的，随输出轴的转角位置而改变。滑阀柱塞下端控制环带 19 用于控制动力活塞 3 的上下移动，其上与高压油相通，其下与低压油相通。

当柴油机在设定转速下稳定运转时，测速传感器产生的交流电压信号经 2301 电子控制器转换成直流电压信号，并以负值输送到控制器内输出运算放大器的输入端与设定转速正值电压进行比较。其差值 $\Delta U = 0$，于是输出运算放大器便输出一个向下的电磁力。此电磁力在数值上恰与弹簧合力相等，从而使滑阀柱塞在中央平衡位置保持不动，控制带 19 封闭动力活塞 3 的下方空间，动力活塞不动。柴油机在设定转速下稳定运转。

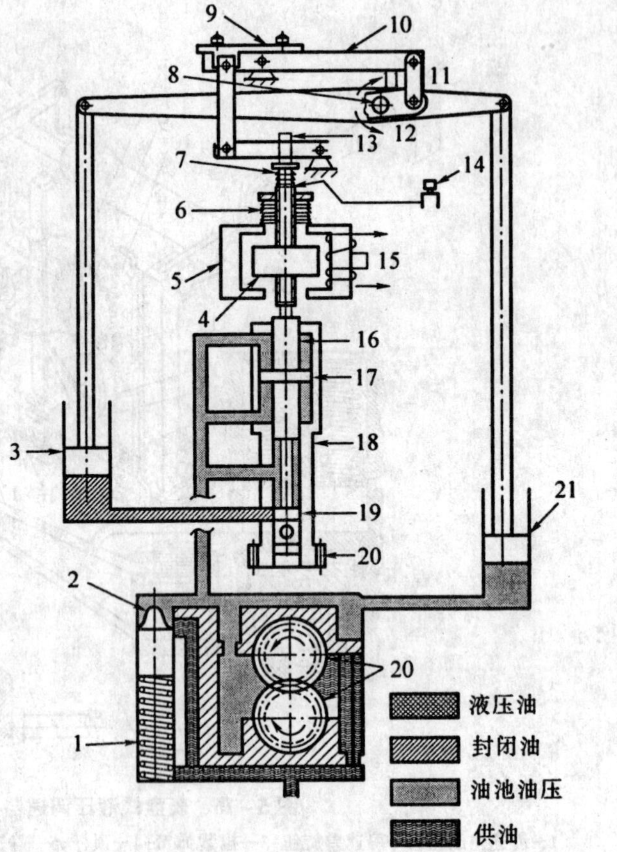

图 5－18　EG3P 液压执行器

1—安全阀弹簧；2—安全阀柱塞；3—动力活塞；4—永久磁铁；5—电磁阀线圈；6—中央弹簧；7—复位弹簧；8—输出轴；9—可调滑动支架；10—复位杆；11—加油；12—减油；13—可调弹簧座；14—中央螺钉；15—去电子控制器；16—滑阀柱塞；17—补偿环带；18—滑阀套；19—控制带；20—齿轮泵；21—负荷活塞

当外界负荷减少时，柴油机转速升高，测速传感器产生的信息传给电子控制器，控制器将收到的信息与设定值进行比较，其差值 $\Delta U < 0$，使控制器的输出调速电压减少，电磁线圈产生的向下电磁力减少，滑阀柱塞向上移动。动力活塞下方与低压油相通，负荷活塞上行，动力活塞下行，输出轴逆时针转动而减油。在减油的同时，复位杆 10 绕可调滑动支架 9 的支点逆时针方向摆动，增加复位弹簧的向下作用力，使滑阀柱塞下行，提前复位，实现负反馈作用，使调速过程稳定。最后，输出轴在减少柴油机供油量的某一位置上，重新达到平衡状态。柴油机在供油量较低的情况下，重新稳定运转。

同理，当外界负荷增加时，转速降低，测速电压信号与设定值比较，其差值 $\Delta U > 0$，因而电子控制器输出的电压信号值增大，电磁力增大，滑阀柱塞下移，动力活塞下空间与高压油相通，使动力活塞上行，负荷活塞下行，输出轴顺时针转动加油。此后的反馈动作与减负荷动作相反。最后滑阀柱塞恢复平衡状态，动力活塞固定，油门不动，柴油机在新的位置上稳定运转。

五、调速器的性能和工作指标

1.转速波动率 γ

转速波动率是指柴油机在一定负荷、一定转速下连续运转一定时间内,最高转速 N(或最低转速 n)与平均转速 $\bar{n}$ 之差与平衡转速的百分比,即

$$\gamma=\frac{N(\text{或 } n)-\bar{n}}{\bar{n}}\times 100\%$$

一般柴油机在标定功率、标定转速下运转 15 分钟。转速波动率 $\gamma\leqslant\pm(0.25\%\sim0.5\%)$。

2.瞬时调速率 δ_d(瞬时速差率)

瞬时调速率或称动态速差率是指柴油机突加或突卸全部负荷后的最小转速 n_2 或最大转速 n_4 与负荷改变前的转速 n_1 或 n_3 之差与标定转速 n_H 的百分比,即

$$\delta_d(\text{突加})=\frac{n_1-n_2}{n_H}\times 100\%$$

$$\delta_d(\text{突卸})=\frac{n_4-n_3}{n_H}\times 100\%$$

柴油机发电机突卸、突增(一次或分段)负荷时,瞬间调速率 $\delta_d\leqslant 10\%$。

3.突加突卸的稳定时间 τ

一般要求突加突卸(一次或分段)负荷时,柴油机转速稳定时间 $\tau\leqslant 5$ s。

4.稳定调速率(静态速差率或不均匀度)δ_{st}

稳定调速率是指当操纵手柄在标定供油位置不变时,空车稳定转速 n_0 与全负荷稳定转速 $\bar{n}$ 之差同标定转速 n_H 的百分比,即

$$\delta_{st}=\frac{n_0-\bar{n}}{n_H}\times 100\%$$

稳定调速率用于衡量调速器的精确度,是调速器的稳定(静态)特性。

稳定调速率测定的方法是:使柴油机在标定负荷和标定转速下运行,调节机构固定不动,然后逐步降低负荷,每一步在转速稳定后记录转速值,直至降为 0。将以上各档数值绘制成负荷(纵坐标)—转速(横坐标)曲线图,即为柴油机的调速特性曲线,一般近似于一直线,如图 5-19 所示。其斜率即为稳态调速率,$\delta_{st}=0$ 时无稳态速差。

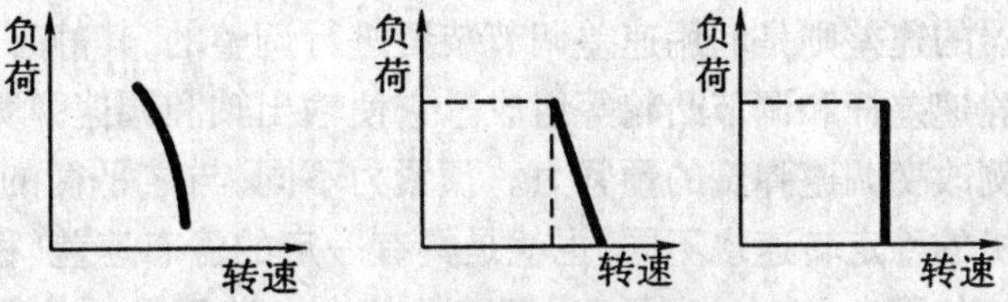

图 5-19 负荷-转速曲线图

六、并联运行柴油机的调速

船舶电站常采用两台或多台柴油机发电机组并联运行,供同一电网用电。一般来说,船舶柴油机的调速性能满足各项要求,则具备了并联运行的基本条件,可以进行并联。但并联以后还有一个负荷分配问题,功率相同的柴油机并联运行时要求负荷均匀分配,不同功率的柴油机并联运行时要求负荷按比例分配。这就要求把要并联的柴油机的稳态调速率 δ_{st} 调

整到相同。

稳态调速率，即柴油机负荷变化与相应转速变化的规律。当调速率 $\delta_{st}=0$ 时，说明负荷变化时转速稳定。这对于单独运行的柴油机来说是好的，但对于并联运行的柴油机来说，就有可能产生一个挑轻一个挑重而又没有反应的现象。不能实现平均或按比例分担，甚至发生一个挑一个不挑的恶劣情况。调速率 $\delta_{st}\neq 0$，说明负荷变化时，转速有一定变化（在允许范围内的变化），即负荷变化时将使负担重新分配。若 $\delta_{stA}\neq\delta_{stB}$，$A$、$B$ 两台机变化规律不一样时，还是有可能一个挑多一个挑少；只有 $\delta_{stA}=\delta_{stB}$ 时，两者规律基本相同，才能达到平均和按比例分担的目的。

以上叙述还可通过如图 5－20 所示，特性曲线图来加以说明，转速为 n_a 不变，两台机总负荷 SO 的分配可以是（$SA+AO$）或（$SB+BO$），也可能是（$SO+O$）。对发电机组来说会产生倒流。如图 5－21 所示，两台机的调速率各为 A、B，$\delta_{stA}\neq\delta_{stB}$，只有在交点 O 时，两台机负荷相等、转速相同，机组稳定运行。在此之外，增减负荷时，由于两者变化规律不同，不能在相同负荷下稳定运行。除调速器本身存在某些大的缺点或零件有过度磨损的情况，一般能通过调整使 $\delta_{stA}=\delta_{stB}$。

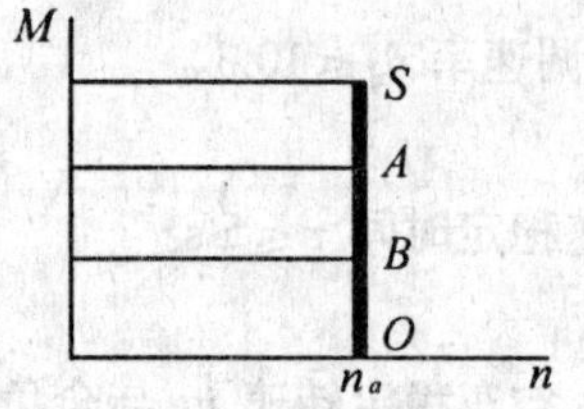

图 5－20　$\delta_2=0$ 时并联运行柴油机的负荷分配

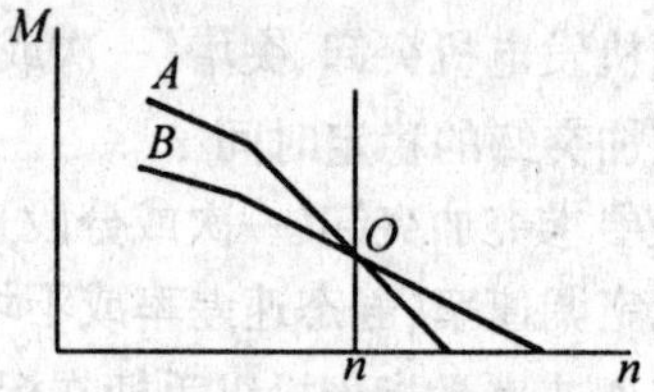

图 5－21　$\delta_{2A}\neq\delta_{2B}$ 时并联运行柴油机的负荷分配

机械调速器本身就存在稳定调速差，可以通过调节调速弹簧来调整速差率。而液压调速器的速差则是利用速差调节装置进行调整的，其静态速差速度调节机构如图 5－22 所示，由静速差杆和调节凸轮等组成。它使输出轴和调速弹簧刚性连接，根据输出功率的大小，按比例改变调速弹簧的预紧力。预紧力不同，与之平衡的转速也不同，即对应于不同负荷，柴油机的稳定转速也不同，也就是具有一定的静态速差（稳态调速率）。

如图 5－22(a)所示，当调速凸轮 4 右移至最低位置时，速度降值为零（即 $\delta_{st}=0$），即对调速弹簧的压缩量最小。当调速凸轮向左移至最高位置时（如图 5－22(b)所示），则速度降值为最大（约 $\delta_{st}=12\%$），即对调速弹簧压缩量最大。一般静态速差值可在 0%～12% 的范围内调节，可按要求仔细地调节，一般调节在 5%。稳态调速率可用旋钮进行调节。

七、调速器的故障和检修工艺

1.调速器的故障和缺陷

调速器的故障和缺陷常见的有：反应迟钝、不灵敏、不起作用；转速不稳定、游车、喘气、摆动；稳定时间太长；低负荷勉强、高负荷失灵；负荷分配不均，或超过一定负荷即失灵。

2.故障与缺陷产生的原因

(1)机械调速器故障与缺陷产生的原因　整个调速器内部脏污；部分传动杠杆构件磨损

松动间隙过大，与飞铁构件关连的传动构件脏污、磨损过度，平面轴承单侧磨损等；飞铁脚端磨损，以致飞铁反应迟钝；飞铁轴承咬紧或磨松；弹簧失中，弹簧座偏磨损，弹簧疲劳或变形。

(2)液压调速器的故障与缺陷产生的原因 传动构件、杠杆、铰链，特别是与飞铁构件相关联的构件锈蚀、脏污、咬紧或磨损过度；控制滑阀与套筒磨耗过度；飞铁轴承磨损；滑油脏污，系统堵塞；滑油油位过低；系统内进入空气；弹簧失效；动力活塞与缸体、补偿活塞与缸体配合间隙过大。

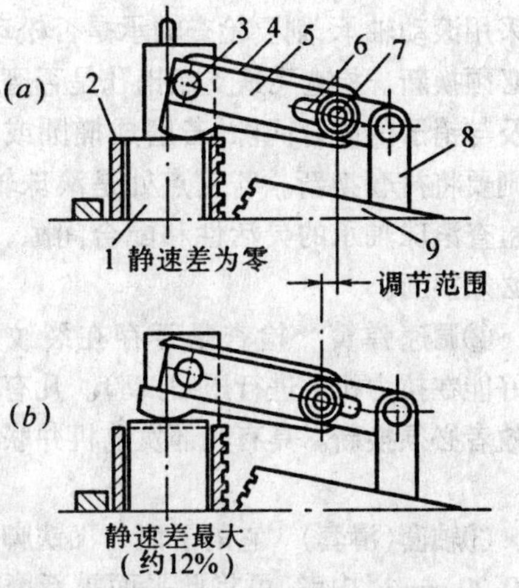

图 5-22 静态速差机构及其静态速差调节

1—调速弹簧座；2—齿条套筒；3—连接销；4—凸轮；5—速度降杆；6—槽孔；7—螺栓；8—连杆；9—扇形齿轮

3.结构不合理和制造质量不佳造成的故障

(1)某些调速器调速弹簧弹力相差很大，致使发电机并联运行发生困难。

(2)某些机械调速器飞铁和弹簧之间未采用滚动轴承，致使并联运行后负荷分配很难满足规范要求。

(3)有些柴油机从调速器输出轴到燃油调节杠杆之间，不是刚性连接，而且精确度很差，导致在使用一段时间后就不能准确调节供油量。

(4)液压调速器的活塞、液缸、滑阀、套筒、油泵齿轮加工精度达不到要求，造成油缸产生的油压达不到要求，配合件产生泄漏、运动件动作不灵敏。

4.调整不当

在新装机或修理中装配调整不当，也是产生故障缺陷的原因之一，例如：

(1)液压调速器的负荷指针与油量调节杆以及油门操纵手柄三者没有对好零位，或没有匹配正确；对单机来说易产生转速开不上或负荷吃不足；并联时，负荷分配会不均；

(2)有些机械调速器设置两个弹簧，除主弹簧外还有一个辅助弹簧，由于主副弹簧调整不当也会导致得不到理想的速差率；

(3)液压调速器的补偿弹簧预紧力调整不当(垫片不当)，导致游车；

(4)液压调速器的控制滑阀与套筒的相对位置装配不当，压力油的控制失调，导致转速波动；

(5)液压调速器的补偿机构调整不当，导致不易稳定；

(6)液压调速器的速差杆与速差调节旋钮没有对零，导致并联运行时，难于调整同步；

(7)液压调速器的油位过高或过低，导致转速有节奏地变化和振动；

(8)液压调速器使用的油不合要求，导致油压太低，拉不动油量调节杆，从而达不到全速全负荷运行，以及反映不灵敏等。

5.调速器的检修工艺

调速器出现故障或长时间使用后，都必须检修。它的拆装并不复杂，而重点在于对主要零件的检查、测定与安装时的调整，其检测安装工艺如下所述。

(1)机械调速器的检修工艺

①飞铁　检查飞铁脚是否磨损，若已磨损，如图 5-23(a)所示，必须进行修整，修理后

的飞铁脚如图5-23(b)所示。某些机型的飞铁脚采用滚动轴承,则要检查轴承是否松动,若松动必须换新。检查飞铁支点销孔是否磨成椭圆以及与销子的配合间隙,若磨成椭圆或间隙太大则要将衬套换新。若支点处是滚珠轴承的,要检查滚珠轴承的灵活性和配合间隙,若已松动必须换新。

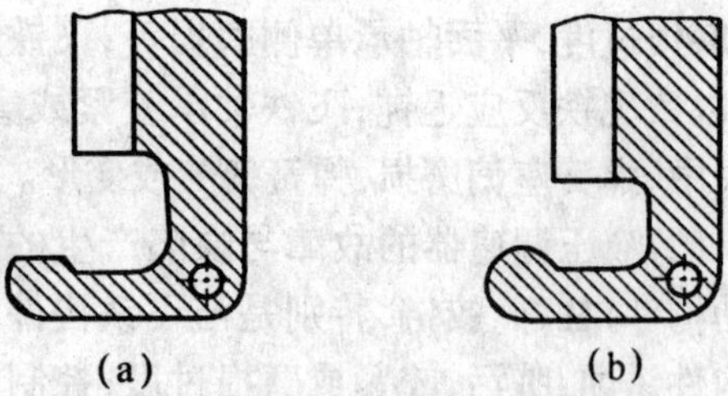

图5-23　飞铁脚端磨损及修理

②调速弹簧　检查是否存在裂纹、失效。最好能在拉力机上进行压缩试验。凡有裂纹或失效者必须换新。具有几部发电机并联运转的,选择新弹簧时,要选择性能一致或基本接近的。

③轴套(滑套)　它的平面与飞铁脚直接接触,必定会产生磨损而出现凹坑。凹坑深度在0.20 mm以内者,可将此平面重新磨平;若凹坑深度超过0.20 mm,一般都将轴套换新。换新时需将轴套平面加厚,加厚量可根据飞铁脚的磨损量而定。

④连接杆　检查各连接杆、连接销的配合、磨损情况、灵活程度。

⑤安装时,要注意检验飞铁、滑套是否灵活,调速弹簧是否装正,各连接杆件是否牢固可靠,传动是否灵活,油门连接杆是否灵活。安装后要进行试验与调整。在稳定运转时,将油门突然加大(或减小),观察柴油机转速恢复稳定转速的时间及状况。

(2)液压调速器的检修工艺

①传感机构　其检查内容与修理工艺与机械调速器一样。

②功率放大机构　检查控制滑阀与套筒、动力活塞与活塞缸的磨损情况与配合间隙。若磨损厉害,配合间隙大,必须酌情换新。

③蓄压系统　用压缩空气吹通油通道,检查齿轮油泵的平面、齿顶、齿与齿间隙,油泵进出阀是否泄漏。稳压油缸一般不需进行检查。

④反馈机构(补偿机构)　检查大小反馈活塞与液缸的磨损情况,检查弹簧是否正常,针阀与阀座接触是否良好。这一部分一般不易发生问题。

⑤连接杆　检查各连接杆、传动杆、连接销的配合情况及灵活程度。

⑥安装　安装时一定要注意清洁。在干净的柴油中清洗完后即装配,安装中和安装后的调整很重要,必须仔细进行。主要是调整调速弹簧的预紧力(特别是并联运行的发电机)、反馈机构的粗调与微调、静态速差机构以及调节旋钮对零位。

⑦安装完毕后加油　油的品种和数量必须合乎要求。启动柴油机进行空转,机油温度上升到正常值后,将反馈指针放在“最大”位置,并将针阀打开两转以上。人为拨动一下喷油泵齿条(减油方向),使柴油机转速波动,以驱除调速器内油路中的空气。然后将反馈指针置于3格处,将针阀关闭,再回旋出$\frac{1}{4}\sim\frac{1}{2}$转,拨动油门拉杆,看转速波动是否迅速停止,若是,则调整完毕(反馈指针一般在3~7格)。

第四节　操纵系统

为了保证船舶安全航行,常把船舶柴油机的启动、换向、调速等装置的操纵有机地组成一个操作简便、工作可靠的操纵系统。船舶柴油机操纵系统的类型较多,但它们要完成的基本动作是相同的,即必须完成柴油机的停车、换向、启动、调速等。为了保证操纵时各种动作都能按程序连续完成,防止失误和意外事故发生,在操纵系统中设置了许多连锁保险装置,例如柴油机换向工作没完成不能启动,滑油、冷却水超温或失压时自动停车等。

一、船舶柴油机操纵系统的基本要求

1.必须能迅速而准确地执行停车、换向、启动、变速以及稳定地运转等动作,并应满足船舶规范对于动作时间的要求。

2.要有必要的安全连锁装置,以避免操作差错而造成事故。

3.必须设有必要的安全保护、报警装置(声、光、语音)以及监视仪表显示。

4.操作、调整方便,维护简单。各个操作位置要有醒目的状态。

5.操纵系统中的零部件必须运行灵活、可靠、不易损坏。

6.必须具备遥控和自动控制。

7.必须设置一套人工控制,以便当自动控制失灵时可以转为人工操作。

二、操作系统实例

图 5 - 24 所示为 B&W 直流扫气二冲程柴油机操纵系统。其操纵系统的特点是:

1.启动装置采用泄放式主启动阀、单气路汽缸启动阀、排式启动空气分配器;

2.换向装置采用机械差动式单鸡心燃油凸轮和排气凸轮、双凸轮式空气分配器、换向导阀等。

三、船舶柴油机的遥控

现代船舶都采取“无人机舱”,机舱内的主要设备都采取遥控或自动控制装置。船舶柴油机的遥控系统按其功能可分为下列几种。

1.电动式柴油机遥控系统

该系统以电作为能源,通过电动遥控装置,在机舱集控室里对柴油机进行操作;控制性能好,可实现准确控制,不受信号传递距离的限制,有利于远距离控制;没有气、液泄漏的缺陷;可实现高程度的自动化;整个遥控系统的管理技术水平要求较高,必须配备电子技术熟练的操作管理人员。

2.液力式遥控系统

该系统以液力作为能源,传递力大、工作可靠、运动平稳;液力传动有惯性影响;油液的黏度随温度的变化而改变,会使传动的灵敏性和准确性受到影响;系统中的构件制造精度要求较高,一旦达不到会造成泄漏,影响传动;液力传动不适合作长距离的信号传递。

3.气动式遥控系统

该系统以压缩空气作为能源,并通过气动遥控装置对柴油机进行遥控;气动传递一般在 100 m 以内可满足系统的控制要求;气动传递信号基本不受温度、振动、电干扰等的影响;整个系统运行安全、动作可靠、维护方便;对气源的净化处理要求较高,否则会引起气动元件失灵;气压信号传递没有电动式快。

4.混合式遥控系统

混合式柴油机遥控系统常用的有电 - 气混合式及电 - 液混合式两种方式。从船舶驾驶

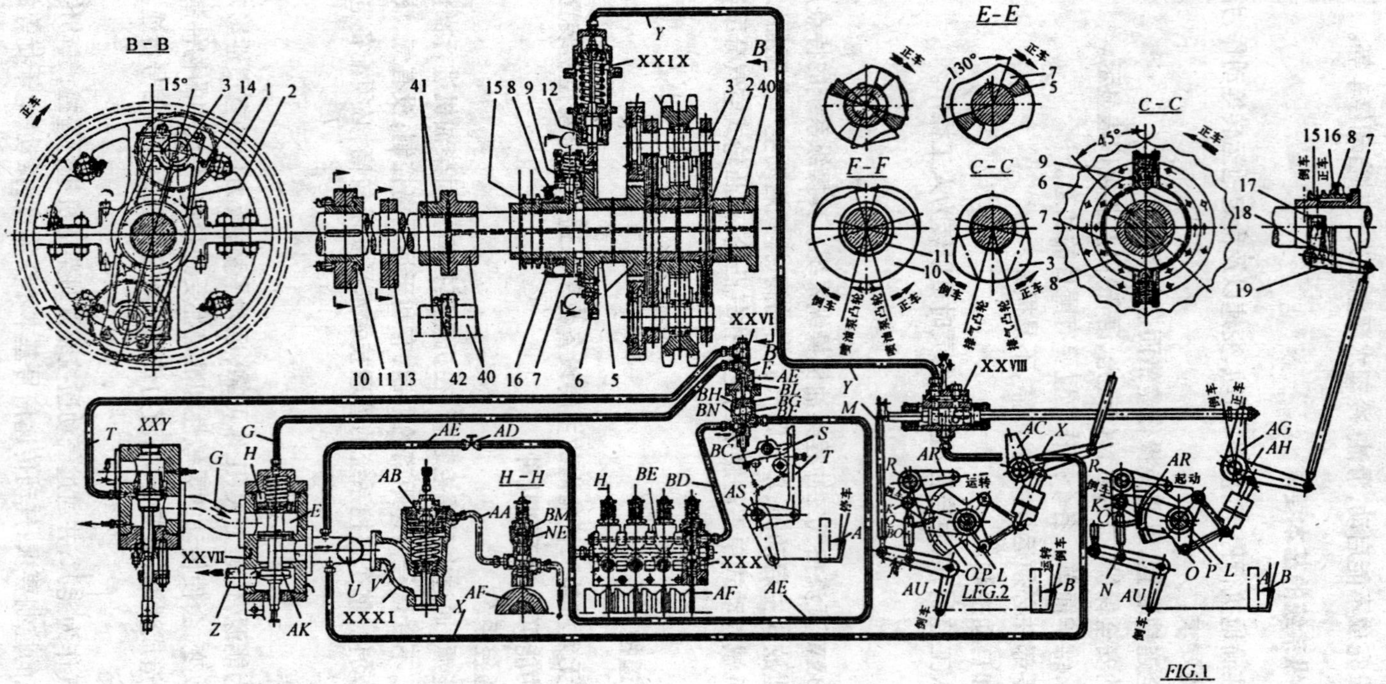

图5－24　B&W操纵系统

ＸＸＶ－截止阀；ＸＸⅥ－控制阀；ＸＸⅦ－主启动阀；ＸＸⅧ－换向导阀；ＸＸⅠＸ－闸阀；ＸＸＸ－空气分配器；ＸＸＸⅠ－气缸启动阀

台到机舱集控室之间采用电传动方式，机舱集控室到柴油机以及柴油机本身的控制则采用液力式或气体压力式传动。现在混合式系统在船上应用较为广泛。

混合式遥控系统还有电－气－液方式，即电控制气阀，气压操纵液体，由传递力大而且工作可靠的液力完成最后的动作。

5.微型计算机控制系统

柴油机遥控系统的功能是根据车钟指令经各种逻辑回路完成柴油机的启动、换向、调速、停车以及重复启动、低速启动、负荷程序、应急停车、自动快速通过临界转速、故障自动减速或停车、紧急倒车等。

采用微型计算机遥控柴油机时，是通过软件设计出一个计算机执行程序以取代上述常规遥控系统的控制回路，用软件取代硬件程序。微型计算机在执行时，将根据从接口输入的车钟指令和表征柴油机实际运行的信息，进行综合判断和运算，得出需要的控制信息，经输出接口控制操纵系统的执行机构，实现柴油机的各功能操作。

微型计算机遥控柴油机，是今日向综合性自动化发展的主要目标和方向。其特点是用微处理取代分立元件或集成逻辑电路元件，体积小，功能强，可实现最佳和最经济的控制。

船舶柴油机的操纵系统种类很多，因机型而异。下面举 MAN－B&W－LMC 型柴油机的操纵系统为例，说明它的组成和特点。该系统是采用电－气混合式操纵系统。

(1)集控室操纵台与主控制阀箱　在操纵台上设有回令车钟、操纵手柄及工况显示、安保显示等。在主控制阀箱内有实现主机遥控功能的各种单元。

(2)驾驶室控制台与控制阀箱　主要有遥控发令钟、集控室及驾驶室控制转换阀、电－气转换阀、主机工况显示、重要故障报警信息以及若干应急操纵的指令按钮等。

(3)机旁应急操纵台　主要有遥控/应急转换阀、启动阀、停车阀、正倒车控制阀、调速手轮以及若干控制阀件等。主要用于当气动遥控系统、调速器或电子设备发生故障时，在机旁应急操作主机。

在集控室手动控制期间，主机的启动、停车和调速由集控室操纵台上的操纵手柄，以电动、气动或电－气联合进行。

在驾驶室自动控制期间，主机完全由发令车钟手柄控制。

遥控系统使用单独的 0.7 MPa 压缩空气为控制空气，系统的安全保护装置使用单独供应的 0.55 MPa 压缩空气，并由单独的电子安全系统进行控制。

第六章 废气涡轮增压器

第一节 增压柴油机的概念

一、柴油机的增压

将进入柴油机汽缸内新鲜空气压力的提高称为增压，亦即新鲜空气经过一定的压缩后，再送入汽缸，目的是增加汽缸的充气量。在同样缸径、行程、转速下，增压后的柴油机能够燃烧更多的燃料，提高平均有效压力和柴油机功率，增大功率可在60%，甚至一倍以上。

增压方式现在都采取废气涡轮增压。它是利用柴油机排气来驱动废气涡轮，带动压气机向汽缸输送增压空气。

船用大型低速柴油机目前应用的空气增压压力为0.25~0.30 MPa，相应的平均有效压力为1.5 MPa左右；大型中速柴油机的应用压力为0.30~0.35 MPa，相应的平均有效压力为2.0~2.5 MPa。

二、废气涡轮增压的基本形式

根据利用废气能量方式的不同，废气涡轮增压有等压增压和脉冲(变压)增压两种基本形式。

1.等压涡轮增压

等压涡轮增压的主要特点是只利用废气的势能，而不利用脉冲动能。它的结构特点是所有各缸的排气管都接在一根排气总管上，排气总管容积较大，如图6-1所示。

由于排气总管容积较大，废气在其中膨胀、扩散并很快地稳定下来，故废气压力波动较小。排气总管中的压力波动如图6-1所示，废气基本上是以不变的速度和压力进入涡轮的，涡轮的工作较稳定，效率较高。

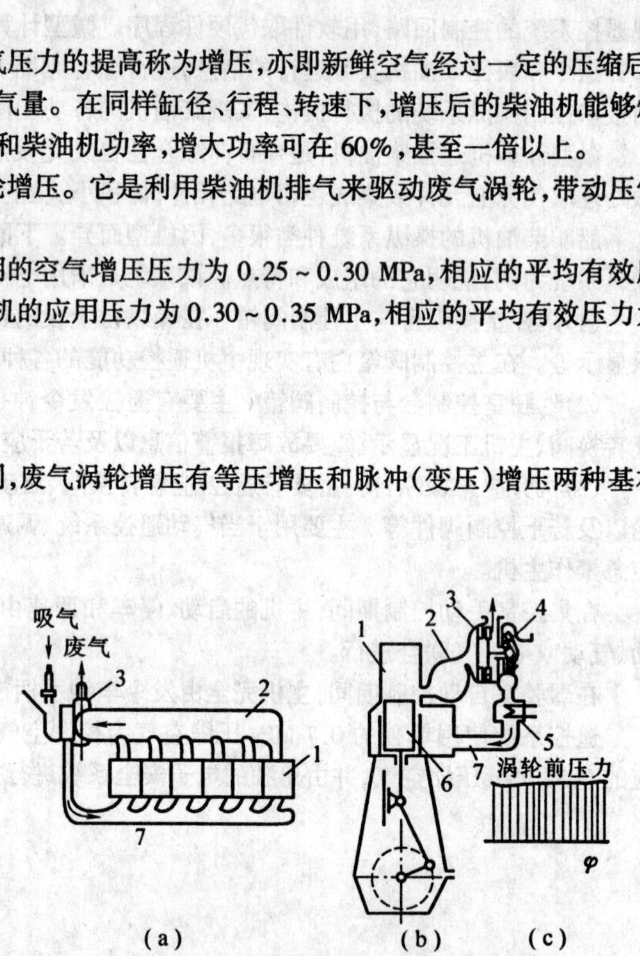

图6-1 定压增压示意图

(a)排气管连接方法；(b)增压系统；(c)废气压力变化图(φ为曲轴转角)

1—柴油机；2—排气总管；3—废气涡轮机；4—压气机；

5—空气冷却器；6—活塞；7—进气总管

2.脉冲涡轮增压

脉冲涡轮增压的特点是既利用废气势能，也利用废气的脉冲功能。如图6-2所示，它没有容积较大的排气总管，各缸的排气管细而短，并且分为若干组，直接通往废气涡轮。

由于排气支管的容积较小，当汽缸开始排气时，排气管中的压力能迅速提高，当排气结束时,排气管中的压力也迅速下降。因此,废气涡轮机前的压力是随时变化的,而且变化很大。这就形成所谓的脉冲压力波,如图 6-2 所示。由于脉冲涡轮增压能够较好地利用废气脉冲动能,故利用的废气能量较多,涡轮虽然在脉动的气流下工作,其效率稍差,但仍能发出较高的功率,因而有利于涡轮与增压器之间的能量平衡。

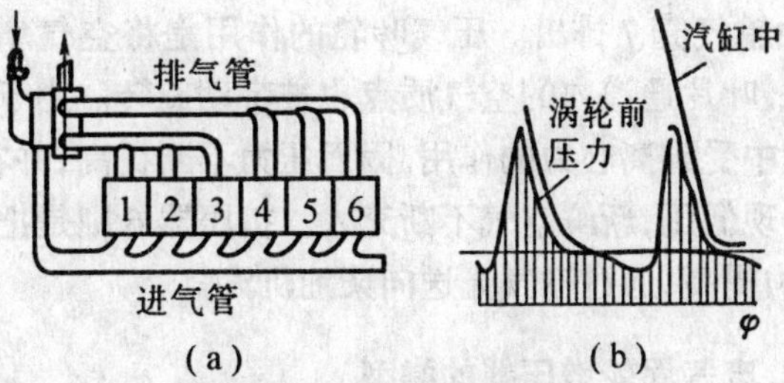

图 6-2　脉冲增压示意图

(a)排气管连接方法;(b)废气压力变化曲线(φ 为曲轴转角)

第二节　废气涡轮增压器的原理与结构

一、废气涡轮增压器的工作原理

任何一种废气涡轮增压器都由两部分组成,即废气涡轮部分和压气机部分。废气涡轮部分是增压器的主动部分,它的作用是把柴油机排出废气的能量转变成为推动增压器转子旋转的机械功。压气机部分则是增压器的增压元件,它的作用是把涡轮传来的机械功传递给由压气叶轮吸入的新鲜空气,使之压缩,提高空气的压力和密度,再送入柴油机汽缸。图 6-3 为废气涡轮增压器的工作原理图。废气从柴油机的排气管排出,经涡轮进气壳 9 进入喷嘴环 10,在一定方向弯曲和逐渐收缩的喷嘴叶片组成的通道中进行膨胀,压力降低,速度增高,按一定方向冲向涡轮动叶片,推动涡轮旋转。由动叶片排出的废气,经过扩压器口,由排气壳 8 引出增压器。

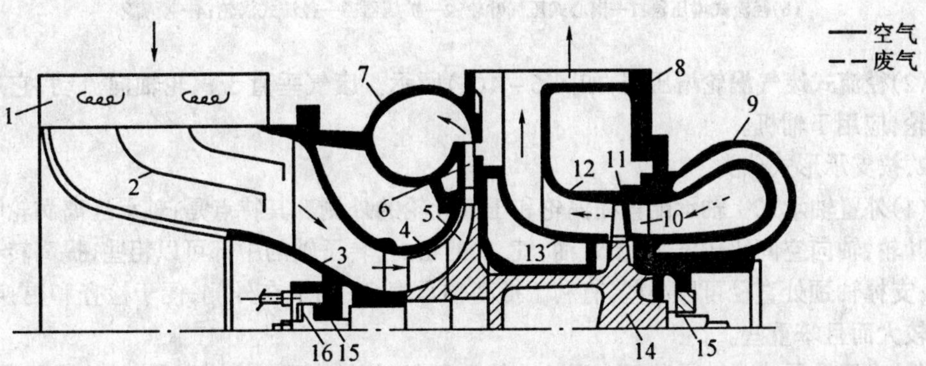

图 6-3　废气涡轮增压器工作原理图

1—消音滤清器;2—消音导风板;3—进气道;4—导风轮;5—工作轮;6—扩压器;7—输气壳;8—排气壳;9—进气壳;10—喷嘴环;11—动叶片;12—扩压环;13—隔热墙;14—转子;15—支持轴承;16—推力轴承

压气机部分，新鲜空气由消音器1吸入，通过进气道3进入压气叶轮4、5，然后通过扩压器6，由输气壳7排出。压气叶轮的作用是将空气增压和加速。当叶轮被同轴的涡轮带着旋转时，叶片通道内的空气质点也被带动旋转。由于叶轮通道是逐渐扩张的，加上空气在流动过程中受到离心力的作用，因而压力不断提高，并在离心力作用下涌向出口处。同时进口处则出现低压，新鲜空气不断充入。扩压器6则是把空气的动能变成压力能，使空气密度增大、压力提高，通过输气壳送向柴油机汽缸。

二、废气涡轮增压器的类型

1.按废气在涡轮内流动的方向分类

(1)轴流式废气涡轮增压器，如图6-4(a)所示。废气沿涡轮轴向流动，它广泛应用于各种柴油机。

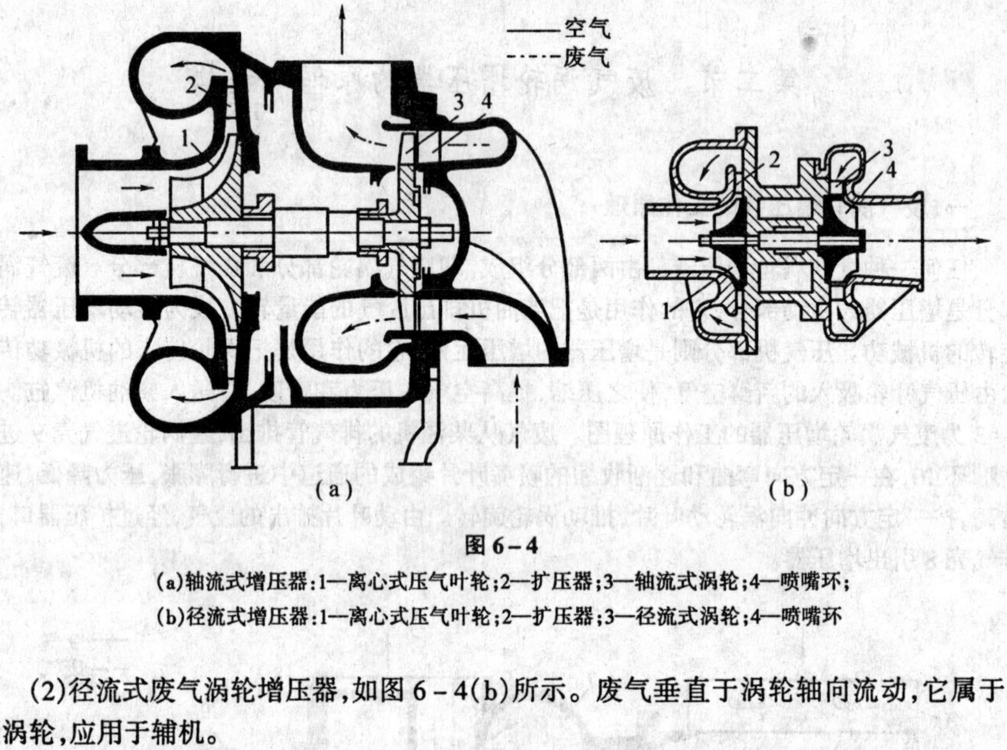

图6-4

(a)轴流式增压器：1—离心式压气叶轮；2—扩压器；3—轴流式涡轮；4—喷嘴环；

(b)径流式增压器：1—离心式压气叶轮；2—扩压器；3—径流式涡轮；4—喷嘴环

(2)径流式废气涡轮增压器，如图6-4(b)所示。废气垂直于涡轮轴向流动，它属于小型涡轮，应用于辅机。

2.按支承形式分类

(1)外置轴承式　轴承配置在涡轮和压气叶轮的外侧。其特点是：轴承远离涡轮叶轮和压气叶轮，轴向空间比较宽敞，便于油、气、水的密封；转子轴的中部可以粗些，提高转子中部刚性；支撑轴颈处直径可以小些，有利于提高轴承寿命；轴承在外侧，便于检查和更换；整体尺寸较大而且笨重些。

(2)内置轴承式　轴承装置在涡轮叶轮和压气叶轮之间。其特点是：总体布置紧凑，轴向尺寸小，质量轻，轴承可以布置在同一壳体之中，两端均可布置轴向进气，但轴承检修困难，密封布置亦较困难，密封可靠性较差，适用于中小型柴油机。

(3)内外置轴承式　一只轴承置于压气机与涡轮之间，另一只则根据结构要求，布置在涡轮端外侧。

三、废气涡轮增压器的构造

1.涡轮部分的主要构件

(1)涡轮的进、排气壳(即引导进、排的罩壳,如图6-3所示的9、8) 由于承受温度高达450 ℃,因而一般采用低合金铸铁铸造,并设有水夹层。进气壳一般为涡形,使涡轮更好地利用速度能。排气壳一般制造成简单的环形。

(2)喷嘴环(如图6-5所示) 它是引导燃气的通道,由内环、叶片、外环构成,是一圈固定的叶片环。整个环体由内环固定在进气壳上。

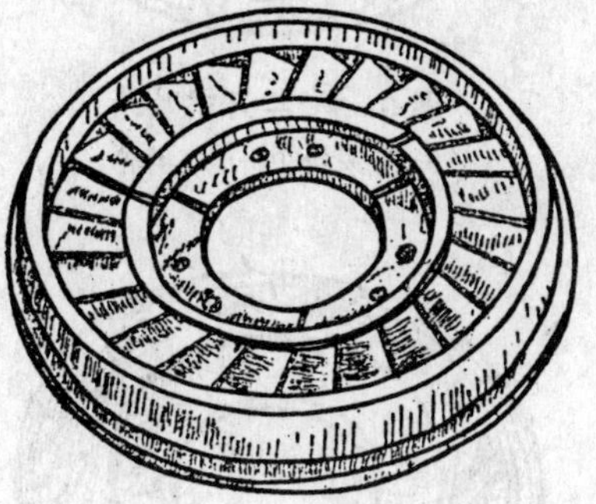

图6-5 喷嘴环外形

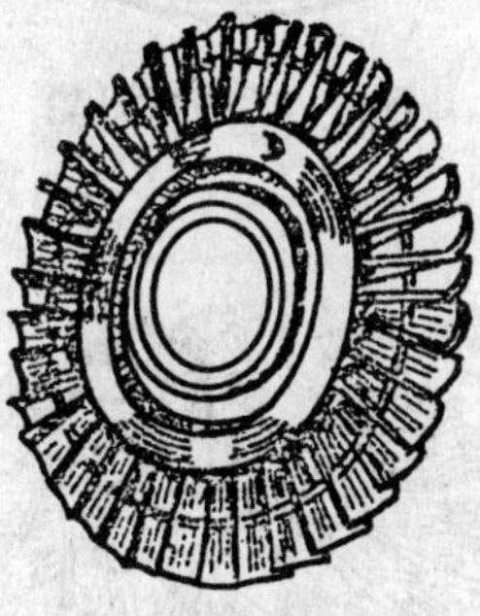

图6-6 涡轮外形图

(3)涡轮(如图6-6所示) 涡轮机的主体是工作叶轮,在燃气流通中产生高速回转运动。它由轮盘和叶片组成。轮盘用合金钢铸成,外缘制有固定叶片的槽道。叶片用耐热合金钢制造,装配在轮盘槽中。

叶片分为三部分,叶尖、叶身、叶根,如图6-7所示。叶根轴向地固定在轮盘上。叶根的形状有球形和纵树形,如图6-7所示。纵树形连接强度高,调换方便,应用于增压压力较高的大型增压器上。球形加工方便,但强度较差,应用于增压压力较低的增压器上。

图6-7 涡轮叶片

(a)环形叶根;(b)纵树形叶根

2.压气机部分的主要构件

(1)进、出气壳 一般铸成一体,进气部分大多数是轴向,外围装有毛毡呢线和铁丝制成的罩子(如图6-3所示的1、2、3),出口多为蜗牛壳形状,起着扩压的作用,一般用铝合金制成。

(2)压气叶轮 压气机的主体是工作叶轮。叶轮常用的形式有闭式和半开式两种。

闭式叶轮(如图6-8所示),由上下罩盘和叶片构造,与普通离心泵叶轮相似。叶片均用薄板制造,以铆接或焊接方法连接在罩盘上。一般用于中、小型增压器。

半开式叶轮(如图6-9,6-10所示),由工作叶轮和导风轮组成,用键或花键固定在转子轴上。导风轮有的用钢也有的用铝精密铸造。它广泛用于大型高速增压器上。

(3)扩压器 由金属圆环和镶在该圆环一侧的叶片组成,它的作用是将速度能转为压力能。叶片铆或焊在平板上，也有用铸铝仿型铣削而成。如图 6-11 所示。

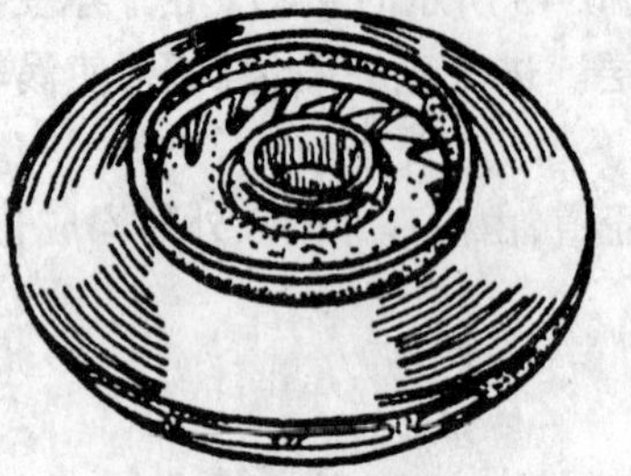

图 6-8　闭式叶轮

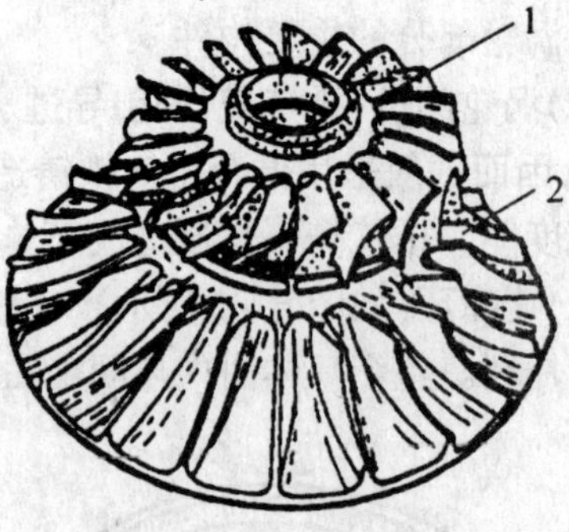

图 6-9　半开式叶轮

1—导风轮；2—压气叶轮

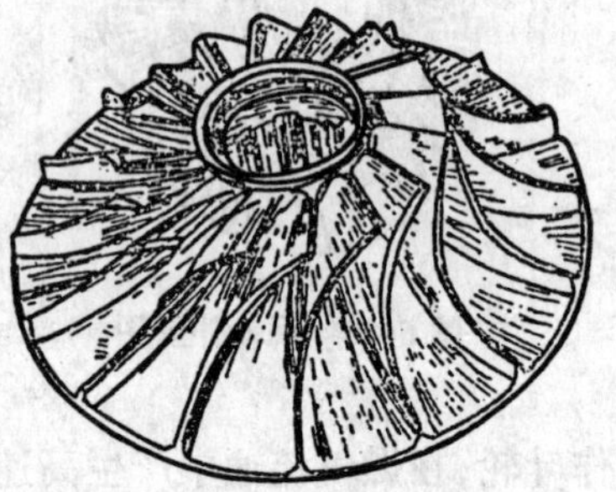

图 6-10　整体铸造半开式叶轮

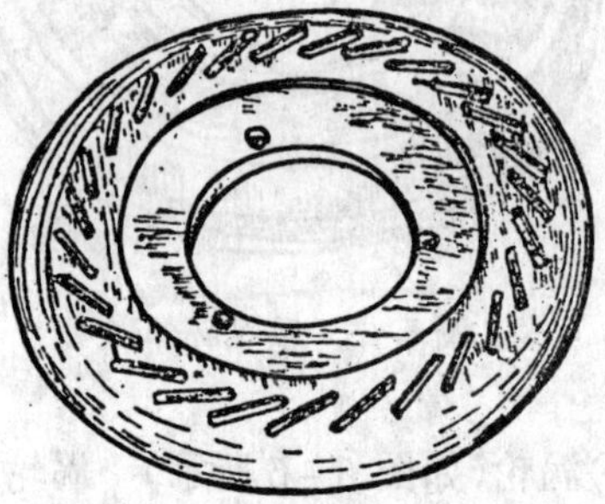

图 6-11　叶片扩压器

3.转子、轴承和轴封

(1)转子轴　它主要由涡轮叶轮、压气机叶轮和主轴构成，如图 6-12 所示。涡轮叶轮轮盘与主轴采用焊接或整锻成型。压气机叶轮与涡轮叶轮之间装有定位套。用螺母将压气叶轮固紧。

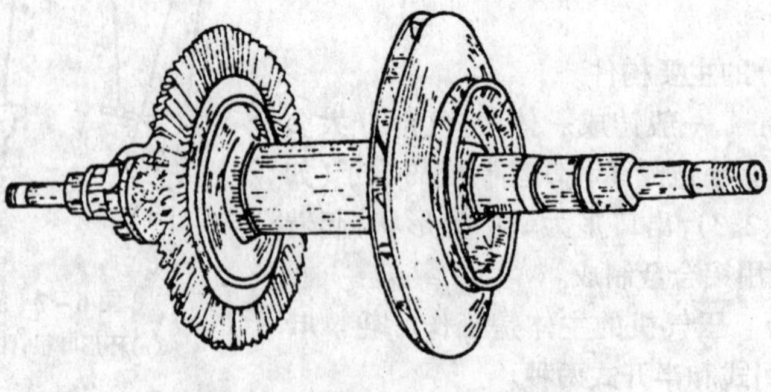

图 6-12　外置轴承、闭式叶轮转子轴

(2)轴承　增压器的轴承有滚动轴承和滑动轴承。滚动轴承为一般形式，滑动轴承有固定式、浮动式、自整位和推力组合轴承等。

(3)轴封　它包括气封和油封两部分。它的作用是防止空气、废气和润滑油的泄漏。增压器的轴封常采用迷宫式密封装置。

第二节　涡轮增压器的拆装工艺

在船舶柴油机中，用得较多的是瑞士 ABB 公司制造的 VTR 型增压器。VTR 型增压器各系列产品可以满足 200～37 000 kW 柴油机的匹配要求。涡轮增压器是一种高速运转的机器，它的拆装程序工艺因机型而有所不同，所用工具也不同，因此各类增压器的拆装一定要按照说明书的要求进行。现以 VTR630 增压器为例说明拆装工艺，如图 6－13 所示。

一、涡轮机端的拆卸工艺

1.拆下放油旋塞 14(图 6－13(*a*))，将残油放掉；

2.拆下轴承盖 3(图 6－13(*a*))；

3.拆下螺钉 45、垫圈 47、定位弹簧 46(图 6－14)；

4.拆下螺钉 43、锁紧线 44 和托架 15(图 6－14)；

5.拆下锁紧线 2(图 6－14)；

6.把固定转子工具 4(图 6－13(a))套在导向螺栓 54 上(图 6－14)，并用螺钉固定在支承圈 10 上(图 6－13(a))；

7.用扳手 13 把锁紧螺母 11 拆下，并拆下油泵 12(图 6－13(a))；

8.用套筒扳手 5 拆下环形螺母 9(图 6－13(a))；

9.拆下固定转子工具 4 和支承圈 10(图 6－13(a))；

10.不要拆下导向螺栓 54(图 6－14)，因为它决定轴承组的正确位置；

11.把拨轴器 8 旋到内轴承衬 7 上，并拨出轴承的内部零件(图 6－13(a))；

12.拆下螺钉 41，拆下锁紧凸缘 40，并把径向减震弹簧片 49 一起拉出；接着拉出滚柱轴承 51 的外圈(图 6－14)；轴承拆出后应包装好，以免弄脏；安装时必须仔细清洁。

二、压气机端的拆卸工艺

1.拆除消音器；

2.拆开放油旋塞 13，放出残油(图 6－13(b))；

3.拆下轴承盖 15(图 6－13(b))；

4.拆下螺钉 61、垫圈 62 及定位弹簧 63(图 6－15)；

5.拆下螺钉 59、锁紧线 60 和轴承托架 19(图 6－15)；

6.把固定转子工具 4 套在导向螺栓上，并用螺钉固定在支持垫圈 10 上(图 6－13(b))；

7.用扳手 13 把锁紧螺母 11 拆下，并拆下油泵 20(图 6－13(b))；

8.测量 *K* 值，并与轴承盖 17 上给出的 *K* 值进行比较，两者是否相等，并作好记录(图 6－13(b))；

9.用套筒扳手 5 把环形螺母 9 拆下(图 6－13(b))；

10.拆下固定转子工具 4 和支持圈 10(图 6－13(b))；

11.不要拆下导向螺栓 54(图 6－15)，因为需要定轴承组的正确位置；

12.把拨轴器 8 旋到内轴承衬 57 上，并把整个轴承组拨(图 6－13(b)，图 6－15)；把整个

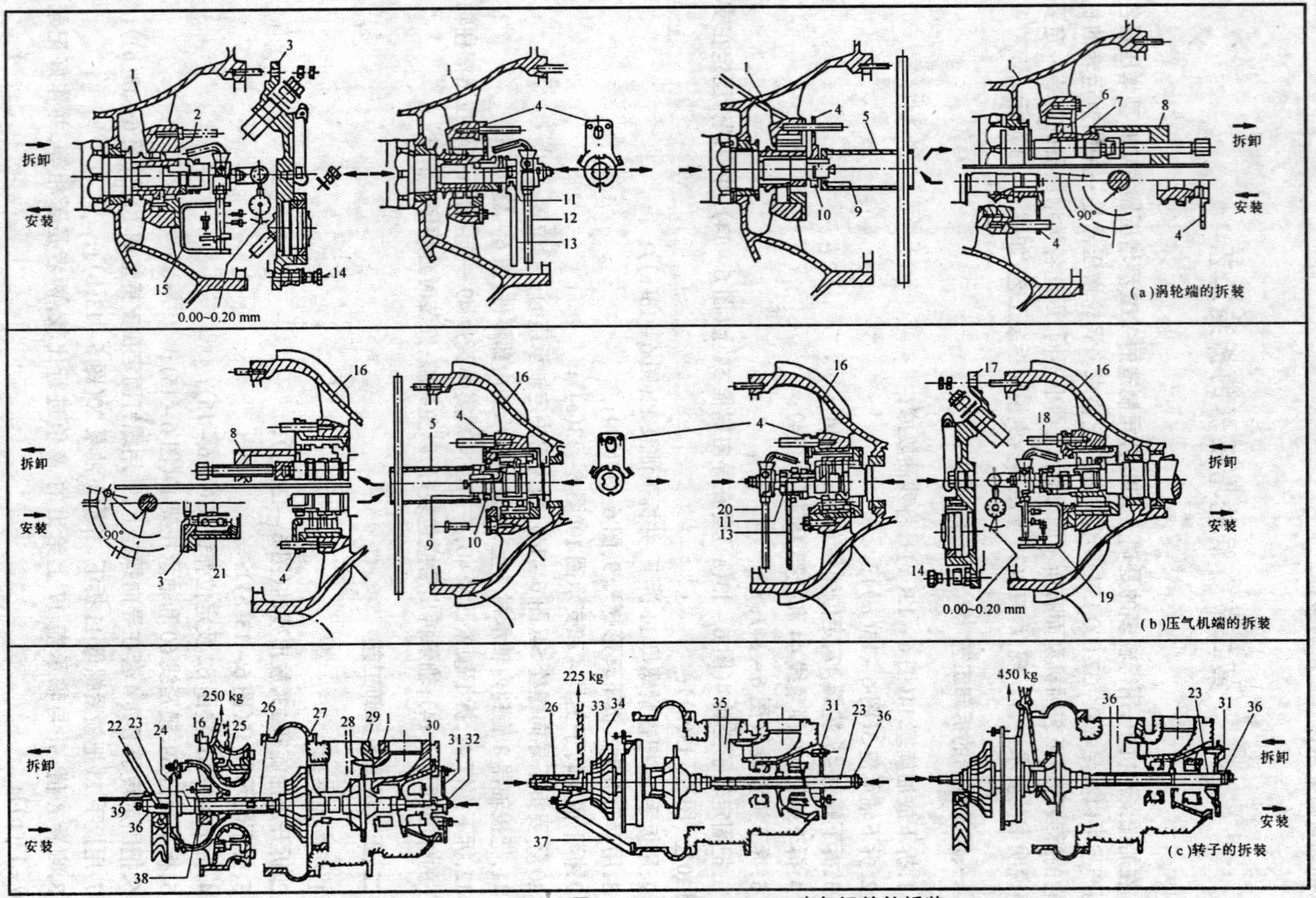

图6-13 VTR630、631废气涡轮的拆装

(a)涡轮端的拆装；(b)压气机端的拆装；(c)转子的拆装

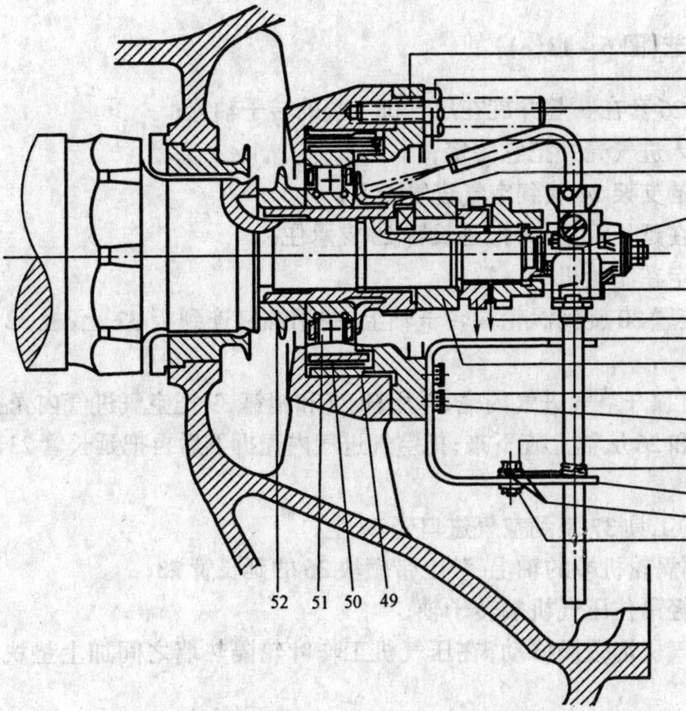

图 6-14　VTR630 增压器涡轮端

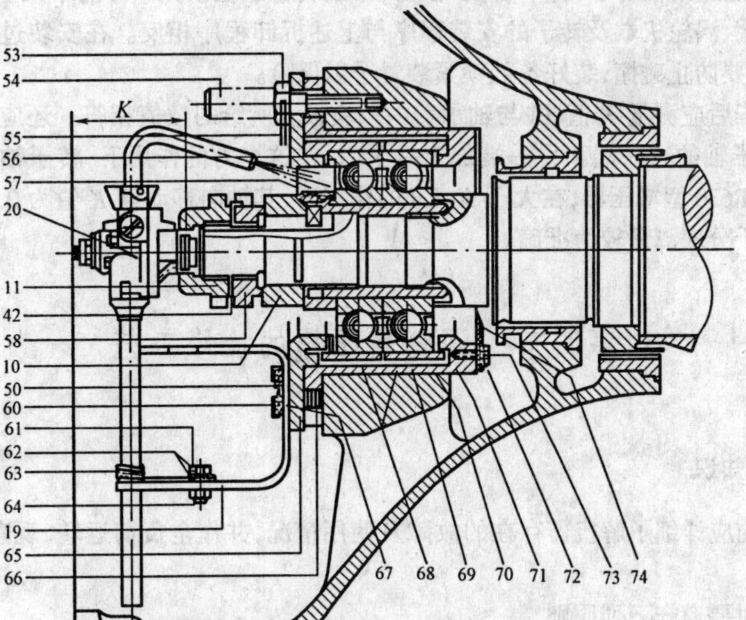

图 6-15　VTR630 增压器空气机端

轴承包装好，以免弄脏；装配时必须彻底进行清洁才能进行安装。

三、转子拆卸工艺（图 6－13(c)）

1.把管子 23 和 26 套在一起并旋在压气机一端的转子轴上；

2.把导套 38 套入进气壳并把它固定；

3.把带有杆 22 的支架 24 装到空气进气壳上；

4.把锁块 36 装在延长管上，并把延长管 23 支承住；

5.把导板 31 固定在涡轮机的一端；

6.把轴向夹持装置 30 旋到涡轮端转子轴上，并用螺钉连到板 32 上，板 32 装在导板 31 上；

7.利用顶压螺钉顶开空气进气内壳，并用杆 22 和销钉 39 把空气进气内壳拨出来；

8.把延长管 23 和 26 从轴上旋下来；把空气进气内壳拆下后再把延长管 23、24 重新装到轴上；

9.把取下转子的工具 37 装到空气进口壳 27 上；

10.把管 35 旋到涡轮机端的轴上，装上带锁块 36 的延长管 23；

11.用钢丝绳轻轻吊住压气机端转子轴；

12.把转子向压气机端缓慢移动，在压气机工作叶轮隔热墙之间加上垫块 4，防止碰坏工作叶轮；

13.继续拉出转子，并把涡轮轴吊起，拆下工具 37 和导管 26；

14.继续拉转子，直到锁块 36 和导板 31 碰对时为止；

15.用钢丝绳吊住管子，拆下管 25 和 23；吊出转子放在预先做好的木架上。

压气机端、涡轮机端及转子的安装程序与上述拆卸程序相反。在安装过程中要特别注意清洁，同时要防止碰撞，装好各处锁紧装置予以保险。

安装完毕后应测量 K 值，并与轴承盖内一块板上所给的数值相符。还应按照说明书要求轮流在转子轴的这一端和另一端加上一个力，在这个力的作用下，转子轴应能作轴向移动。对于 VTR630 型增压器，在大于 50 kgf 的作用下，其轴向移动量 K 值为 0.17～0.23 mm。测量时应用千分表测量较为准确。

第四节　涡轮增压器的检修工艺

一、一般知识

1.检修前应详细了解机器存在的故障及使用情况，并作全负荷运转，观察运转情况，记录有关参数。

2.拆装时要遵守下列原则

①熟悉待修理机器的工作原理，看清楚装配图，了解增压器的结构；

②了解专用工具情况，熟悉专用工具的使用方法；

③对于所拆的每一个零件都要做好相对位置的记号，记号要可靠；

④拆下的零件要依次放好，避免丢失或碰坏；

⑤拆卸重要零件时不能随意敲击,只允许用柴油机铜锤敲或手锤柄撞击;

⑥注意场地清洁,装配时切勿让异物掉进机内;

⑦注意各零件的保险装置,安装时千万别忘记安装,并注意其可靠性;

⑧注意检查油路和冷却水路,保证油路和水路畅通,不得有任何堵塞现象;

⑨紧固螺栓应均匀扳紧,使之受力均匀,连接牢固可靠;

⑩轴承处安装时要加润滑油,整机安装完毕后要注意加油到规定的油位。检查转子的转动情况,不允许存在任何卡阻或声响。

二、主要零件的清洁方法

增压器拆卸后,应仔细地对各零件进行清洗。根据废气涡轮增压器不同部位出现的污物情况,而采用不同的清洗方法。

1.冷却水腔清洗

可用酸洗的方法清除废气涡轮冷却水腔的水垢和铁锈。清洗剂有盐酸、碧浪洁 809 和上海试剂二厂的 81 型安全酸洗剂等。

在酸洗之前,应把冷却水腔中的锌板全部拆出。清洗时,选用浓度为 0.5% 的稀盐酸注入冷却水腔,同时把上部排水孔打开,让气体逸出。水垢的种类和厚度不同,溶液停放时间也不同。如水垢薄或主要成分是碳酸盐,溶液停放时间可短些;若水垢较厚或主要成分是硫酸盐或硅酸盐时,溶液停放时间要长些。一般溶液停放时间在 2~6 h 之间。为了加快清洗速度,在用盐酸溶液浸泡的时间内,要轻轻敲击冷却水腔的外壳。

当清洗好,盐酸溶液放出之后,要立刻用清水冲洗,还要用浓度 5% 的碳酸钠溶液冲洗,以中和残存的盐酸。最后再用清水冲洗一次,即结束清洗工作。

用碧浪洁 809 清洗时,可用 10% 的碧浪洁水溶液进行浸泡(水垢薄,浓度低些;水垢厚,浓度高些)。清洗前先将水加热到 60 ℃~80℃,配溶液,将溶液倒入涡轮水冷却腔浸泡。碧浪洁浓溶液呈深红色,当酸性消耗到 85% 后呈橙黄色。此时若水垢尚未除去,则必须再加入碧浪洁 809,使酸液重现深红色。若继续添加两次后,酸液仍很快减弱(橙黄色),则需另外配置新的酸液。

普通去垢工作约 4~8 小时,若积垢过厚,除提高酸液浓度外还需延长时间。

若水垢主要成分是硫酸盐或硅酸盐,除增加酸液浓度外,还需加入氯化钠(食盐)。用量为每 100 kg 碧浪洁溶液加入 5 kg 氯化钠。

清洗完毕后立即用清水清洗,并加入 0.5% 苛性钠,以中和残留的酸液。浸泡 2~4 h,然后再用清水浸泡一次。

2.空气滤清器的清洗

空气滤清器长期使用,灰尘和烟雾形成的油污会将通道阻塞,造成吸气损失增大,增压压力下降。所以空气滤清器必须根据运转条件定期加以清洗,以保证空气通过滤器时压力降不致过大,即保证通气量。

清洗时,可将滤器中的过滤填料(一般为金属网)取下,放入盛有煤油、柴油或碧浪洁 820(30% 碧浪洁 820 + 70% 水)、上海试剂二厂出的除油除碳剂(用量为 20% 除油除碳剂 + 80% 水)、北京市洗涤厂出的 781 金属洗净剂(用量为 13%~15% 金属清洗剂 + 85%~87% 水)等溶液中清洗。清洗后用用压缩空气吹干。若用清洗剂清洗,则清洗后要用清水清洗,然后再用压缩空气吹干。

3.叶片的清洗

不论是压气机叶片还是涡轮叶片，积垢时都会引起增压效率降低，同时还会破坏转动的平衡性，引起振动。

涡轮叶片上污垢的形成主要是排气中含有低熔点的溶渣。这些灰渣的主要成分是五氧化二钒和硫酸钠。压气机叶片污染主要是空气中的污物附着造成的。

叶片的清洗，先用浓度为10%～15%的盐酸或浓度为15%～20%的硫酸溶液清洗，清洗干净后，用碱水中和，再用清水清洗，并用压缩空气吹干。

三、主要零件的检修工艺

增压器在拆开后，除了对各零件进行初步外观检查外，应对易损件及其装配间隙进行详细检查。

1.轴承的检修工艺

(1)推力轴承(压气机端)的检修工艺　增压器正常运转8 000～10 000 h后，一般要检查轴承。当推力轴承磨损或损坏时，则要考虑整套换新。因为它不仅承受增压器的轴向推力，而且也是增压器装配间隙的一个基准，在安装时必须十分认真。

拆检推力轴承时必须仔细，各弹簧片不要搞乱，要作好记号。拆卸后用柴油清洗干净，若暂不安装则要用干净布包好，并注意防锈。径向弹簧组不能互换，无论何时更换弹簧，同一轴承组中的一组旧弹簧应全部换新。

(2)涡轮端轴承的检修工艺　涡轮端轴承检修的主要工作是：检查轴承是否存在裂纹、合金层离底、砂孔、缩孔等影响强度的缺陷；检查轴承的磨损情况；测量其与轴的装配间隙。

轴承因磨损使径向装配间隙增大，当径向间隙超过设计值的0.5～1倍时必须换新轴承。轴承的径向间隙若无据可查时，可以考虑下列数值：

轴颈外径线速度不超过40 m/s时，轴承间隙取轴颈直径的0.2%；轴颈外径线速度超过60 m/s时，轴承间隙取轴颈直径的0.25%～0.30%。

凡轴承存在影响强度的缺陷者均必须换新。

2.喷嘴圈的检修工艺

首先对喷嘴圈进行探伤，然后根据裂纹分别进行修理。若喷嘴圈裂纹严重或多块叶片已经歪扭严重，则整个喷嘴圈换新；若个别叶片歪扭，可加热修正；若个别叶片有裂纹，应换新或采用钻止裂孔的方法防止裂纹扩展；若少数叶片损坏又没有新喷嘴更换，允许采用临时措施，将这部分叶片除去，但增压器的功率会下降；少数叶片根部松动，可用银焊条烧焊修复，但有条件时最好换新。

3.密封装置的检修工艺

气、油封损坏严重应换新配件，对于轻微损坏的可进行修正。

4.转子的检修工艺

对转子的检修要特别仔细。检查前应将转子清洗干净，然后进行探伤。若叶片有裂纹或弯曲时，应予以换新。轴颈磨损，应根据实际情况采用镶套、喷涂、镶铬、刷镀等方法修复。

不管转子是否经过修理，都必须做动平衡试验，转子的不平衡量必须符合说明书或有关技术标准的要求。

5.消音滤器的检修工艺

若消音滤器已经污塞严重，一般采用换新的方法。若是一般的污塞，则可采用清洗的方法。

第五节 涡轮增压器的常见故障及排除方法

一、增压器的喘振

增压柴油机无论采取什么样的增压系统,只要增压器与柴油机匹配良好,在新造之后的初期使用,是不会发生喘振的。可是随着运转时间的增长,增压器系统中各部件可能发生损伤、产生污垢或出现故障,以及柴油机某些部件的故障,致使两者性能发生变化,最后引起匹配不良而发生喘振。各种增压系统常见的喘振区为,单独增压系统在低速运转区;串联增压系统在全速或超速运转区;并联增压系统在刚转换为并联工作时。

增压器的喘振是指压气机中的空气压力和速度发生周期性变化,压气机内空气的正常流通受到破坏而呈现的强烈脉冲流动,从而导致叶轮发生强烈振动。压气机的喘振是压气机的特性在外界条件发生变化的影响下,使气流在叶轮及扩压器中的流量减少而产生严重分离的一种物理现象。增压器发生喘振时必须及时排除,否则将会造成严重事故。下面介绍一些可能发生喘振的原因。

1.柴油机工作时整个增压系统的气体流通道中,任何一个环节因污染而使气体流阻损失加大时,压气机负担加重、背压高、流量小,从而引起喘振。因此,要注意对气体流道进行定期清洁检查,其中空气滤网、压气机叶轮和扩压器、空冷器、汽缸进气口与排气阀、涡轮喷嘴环和叶轮尤为重要。

2.柴油机本身故障导致与增压器匹配不良。例如柴油机活塞环折断、某汽缸气阀卡死、某缸高压油泵或喷油器发生故障等,引起柴油机在油门不变的情况下转速下降,而增压器则维持原来的转速或转速增高,两者失去了原来良好的匹配关系。增压器供给的空气量多于主机对空气的需要量,于是增压器的背压升高,并引起了喘振。

3.运行中的暂时失配。停车过急、加车过快、从空负荷突然增加到全负荷、由全负荷突然降到空负荷、船舶在大风浪中航行主机的转速上下波动等都会造成暂时失配,引起增压器的喘振。

二、增压器的强烈振动

增压器产生强烈振动的原因,主要是旋转零件损坏和转子失去动平衡所造成。

1.叶片的断裂

叶片断裂的原因主要是外来异物,如活塞环折断的碎块及其他金属碎物等冲入涡轮中所造成的。这些异物的冲击造成增压器强烈振动和敲击声。

2.轴承损坏

轴承损坏的主要原因可能是:滑油压力过低,油量不足或断油;滑油变质或油中混进杂质;转子失去动平衡等。轴承损坏后使转子产生串动,从而使增压器发生强烈的振动。

3.转子失去动平衡

转子经过长时间的使用,必然会造成叶片的断裂、变形和腐蚀以及转子轴颈的磨损,这些都可能造成转子失去动平衡。

此外各处的紧固螺栓松动、安装不正确、违章操作、冷却系统出故障等都会引起增压器强烈的振动。

三、柴油机在一定转速和功率下增压压力降低

当增压器的增压压力降低时，若增压器的转速也同时降低，其原因在于废气涡轮或机械方面。属于废气涡轮本身的原因是喷嘴环叶片变形或堵塞、涡轮进气管漏气或堵塞、动叶片变形等。属于机械方面的主要原因是轴承损伤、转动件与固定件相碰摩擦等。

若增压器增压压力降低时转子的转速没明显变化，则原因在于压气机方面，主要是进气滤网阻塞；压气机叶轮和扩压器的气流通道被灰尘或油垢污损，造成压气机效率下降；压气机叶轮背面的气封漏气；扫气箱漏气；空气冷却器内部气道脏污等。

第七章　柴油机主要部件的拆装工艺

第一节　拆装前的准备

柴油机的拆装是柴油机修理工艺过程的重要组成部分。根据修理工艺及柴油机的存在缺陷，制定合理的拆装方案，可加快修理进度、确保装配质量。因此要求所有轮机工作人员认真学习并熟练掌握柴油机的拆装技能。拆装前的准备工作及要求具体如下。

1.熟悉工程内容及修理要求，向船方(或使用方)了解待修机器的运转状态和历次修理情况，了解得越仔细越好。对于关键工程尽早提出修理方案和检验要求，便于备件和专用工具的准备。仔细阅读所拆机器的说明书，编写该机器的拆装工艺，摘录主要部件的装配技术要求、安装间隙。

2.如果有条件或有特殊要求时，主机修理前应进行进厂前的轻载航行试验，以观察主机及调速器的工作性能，观察主机有无异常响声；测量、记录各种参数，如转速、油门开度、各缸压缩压力和爆炸压力、淡水压力、海水压力、各缸排气温度、冷却水温度、润滑油温度和压力、各主轴承滑油温度、废气涡轮增压器的扫气压力等。

对于发电机组，在拆前应做满负荷试验，除了记录上述参数外，还应观察所带泵等设备的运转情况，并做突加、突卸负荷的调速性能试验，并记录好各参数。

3.了解船方专用工具是否齐备，备件供应情况是否良好。如专用工具不齐和备件不足，必须及早准备。

4.严格遵守操作规程，检查周围环境，机舱吊车及各种吊具的安全可靠性。

5.主要零件所需的支架、夹码、木盖、木垫、木楔等及早做好准备。

6.及早做好主要易损件的锻坯和铸坯，如有条件提前加工好，或粗加工做好热处理。

7.对于大型机器的拆装吊运，要有周密的考虑，确保拆检过程安全顺利进行。

8.通知船方协助对油、水、气系统的控制，关好有关阀件。将待拆部位的油、水抽放掉。

9.每拆一部件之前，必须注意原来标志，若原来没有标志的要重新做好，以防安装时发生差错。注意清洁、防尘，所拆零部件按顺序摆放好，防止差错、散失、碰坏。运动部件要涂以适当的润滑油，以防止生锈。

10.凡在船上用火，都要事先申请，批准后才能动火，还要通知船方配合共同注意，切实做好安全防火工作。

第二节　柴油机主要部件的拆装工艺

为了拆卸柴油机的主要零部件，首先应拆除柴油机上的各种管系、仪表和附件，作好记录及标记，封好各管口，防止异物掉入。其次要测量曲轴开档差，并作好记录。测量时要注明船舶的状态，如船舶的装载情况，在水中还是在船坞内等。此外要认真注意本机修理时所需拆验的主轴承邻近各曲柄的开档差，对差值甚大者要重测一、二次，并检验所测数值的可靠性。

一、汽缸盖的拆卸工艺

1.大型低速柴油机汽缸盖的拆卸工艺

拆卸汽缸盖时，先对汽缸盖每个螺母与螺栓的相对位置编号，并作好记号，然后按对角交叉逐一松开摆放好，最好用钢丝绳或麻绳串起来，以免散乱丢失。缸盖吊开后，将缸盖螺母按记号拧回原配螺栓。

吊起汽缸盖。用起吊工具吊起汽缸盖，大型柴油机一般都随机配有这种工具。如图7-1、图7-2分别为MAN-B&W、M·A·N等机型的起吊方法。

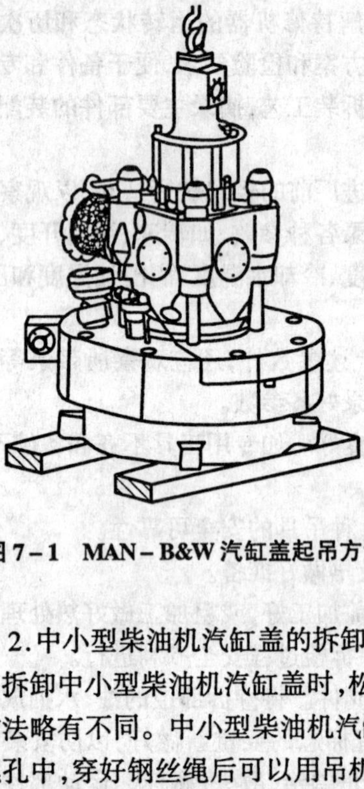

图7-1　MAN-B&W汽缸盖起吊方法

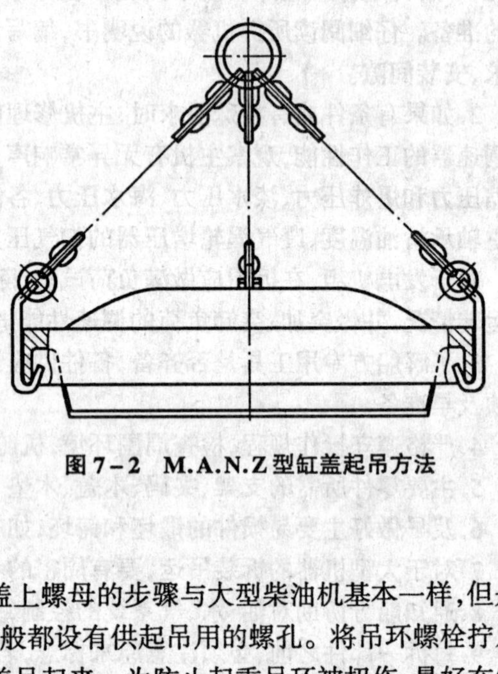

图7-2　M.A.N.Z型缸盖起吊方法

2.中小型柴油机汽缸盖的拆卸工艺

拆卸中小型柴油机汽缸盖时，松开汽缸盖上螺母的步骤与大型柴油机基本一样，但是起吊方法略有不同。中小型柴油机汽缸盖上一般都设有供起吊用的螺孔。将吊环螺栓拧入起吊螺孔中，穿好钢丝绳后可以用吊机将汽缸盖吊起来。为防止起重吊环被扭伤，最好在钢丝绳中加上一块撑板，如图7-3所示。

必须注意，起吊大或中、小型柴油机汽缸盖时，在起吊瞬间切勿用力过大，特别是用电动葫芦时，因为汽缸盖与缸体或缸套接触平面之间经过长期工作之后接触很紧密，所以在起吊瞬间，将钢丝绳拉紧后应用手锤(或中锤)轻轻敲击汽缸盖侧面，并用手摇动钢丝绳，使之松动。汽缸盖一旦有所移动时，即可缓慢地将其吊起，注意不要碰坏汽缸盖螺栓及其他附件。吊起汽缸盖后应用木块垫好放妥，以免碰伤与汽缸套或缸体相接触的平面。若活塞不吊起或暂时不吊起，应用木盖将汽缸盖好，避免异物掉入缸内。

二、活塞连杆组的拆卸工艺

十字头式和筒式活塞连杆组的拆卸是有很大区别的，在这里不一一加以说明。拆卸前和拆卸完毕后都应对曲轴开档差进行测量，并作好记录，以便作为分析和调整开档差的依据。

1.十字头式柴油机活塞连杆组的拆卸工艺

(1)拆卸前对组件主要间隙的测量

①按倒车方向，使活塞在下止点前25°左右、中间位置和上止点后25°左右三个位置，分别测量滑块与导板之间的正、倒车方向时上、下、前、后的间隙，作好记录。

②必要时，测量该缸的连杆大端轴承与十字头轴承配合间隙。

③若某缸压缩压力不正常，应测量该缸压缩室高度。

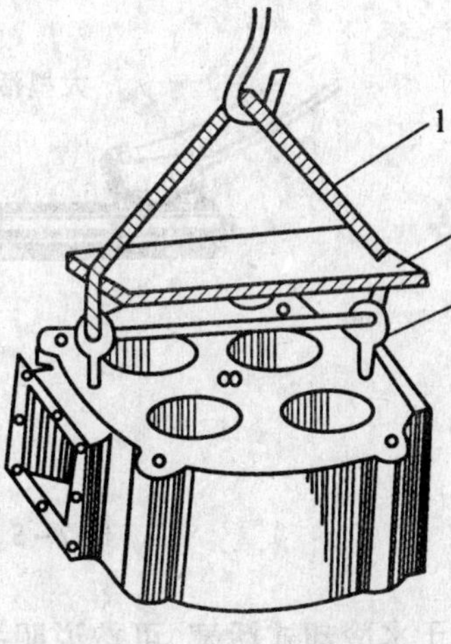

图7-3 吊起缸盖法

1—起重环；2—钢丝；3—撑板

(2)活塞的拆卸　拆卸汽缸盖后，盘车使活塞到下止点，打开机架的导门盖，在曲轴箱内适当位置上铺设好工作垫板，然后用扳手或液压工具拆卸活塞杆与十字头销的连接螺母(拆前要做好螺母与活塞杆及十字头销的相对位置的记号)或连接螺栓。

有的机型(如MAN-B&W机型)，填料箱是与活塞一起吊出汽缸的，故要拆卸填料箱壳与机架的连接螺栓(或螺母)方能吊起活塞。

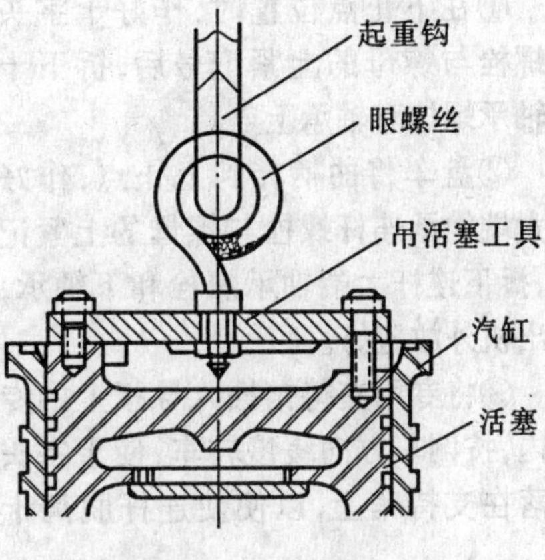

图7-4 吊起活塞

1—吊钩；2—吊梁；3—螺栓；4—活塞

如图7-4所示，活塞顶上一般都设有为拆装活塞时用以安装吊梁的螺孔(有的2个，有的4个)。安装吊梁后，便可缓慢吊起活塞，注意防止碰撞(最好将活塞上头用橡皮包扎好)。直流扫气式柴油机活塞的起吊方法，是通过吊梁上的三个活动爪钩卡在活塞头的环槽内将活塞吊起。

活塞吊出后，放置在活塞座架上。用活塞环拆装专用工具(如图7-5所示)拆下活塞环。拆卸时，活塞环的开口不要撑开太大，使活塞环仅能从活塞上脱下来(或套上)即可。

拆卸活塞环后，将活塞倒转过来(也可以是倒转活塞后才拆卸活塞环)，如图7-6所示，放置好再进行解体。其具体步骤如下。

①拆除冷却液套管1。

②拆卸活塞的连接螺栓3，并作好记号。

③吊起活塞杆2。

④拆下活塞裙4、冷却液导向盘5。

⑤清洗各零件，对活塞头进行探伤。对活塞头和活塞裙各配合部位的尺寸进行测量，并用专用表格进行记录。

⑥各零件检查完毕后，就可以进行组装，其程序与拆卸相反。

⑦试压。活塞组冷却腔的调压压力，对油冷式活塞一般为$1.5P$(P为冷却油额定压

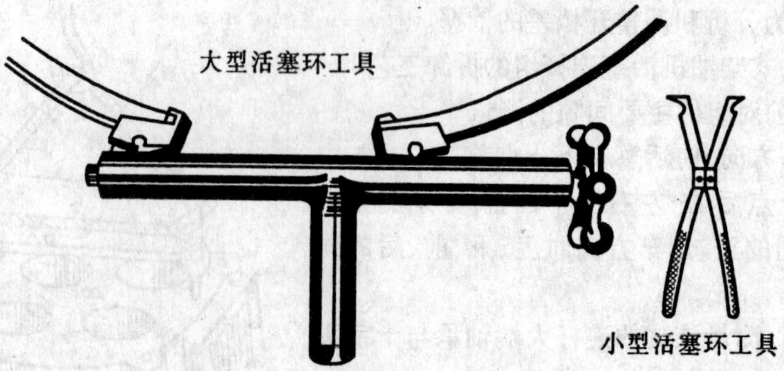

图 7-5　大型柴油机活塞环拆装工具

力)。对于水冷却式活塞,可按说明书的要求进行。

(3)连杆组的拆卸　大型柴油机连杆组的拆卸,具体步骤如下。

①在下止点位置时,作好十字头轴承螺栓与螺母的上紧记号后,拆下十字头轴承螺栓和轴承上盖。

②盘车将曲柄转到上止点,作好连杆大端轴承连杆螺栓与螺母的上紧记号后,拆下连杆大端轴承螺栓和下轴承,并吊出机外放置好。

③将专用支持销插入导板上的专用孔内,按倒车方向缓慢转车,使十字头滑板落在支持销上,以便使连杆脱离十字头。

④利用吊具、滑车将连杆小心地吊出机外放置好。

(4)十字头组件的拆卸

①把专用吊具装在十字头上,并用机舱吊车将其轻轻吊起。曲轴曲柄销应处于下止点。

②拿开十字头支持销,缓缓地放下十字头,使其逐渐脱离导板。

③通过机架内外安装的吊具、滑车将十字头吊出机外放置好。

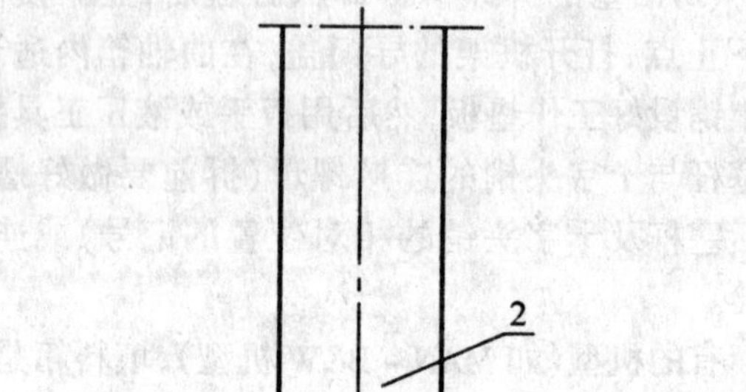

图 7-6　组合式活塞构造

1—冷却液套管;2—活塞杆;3—连接螺栓;4—活塞裙;5—冷却液导盘;6—活塞头

在带活塞的情况下拆卸十字头轴承,以 MAN-B&W MC 机型为例说明拆卸过程。

①将曲轴向下盘车到有足够的空间,以便拆下活塞杆底部螺栓和螺母。先拆下锁紧钢丝,再拆下螺栓。

②在曲轴箱顶板左右方向上的两个吊耳，装上两个葫芦。

③在活塞杆底部每边装上一个吊环螺栓。

④盘车至上止点，用链锁钩住活塞杆上的吊环螺栓，向下盘车，十字头向下移动，活塞杆被两条链锁吊住悬空。

⑤将曲柄销盘至下止点。

⑥在十字头轴承盖螺母上装上承压圈和液压拉伸器，松开十字头轴承盖螺母，拆下液压拉伸器和承压圈，拆下螺母。

⑦在十字头轴承盖上装上两个吊环螺栓，利用曲轴箱顶板左右两个葫芦钩住十字头轴承盖上的吊环螺栓，然后将其吊出。将轴承盖侧放于木板上。检查十字销上部。

⑧将两只起吊葫芦挂上机架壁的起吊支架。

⑨向上盘车，使十字头上行直到活塞杆落在十字头上，确使十字头导向环与活塞杆中心孔正确相配。注意不要拆下索具或吊环螺栓。

⑩盘车到上止点，用葫芦钩住连杆小头左右两个起吊连接件，拉紧葫芦。

⑪在十字头导板上安装四个滑块支座，缓慢向下盘车，直到十字头滑块落在支座上，调整支座，使十字头重力均匀分布在四个支座上，拉紧葫芦。

⑫向下盘车至下止点，同时同步放松葫芦，以稳住连杆。

⑬当十字头落在滑块支座上时，检查下部轴瓦和十字销的下表面。

⑭如果要更换下轴瓦，利用葫芦向机架凸轮轴侧门盖倾倒连杆，拆卸锁紧螺钉，并转动轴瓦，用吊具将其吊出，即可更换轴瓦。

2. 筒式活塞连杆组的拆卸工艺

筒式活塞连杆组的拆卸远没有十字头式柴油机那么复杂，一般步骤是拆除汽缸盖后打开机架导门，拆除连杆螺栓，取出连杆大端轴承盖，然后在活塞顶上装上活塞吊具，将活塞从汽缸中吊出。随后进行活塞连杆解体。

三、汽缸套的拆卸工艺

1. 大型柴油机汽缸套的拆卸工艺

大型柴油机汽缸套的拆卸工艺因机型不同而异，下面以 MAN－B&W－MC 柴油机为例说明汽缸套的拆卸工艺。

①拆除润滑汽缸套的滑油进入管接头。

②如图 7－7 所示，将两个葫芦链连在起吊横梁上，在冷却水套上装上两只起吊螺栓。用葫芦链钩住起吊螺栓，并拉紧汽缸套上装的两只起吊螺栓。拆下将冷却水套固定在汽缸套上的四个定位块。

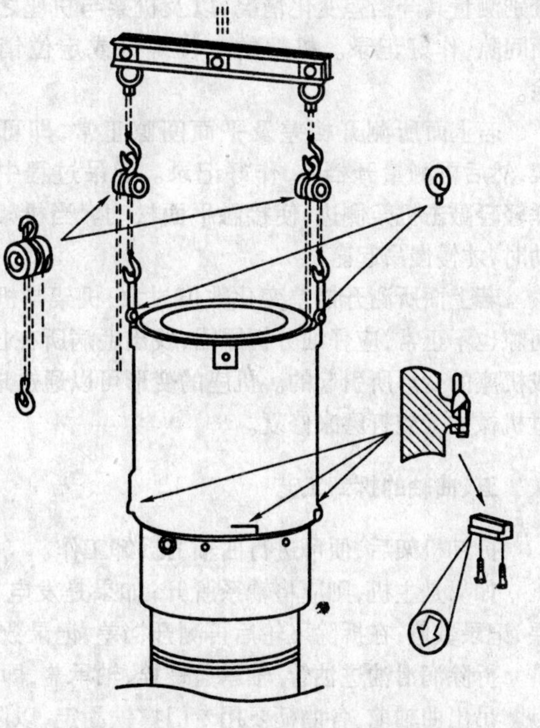

图 7－7　MAN－B&W 汽缸套拆卸方法

③用起吊葫芦吊出冷却水套及汽缸套，并把它放置于木垫块上。

④将冷却水套吊出脱离汽缸套。

⑤检查汽缸套，彻底清洁汽缸套和冷却水套的内部，特别注意清洗 O 型密封圈的环槽内和润滑油道。

其他类型的柴油机汽缸套的拆卸都随机带有专用吊具。某些大型二冲程柴油机汽缸套外侧排气口处上下均设有防漏紫铜环和阻水橡皮圈，经长期工作后，由于结碳和水垢集结于紫铜环与水套之间，所以吊缸套时阻力很大。当阻力太大，用原来的随机工具不能拉出汽缸套时，应根据实际情况重新设计坚实可靠的工具将其吊出。

2. 中小型柴油机汽缸套的拆卸工艺

中小型柴油机汽缸套的拆卸方法如图 7－8 所示。按图示方法安装好整套吊缸套工具，同步扳动千斤顶 1，使缸套向上移动。当千斤顶用力很小汽缸套也能上升时，说明缸套已经松动，此时可用吊车将汽缸套拉出来。

若图中 1 不是千斤顶而是垫块，则用收紧螺母 2 的方法拉出汽缸套，当扳动螺母 2 感到用力较小时，即可将缸套吊出。

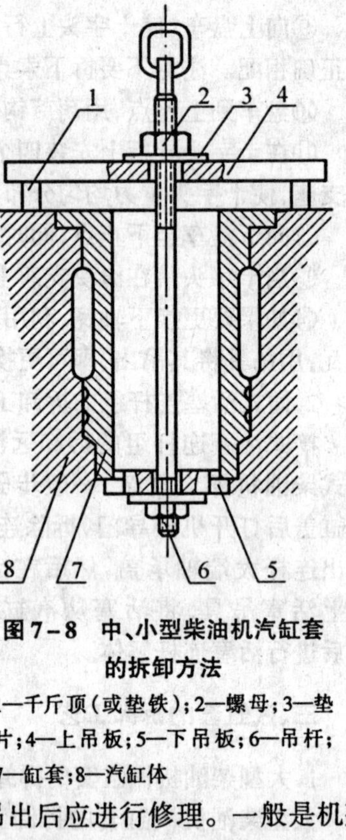

图 7－8　中、小型柴油机汽缸套的拆卸方法

1—千斤顶（或垫铁）；2—螺母；3—垫片；4—上吊板；5—下吊板；6—吊杆；7—缸套；8—汽缸体

四、机架的拆卸工艺

中小型柴油机的机架与汽缸体是连成一体的，当需要吊出曲轴或更换全部主轴承时，则首先要拆除机架。拆卸机架前先要全部拆除所有贯穿螺栓和地脚螺栓，并分别测量其开档差变化情况，以及机架与机座之间的平面间隙，作好记录。机架的定位螺钉或定位销也应拆除。

若上面所测开档差及平面间隙正常，即可吊起机架，然后再测量开档差，作好记录。起吊过程中要用手锤轻轻敲击机架侧边，使接触平面松动。当机架发生移动时，才慢慢吊起。

若上面所测开档差变化数值过大，机架与机座平面间隙也不正常，应仔细分析原因，找出毛病所在位置，机架吊出后应进行修理。一般是机架或机座的变形所引起的。机座的变形可以通过地脚螺栓和垫片进行调整，机架的变形要通过机械加工或打磨来修复。

五、曲轴的拆卸工艺

拆卸机架后，便可进行曲轴的拆卸工作。

如果是主机，则应将轴系脱开；如果是发电机，则应将发电机转子脱开，然后测量开档差，记录数值；在拆除飞轮后再测开档差，记录数值。

拆除润滑油进油管、轴承盖螺栓、轴承盖，即可吊出曲轴。

吊出曲轴前，各曲柄要用专门撑铁固定，以防起吊过程中曲轴发生变形。同时，曲轴吊出后应放在预先做好的木架上，不得随意放置。

吊出的曲轴，各轴颈应涂以润滑油，并用帆布包扎好，避免锈蚀与碰坏。千万不可疏忽，否则会造成重大的损失。

六、主轴承的拆卸工艺

大中型柴油机，特别是大型柴油机，修船时，一般都是拆检若干道主轴承。待拆检的主轴承由两方面决定：其一，根据曲轴开档差大小决定拆检哪几道主轴承；其二，根据规范要求，每道主轴承工作 15 000 ~ 20 000 h 后至少拆卸一次。

主轴承上瓦拆除较简单，拆出润滑油管、轴承盖螺栓，将轴承盖吊出，便可取出上瓦。大型柴油机主轴承下瓦的拆卸就比较麻烦。中、小型柴油机拆出下瓦时，是用一个销钉插入主轴颈的油孔中，盘车转动曲轴，下瓦就被销钉推着转出来。

大型柴油机因曲轴较重，转出或转入下瓦时要特别注意。在拆除主轴承时，首先要检查曲轴轴心线与轴承座孔中心线是否偏移，即主轴瓦内外圈是否偏心。如果偏心，需注意转出方向。

在下瓦转出时常常会出现意想不到的困难，因此在转出下瓦前就应考虑到如何安装，特别是自由端和飞轮端第一道主轴承，要认真研究，采取切实安全可靠的方法和步骤。

拆卸主轴承下瓦常用的方法是液压千斤顶法。此法就是用液压千斤顶将轴颈顶起某一值（图 7 – 9），然后用绳子将下瓦拉出（图 7 – 10）或用专用转瓦工具将下瓦转出（图 7 – 11）。

绳子拉出法。拉出前先将垫块 2（图 7 – 10）用两个螺钉固定于下瓦上，把绳子 1 置于垫块 2 的半圆型凹槽中，两端绕过下瓦边缘后挂在滑车上，然后才将下瓦拉出。

转瓦工具转出法。先从下轴瓦上拆下锁紧螺丝 3（图 7 – 11），在下轴瓦的上部放置专用转瓦工具 2，保证转瓦工具的档板处于轴承壳的油槽中。转动下轴瓦使之上升，直到它位于主轴颈的上部。用吊瓦梁 1 将下瓦吊出。

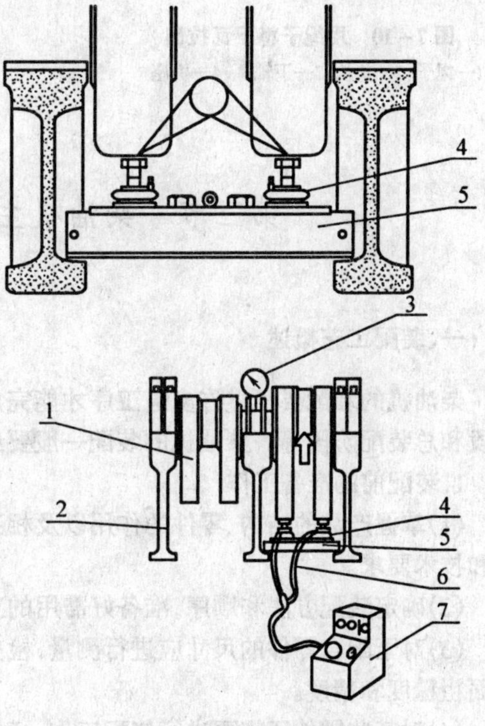

图 7 – 9　顶起轴颈

1—曲轴；2—机座；3—千分表；4—千斤顶；5—托架；6—压力油管；7—油泵

用千斤顶将主轴颈顶起一个 S 值，S 值可用千分表测量（图 7 – 9 中的 3）。S 一般为 0.16 ~ 0.25 mm。如果曲轴下沉量太大或下轴瓦两侧壁厚大于底厚太多，则 S 值往往需要加大，但一般不应超过 0.25 mm。顶起主轴颈前，需检查相邻两主轴承的装配间隙。如间隙大于 0.25 mm，不必松开相邻主轴承盖，否则必须松开主轴承盖。

顶起主轴颈后，取出下瓦前在轴颈处加机油润滑，减少接触面摩擦，便于转出。

拉出下瓦后，即可放泄压力油，取出液压工具。

为防止曲轴发生变形，不论采用哪一种方法，都不能将相邻两道主轴承同时转出。拆出下瓦后轴颈应涂上润滑油，并用布盖住，防止杂物掉入油道。

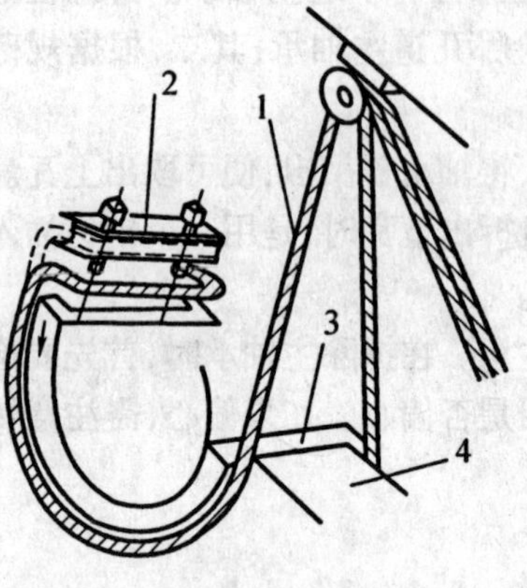

图7-10　用绳子将下瓦拉出

1—绳子；2—垫块；3—下轴瓦；4—机座

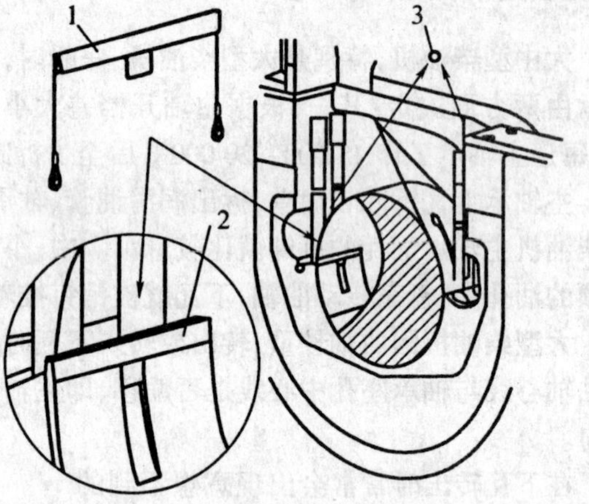

图7-11　转瓦工具将下瓦转出

1—吊瓦梁；2—转瓦工具；3—锁紧螺丝

第三节　柴油机主要部件的安装工艺

一、装配工艺概述

柴油机的装配要经过许多道工序才能完成，大致可分为准备阶段、部件装配、分段预装阶段和总装配阶段等。柴油机的装配一般要经过以下几个工艺流程。

1.装配前的准备工作

(1)掌握产品的结构、零件的作用以及相互连接关系，熟悉柴油机产品的装配图、工艺文件和技术要求。

(2)确定装配方法和顺序，准备好需用的工具、量具和有关材料。

(3)对于配合零件的尺寸应进行测量，检查其是否符合图纸及规范的要求，尤其是零件表面粗糙度和精度。

(4)对某些零件还需要进行修配工作。对于有特殊要求的零件还要进行动、静平衡试验或密封性试验。

准备工作是装配质量和速度的保证，必须认真仔细地进行工作。

2.部件装配工作

部件装配根据柴油机的结构特点和各个部件的主要功能，大致可以分为以下几类部件。

(1)固定部件　有汽缸盖、机架、汽缸体、机座、进气与排气总管、贯穿螺丝、主轴承和凸轮轴箱等。

(2)运动部件　有活塞和活塞环、活塞销或十字头、活塞杆、连杆、曲轴和飞轮、凸轮轴及其传动机构、进排气阀及其传动机构、齿轮或链条传动装置等。

(3)精密偶件　有喷油泵(高压油泵)、喷油器、调速器(液压)、启动空气分配器、直流扫气排气阀液压驱动装置、汽缸注油泵等。

(4)主要辅助装置　有涡轮增压器、空气冷却器、启动装置、盘车机、润滑装置、冷却装置、操纵装置、各种传感装置和仪表仪器以及保险装置等。

在部件装配过程中,各零部件必须达到技术要求,按照船检规范进行装配,不允许存在任何疏忽或缺陷。

3.分段预装工作

对于大型柴油机来说,由于装配工作量大,零部件较重,体积又大,因此必须采取分段预装。按照最佳设计方案,在条件最好的车间内,将各个零件组装在分段内,并进行调试,达到规范要求,然后将各个分段吊运到船上进行定位组装。

4.总装配工作

总装配工作就是将各个合格的分段(或部件)按设计顺序进行装配的过程。在装配过程中必须严格按照并达到规范(或图纸)所提出的各项技术要求,安装后必须进行调整,从而装配成一部合格的柴油机。

柴油机总装完毕后,要进行总体调整,各系统进行调试,各部分都合格后进行试车,试车过程中也要进行调整,最后使整部柴油机符合船检规范的要求。

二、主轴承的安装工艺

柴油机主轴承装入下瓦前,轴瓦与轴承座孔要清洁干净,加上足够的润滑剂,最好是含有钼的润滑剂,如二硫化钼等。转入下瓦的方法与转出相同。

主轴承装配间隙的测量可采用压铅丝的方法,如图 7-12 所示,在主轴颈上面一定距离横放 2~3 根软铅线,铅线的长度比轴颈半圆周短些,用黄油固定。铅线的直径比估计的轴承间隙要大些。主机一般取 0.80 mm,辅机一般取 0.50 mm。然后装上上轴瓦及轴承盖,按照说明书提供的数据上紧轴承盖螺栓,并作好上紧记号,将轴承盖拆下,取出被压扁的铅线放置于纸板上,注意前、后、左、右位置,用外径千分卡测量被压扁的软铅丝的厚度值,即为轴承间隙,记录于专用表格中。上紧轴承螺栓时,要两边交替均匀上紧。铅丝的硬度要低于轴承合金,避免铅丝压入轴瓦表面合金内,影响测量精度。压铅丝测量间隙若符合规范要求,即装复,上紧,装好保险装置。若不符合要求,可加减轴承两边的垫片,进行调整。

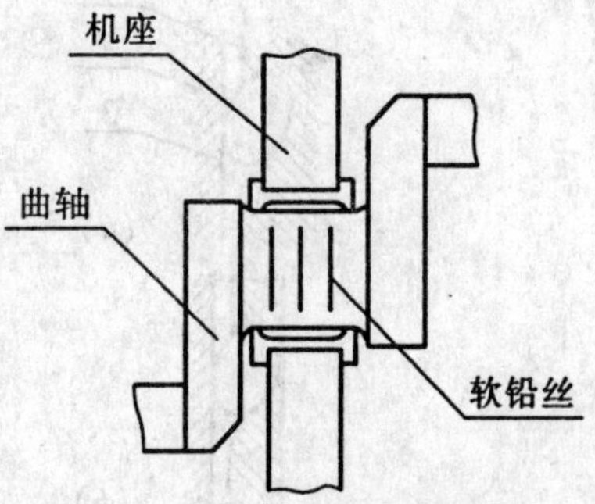

图 7-12　压铅丝测量轴承间隙

对于全部更换主轴承的柴油机,按要求拂刮好主轴承下瓦(厚壁轴瓦),调整好开档差后,即可安装曲轴,调整轴承间隙,上紧轴承盖,重新测量开档差并作好记录。此时用手或棍棒转动曲轴,应能顺利转动,不会有卡紧现象。

二、汽缸套的安装工艺

1.大型柴油机汽缸套的安装工艺

(1)安装橡胶密封圈(如图 7-13 所示)　将汽缸套上的密封胶槽清洗干净,用密封胶把胶槽填满，并把新的橡皮圈装入相应的槽中，注意防止胶条扭转，若已扭转，可插入小圆棍（如螺栓刀）沿缸套外径旋转两三周即消除。

密封圈虽有弹性，但实际上是不能压缩的，因此汽缸套外圆的密封凹槽的深度应保证 O 型橡胶密封圈突出外圆表面，如图 7－13 中(a)所示，其突出高度为 O 型橡胶圈截面直径的 15%～20%，密封性最好，而且密封凹槽的截面积为 O 型橡胶圈截面积的 1.25 倍，这样缸套装入后，胶圈便会有变形的空间，如图 7－13 中(b)所示。

橡皮圈在松弛状态下的内径 D'（图 7－13 中(c)），应比槽底直径 D 小 8%～10%。

(2)检查紫铜密封圈（如图 7－14 所示）　紫铜圈的作用主要是对排气口、扫气口燃气及新鲜空气的密封。紫铜圈与汽缸体内径的配合松紧程度以安装时汽缸套靠自重滑入汽缸体为宜。

对于新的汽缸套，在压入汽缸体之前，紫铜圈的直径 D 应比汽缸体内径大 0.14～0.16 mm，如图 7－14(a)所示。

$$D' = D + (0.14 \sim 0.16)\text{mm}$$

式中　D'——紫铜圈外径；

D——汽缸体内径。

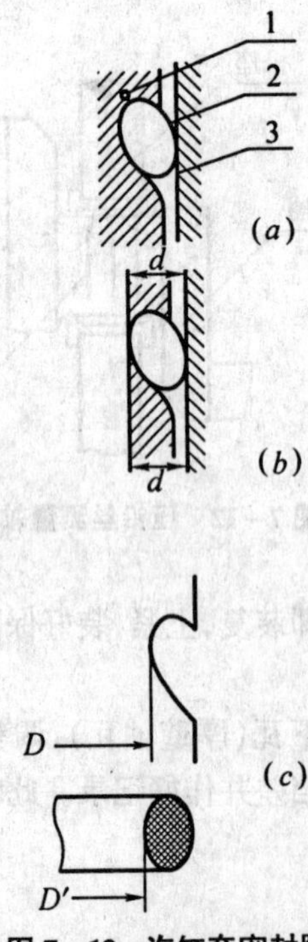

图 7－13　汽缸套密封圈

1—汽缸套；2—胶圈；3—汽缸体

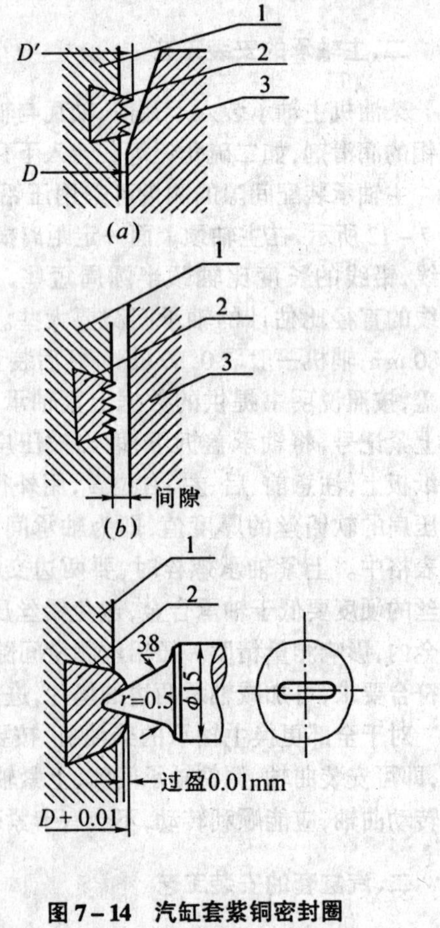

图 7－14　汽缸套紫铜密封圈

1—汽缸套；2—紫铜圈；3—汽缸体

经长期运转后，紫铜圈可能因变形而产生间隙(图 7－14 中(b))，不再起密封作用。这时应把密封圈外径增大，增大方法如图 7－14 中(c)所示。旧缸套紫铜圈增大后的直径应比汽缸体内径大 0.10 mm。

(3)把汽缸套装入气缸体内　在汽缸套装入汽缸体内之前，应用压缩空气检查汽缸套上部注油孔是否已经畅通无阻，同时在汽缸套外表面及汽缸体内壁与汽缸套配合处涂以足够的润滑剂(包括橡皮圈上)，然后再用吊车及吊具将汽缸套缓慢放入汽缸体内，直至紫铜圈进入汽缸体内孔为止。汽缸套上有非常精细的标志，必须使它与汽缸体上面的标志对准。

取下汽缸套吊具，把汽缸盖放到汽缸套上，然后交叉地把汽缸盖螺母均匀上紧，直到把汽缸套压入汽缸体中。对于新的汽缸套或汽缸体，在压紧之前要适当转动汽缸套(可在任一端部气口处装上一个小千斤顶来推)，使各个汽缸注油管和汽缸套上的安装孔中心线对准。当汽缸套达到正确位置后，在其顶部外缘做上一个与汽缸体上相应记号完全对准的标记。

吊开汽缸盖，对汽缸套内径进行测量。因为如果密封胶圈截面积较大或紫铜圈与汽缸体过盈量太大，在汽缸套装入汽缸体以后，会造成汽缸套发生变形甚至压坏，所以必须对汽缸套内径进行测量和检查。缸套内直径的变化量应不超过缸套新加工内孔圆度和圆柱度的 1.5 倍。

上述测量合格后，再装上汽缸盖，上紧汽缸盖螺母，接着上好冷却水接头和汽缸注油接头，并对汽缸套安装质量进行水压密性试验，试验压力为 1.25 倍冷却水工作压力，保持 15 min不漏。

2.中小型柴油机汽缸套的安装工艺

安装顺常与拆卸相反，具体做法较简单，可参照大型汽缸套安装方法进行。

三、活塞连杆组的安装工艺

1.十字头式柴油机活塞连杆组的安装工艺

(1)安装活塞杆填料箱。

(2)盘车使该缸曲柄销转到下止点，装上十字头和滑块，并用销座固定在导板上。

(3)安装连杆。安装前先把十字头下轴承装在连杆上，并在曲柄销颈及连杆大端和轴承涂上适当的润滑油。安装程序与拆卸相反。

(4)盘车到上止点，松开销座，放下十字头，使十字头销落在十字头轴承上，接着安装十字头轴承盖，上紧轴承螺栓。

(5)利用活塞环拆装工具将活塞环装在活塞上，并涂以适当的润滑油。摇动注油器，向汽缸套内注油，当每个注油孔都有油溢出后才能进行活塞的安装，安装前应在缸壁上涂以润滑油。将活塞环导入工具(图 7－15(a))装于汽缸上以便将活塞环收拢，引导活塞下到汽缸套内。

为了避免损坏填料箱中的刮油环和密封环，应在活塞杆下端夹装上专用于装配的两半式锥形体，如图 7－15(b)所示。活塞杆下端螺纹也应用木条或胶皮包扎好，以免碰坏螺纹。

(6)吊装活塞。当活塞杆端部装入十字头后，用专用扳手或液压拉伸器将活塞杆与十字头紧固，并上好保险装置。

2.筒式活塞连杆组件的安装工艺

可参照大型活塞的安装方法进行安装。首先将曲柄销盘车转到上止点，然后在汽缸上部放上活塞环导入专用工具锥形圈，在汽缸套内壁、曲柄销、连杆大端轴承、活塞环处涂上适

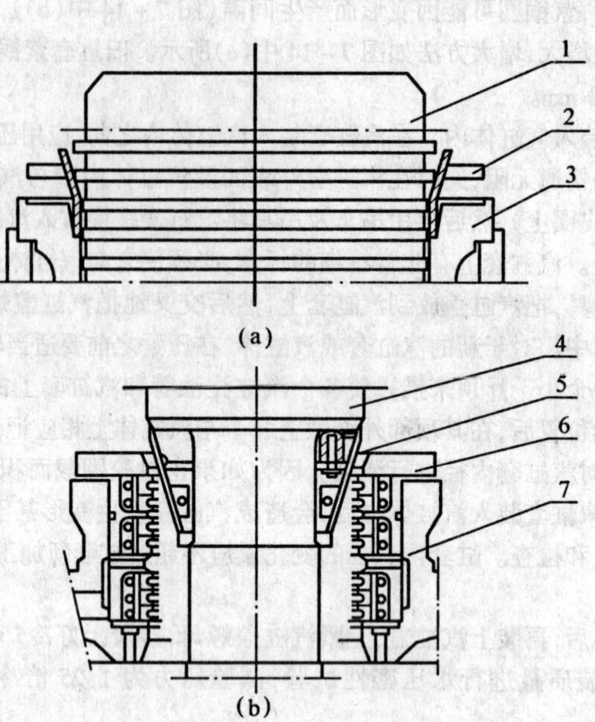

图 7－15　安装活塞工具

(a)用锥形圈导入活塞环；(b)用两半式锥形体导入活塞杆

1—活塞头；2—锥形圈；3—汽缸套；4—活塞杆；5—锥形块；6—填料箱；7—汽缸体

当的润滑油，接着吊起活塞连杆组慢慢地放入汽缸中，使连杆大端轴承落在曲柄销上。盘车到适当位置装上连杆大端轴承盖，上紧轴承螺栓，并上好保险装置。用棍棒将连杆大端作轴向左右移动，检查是否移动自如，同时盘车检查安装质量是否良好。

四、汽缸盖的安装工艺流程

1．按拆卸时的方法吊起汽缸盖，用压缩空气将整个汽缸盖吹净，彻底清洁汽缸盖底面、与汽缸体的接触面、螺栓的螺母。

2．在螺栓、螺母及承压面上涂以适当的二硫化钼润滑剂，这样可以避免螺纹和承压面被咬住或咬伤。

3．按原来方向将汽缸盖放到汽缸体上，然后上紧螺母。上螺母时应由机器的纵向中央开始到两侧对角交叉进行。如图 7－16 所示为 6ESDZ76/160 型柴油机汽缸盖螺栓上紧顺序。每个螺母需分若干次按顺序均匀上紧，不可一次上紧，以免汽缸套歪扭变形，影响汽缸盖与汽缸套的气密。最后一次上紧时，应使各螺母所受扭力一致。

4．有的汽缸盖分为外圈和中央两部分，先安装外圈汽缸盖后才安装中央汽缸盖，上紧顺序应严格按说明书要求进行。

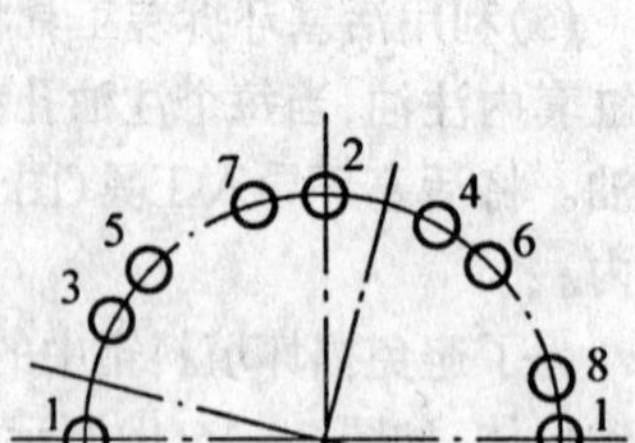

图 7－16　6ESDZ76/160 缸盖螺栓上紧次序

5. 安装汽缸盖时，还应注意到压缩室（即余隙空间）的高度，此高度可通过连杆大端轴承与连杆底脚之间的垫片（称为调整垫片）来调整。压缩室高度应符合说明书要求。

6. 上紧汽缸盖螺母的工具有三种，液压拉伸工具、风动冲击扳手、人工扳手。

7. 中小型汽缸盖的安装较为简单，可参照说明书或大型汽缸盖螺栓上紧的要求进行。

第四节　运动部件装配中心线校正工艺

一、柴油机活塞连杆运动部件平台校正工艺

十字头式柴油机活塞连杆运动部件在平台上校正，包括活塞头部、裙部、活塞杆、十字头、滑块等部件的连接测量与调整。这些部件安装不正或偏差过大，都会影响到活塞连杆运动部件在汽缸中的校中。所以活塞组件在车间拆卸、清洁、组装后，应进行校中测量，合格后才能运至船上安装。

1. 活塞与活塞杆的校正工艺

活塞与活塞杆的连接，应使活塞的中心线与活塞杆的中心线保持一定的同轴度。因此组合装配后，应进行同轴度的检查。检查方法为，将活塞整体卧放在平台的两块V形铁上，如图7－17所示，用百分表进行测量，先将活塞杆身调整与平台平行，再测量活塞头、活塞裙、活塞杆端的跳动量。为防止轴向移动，应有轴向止推装置。

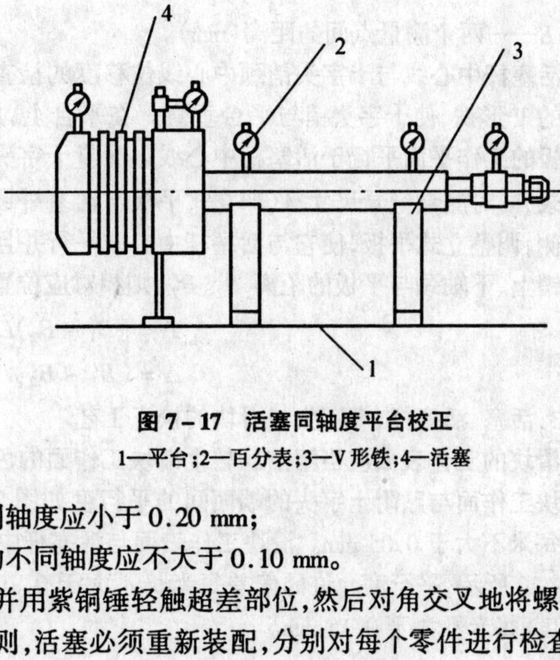

图7－17　活塞同轴度平台校正

1—平台；2—百分表；3—V形铁；4—活塞

活塞与活塞杆装配后应符合下列要求：

（1）活塞头对活塞杆中心线的不同轴度应小于0.20 mm；

（2）活塞裙部外圆对活塞杆外圆的不同轴度应不大于0.10 mm。

若超差，可将连接螺母略松一点，并用紫铜锤轻触超差部位，然后对角交叉地将螺母上紧，反复校正，直至符合标准为止。否则，活塞必须重新装配，分别对每个零件进行检查，找出超差零件或部位，修正后再重新装配。

2. 活塞、活塞杆及十字头的的校正工艺

活塞与活塞杆装配符合标准后，再与十字头装配，其应符合下列标准要求（测量方法如图7－18所示）：

（1）活塞杆中心线与十字头销颈中心线应互相垂直，其偏差每米长不大于0.05 mm；

（2）活塞杆与十字头销之间的连接部位（或连接螺母），装妥后，其支承面之间用0.05 mm塞尺检查，不应插进；

（3）活塞杆中心线与十字头销颈中心线应相交，其允许偏差（位移度）不超过1 mm。

用百分表检查活塞杆与十字头销中心线的垂直度，如图7－18(a)所示。将活塞置于平

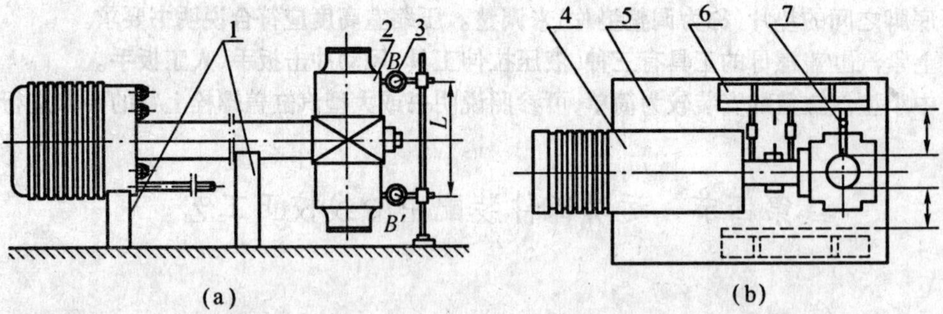

图 7－18　十字头销颈轴心线与活塞杆轴心线不垂直度和位移度检验

1—V 形铁；2—十字头销；3—百分表；4—活塞；5—平台；6—活塞平台；7—内径千分尺

台上，用 V 形铁 1 支撑活塞和活塞杆，并校正活塞和活塞杆中心线，使之与平台平行，再用百分表 3 测量十字头销 L 长度上的两点，如图中(a)，记录读数 B 和 B'，其不垂直度 Δ 为

$$\Delta = \frac{B - B'}{L} \times 1\,000 \quad (\text{mm/m})$$

式中 L——两个测量点间的距离(mm)。

活塞杆中心线与十字头销颈中心线位移度的检查方法，如图 7－18(b)所示。首先调整活塞的 V 形铁，使十字头销与平台垂直。在平台上，放置一立式平板，调整立式平板，使立式平板的工作平面平行于活塞杆中心线。测量十字头销上、下轴颈与平板的距离 B_1、B_1' 并作记录，同时测量记录尺寸 A(即立式平板与活塞外圆的距离)。再将立式平板移至活塞杆另一侧，调整立式平板，使它与活塞杆中心线平行并且与活塞杆外圆的距离等于 A。量取十字头销上、下轴颈与平板的距离 B_2、B_2'，则相对应位置尺寸 B 的差值即为其位移度 Δ

$$\Delta = (B_1 - B_2)/2$$

$$\Delta = (B_1' - B_2')/2$$

3. 活塞、活塞杆、十字头与滑块的校正工艺

滑块的工作表面应当清洁。整个滑块工作面的色油接触点必须均匀分布。用百分表检查滑块工作面与贴附十字头的端面间的平行度如图 7－19 所示。平行度的偏差，在滑块长度内每米不大于 0.05 mm。滑块工作表面与活塞杆中心线间的平行度，可用百分表检查，如图 7－20 所示，平行度允许的偏差每米长不大于 0.10 mm。滑块两侧面对活塞杆中心线的平行度，每米不大于 0.15 mm。

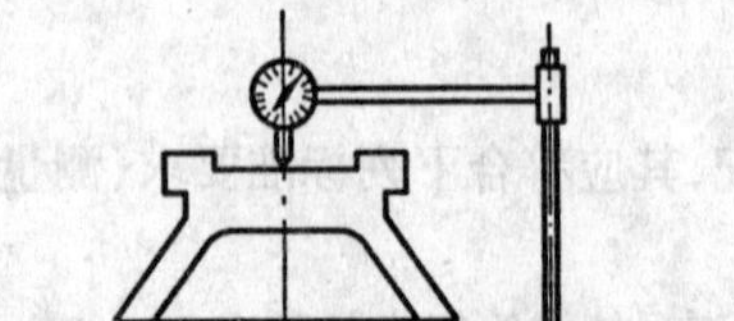

图 7－19　检验滑板工作表面与其贴附于十字头表面间的平行性

图 7－20　检验滑板工作表面与活塞中心线间的平行性

4.筒式活塞连杆安装后的检验

活塞、连杆和活塞销的组装一般采用加热的方法。先制造一个T形量钉,其长度等于活塞销直径加上0.15~0.25 mm。将活塞加热一段时间后,用量钉测量活塞销孔,以量钉能通过为限,记下加热时间。以后各个活塞就按这个时间进行加热。活塞加热后,立即安装活塞销和连杆。动作要迅速准确。

装配后,检查连杆杆身与活塞外圆表面的平行度及连杆大端轴承的轴心线与活塞轴心线的垂直度。检查方法如图7-21所示,先把活塞上的活塞环取下,并把活塞顶部放在平台上,把木楔塞入活塞及连杆杆身之间,使连杆处在垂直位置,把连杆沿着活塞销移向直尺一边。直尺是紧靠活塞外圆的,用内径千分尺测量直尺至连杆杆身的距离,作好记录。然后把尺放到活塞的另一边,连杆沿活塞销移到对面,并在和第一次量的同高度处再测量由直尺到连杆杆身的距离,作记录。两次测量的结果,可按下式计算,不垂直度为

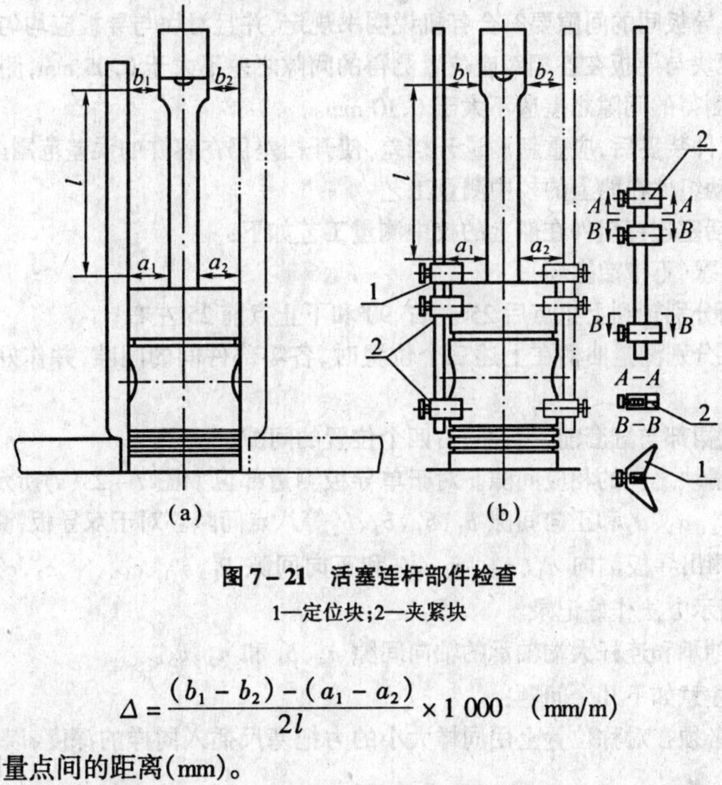

图7-21　活塞连杆部件检查

1—定位块;2—夹紧块

$$\Delta=\frac{(b_1-b_2)-(a_1-a_2)}{2l}\times 1\,000 \quad (\text{mm/m})$$

式中 l 为两测量点间的距离(mm)。

上式所得之值为每米长度上的垂直度。不垂直度应小于0.15 mm/m,否则连杆倾斜过度。此时可将连杆取出,把连杆转过180°,再装到活塞上,并重新按上述测量方法测量。连杆在此新位置上,如果原来到测量尺距离较大的那边,现在还是大,则证明活塞销孔倾斜。如果连杆在新的位置上,原来距尺较小的那一边现在是距尺较大的一边,这表示连杆小头轴承轴心线与连杆杆身的轴心线互不垂直。

二、活塞运动组件在船上的校中工艺

柴油机各运动部件组装并在车间经检验符合规范要求后,便可进行船上的安装工作。

1.活塞活动组件在船上安装的技术要求,可参考最新船用柴油机修理技术标准的规定。

下面仅介绍在校正工作时必须满足的技术要求。

(1)活塞与缸套的间隙应符合规范或各机说明书的规定。要特别注意,在分析横向的活塞与汽缸套间的间隙数值是否合理时,还要考虑各机型的特点。对于直流扫气柴油机,因汽缸受热均匀,所以在安装时,一般应使正车导板一侧活塞与汽缸套的间隙较对侧的间隙大0.10~0.15 mm,以使导板磨损后活塞与汽缸套的间隙仍然均匀。而对于弯流扫气式柴油机,因排气侧气口变形大,活塞要离排气口远一些,这时活塞与汽缸套间隙应使无气口一侧间隙小一些,以保证柴油机安全可靠地工作。

(2)活塞在汽缸内沿柴油机纵向任何位置时的倾斜不宜过大。汽缸直径小于350 mm者,活塞的倾斜不应超过0.02 mm/100 mm活塞行程;汽缸直径大于350 mm者,活塞的倾斜不应超过0.01 mm/100 mm。

(3)活塞在汽缸内上、中、下三个位置的间隙变动值不大于0.15 mm/m。在任何情况下,任何位置时,活塞与汽缸套间的间隙应不小于总间隙的20%。

(4)滑块与导板间的间隙要符合各机说明书规定,并且滑块与导板应均匀接触。在滑块整个行程中,滑块与导板在各相对应位置测得的间隙之差不大于0.05 mm,侧向导板与滑块在各相对位置测得的间隙之差应不大于0.10 mm。

(5)运动组件装妥后,应重新测量开档差,使开档差仍在容许的误差范围内。

2.活塞运动组件在船上的校中测量工艺

十字头式活塞连杆组件在船上的校中测量工艺如下:

(1)装上活塞(不带活塞环);

(2)将曲柄分别转到上止点后25°左右、90°和下止点前25°左右;

(3)用塞尺分别测量曲柄在上述三个位置时,各零部件间的间隙,并作好记录。如图7-22所示。

①活塞头、裙部与缸套前、后、左、右四个位置的间隙。

②导板与滑块之间的相应间隙。对于单导板测量部位如图7-23(a)所示,测出导板的侧向间隙 a_1、a'_1、a_2、a'_2 和正向间隙 b_1、b'_1、b_2、b'_2 等八点间隙。对于双导板,测量部位如图7-23(b)所示,测出导板侧向 a_1、a'_1、a_2、a'_2 和正向间隙 b_1、b'_1、c_1、c'_1、c_2、c'_2、b_2、b'_2 等12点间隙,并按图示方法作好记录。

③十字头轴承和连杆大端轴承的轴向间隙 a_4、b_4 和 a_5、b_5。

测量时需注意如下几个问题:

①测量时必须在对称位置上用同样大小的力把塞尺插入同样的深度,以防止活塞摆动影响测量;

②对于旧缸套,应考虑其磨损不均匀、工作表面产生不圆度及不柱度的影响;

③要确保滑块完全压在导板上;

④对于短活塞,将测量点选在活塞的上部和填料箱孔处,即测量活塞杆与孔壁间的间隙;

⑤注意船舶倾斜对数据的影响。

对于非十字头式活塞连杆组件的校中测量工艺比较简单,只需分别测量活塞在上、下止点时活塞与汽缸的间隙,而且只需要测量前、后间隙。

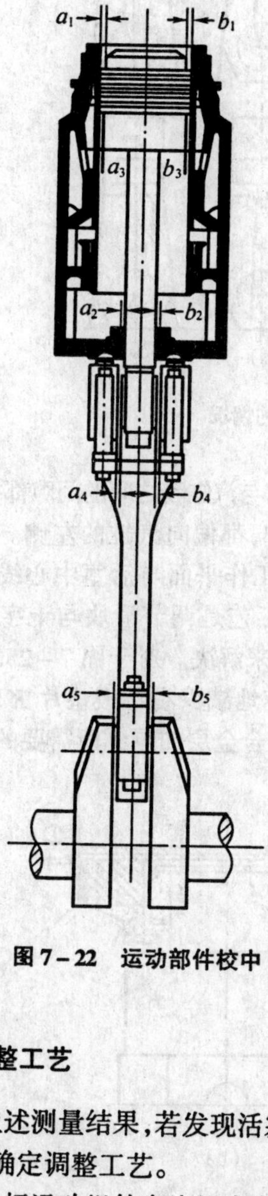

图 7－22　运动部件校中

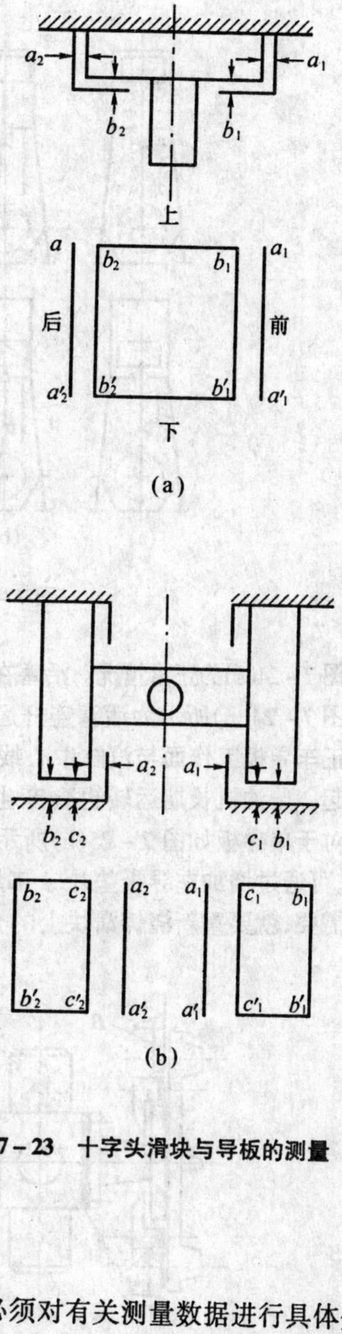

图 7－23　十字头滑块与导板的测量

三、调整工艺

根据上述测量结果，若发现活塞运动组件不正时，必须对有关测量数据进行具体分析，找出原因，确定调整工艺。

活塞连杆运动组件在汽缸内失中现象，可概括为横向失中和纵向失中，现分述如下。

1.活塞运动组件的横向失中及调整工艺

横向失中现象在非十字头式柴油机中一般不会出现，而十字头式柴油机在横向容易产生失中，这是由于导板工作平面与汽缸中心线不平行或导板与活塞杆中心线不平行所引起，造成活塞在汽缸内的横向倾斜。

图 7－24 所示为活塞运动部件在横向方向上可能产生的现象。

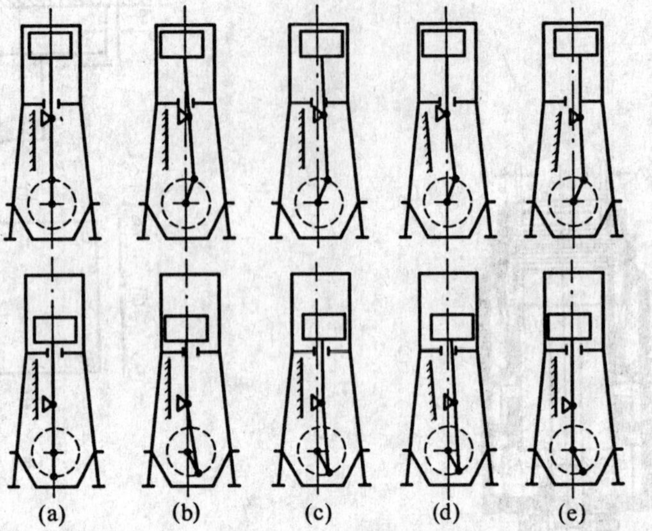

图 7－24　运动部件横向失中的情况

图 7－24(a)为正常情况。活塞在上止点和下止点时，它与汽缸套之间的间隙都符合要求。

图 7－24(b)所示为活塞连杆运动部件在整个行程中，都偏向汽缸的左侧。这种现象可能是正车导板工作面与汽缸中心线的距离偏大，或滑块工作平面与活塞中心线的距离偏小所引起。柴油机长期运转也会产生这种现象。其调整工艺是调节滑块与十字头之间的垫片。对于单导板如图 7－25(a)所示，可通过增加垫片 *F* 来解决。对于图 7－25(b)所示的双导板，可通过增加左导板垫片 *J* 来解决(注意此时也相应地减少右导板垫片 *K*)。若还不能满足需要，就要重新浇铸滑块上的合金层来解决，即将白合金层加厚到所需要的厚度。

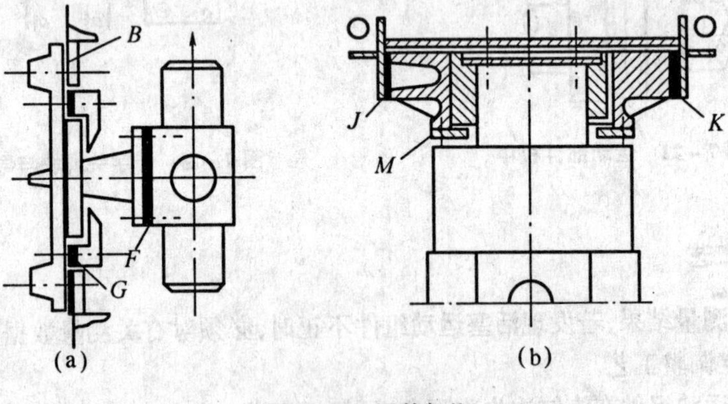

图 7－25　调整部位

图 7－24(c)表示活塞一直靠向汽缸的右侧。这种偏移现象与图(b)相反，调整方法亦相反。

图 7－24(d)是活塞在上止点附近时偏向左，在下止点附近时偏向右。这种现象是由于导板工作面相对汽缸中心线倾斜或滑块工作面与活塞杆中心线不平行所引起的，可以通过调整导板与机架之间的垫片或滑块与十字头之间的垫片加以解决。

图 7－24(e)和(d)的情况相同，只是偏斜的方向相反，调整方法同(d)。

2.活塞运动组件的纵向失中和调整工艺

无论是十字头式还是非十字头式柴油机,活塞运动组件在纵向的失中现象都是类似的,产生原因和消除工艺也相似。现以非十字头式柴油机为例进行分析。

非十字头式柴油机的活塞运动组件在纵向可能出现的几种情况,如图 7-26 所示。

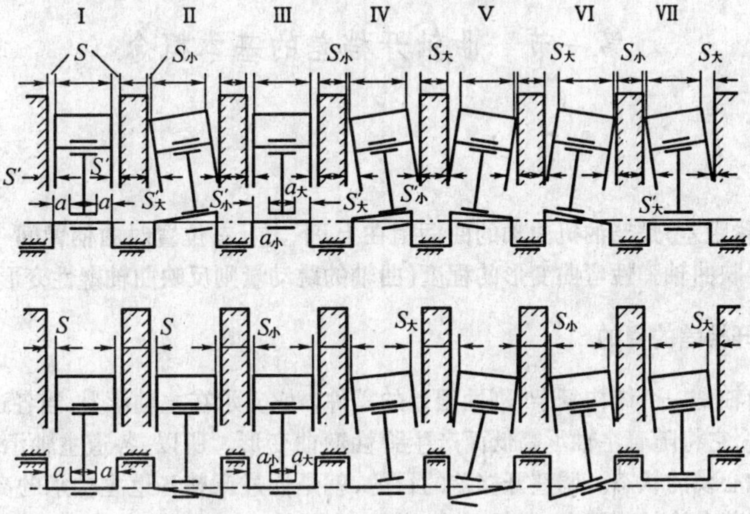

图 7-26 运动部件在前后方向失中的各种状态

Ⅰ表示正常位置;Ⅱ表示曲柄销单面有锥度,修整曲柄销;Ⅲ表示大、小端轴承轴向平移,不必修理;Ⅳ表示大端轴承不垂直于连杆,修整大端轴承;Ⅴ表示曲柄销有锥度,修整曲柄销或大端轴承;Ⅵ表示曲柄销中心线与主轴颈中心线不平行,修整曲柄销;Ⅶ表示活塞销轴承下瓦偏磨损,修整活塞销下轴瓦

图中Ⅰ所示为正常情况。活塞在上、下止点位置时,间隙值均匀相等,说明活塞与汽缸中心线配合良好。

图中Ⅱ所示为活塞在上止点时有倾斜,而在下止点时是正常的。原因是曲柄销有单面锥度,当活塞在上止点时,曲柄销锥度在上面,迫使活塞倾斜。

图中Ⅲ所示为活塞在上、下止点都偏向一边。原因可能是大端轴承两端面厚度不一致,此时需修整端面;也可能是船舶纵倾造成了大、小端轴承平移,此时不需修整。在十字头式柴油机中,由于侧向导板间隙调整不当所造成的倾斜情况与此相似,可通过调整导板垫片 *M*(见图 7-25(b))清除之。

图Ⅳ是活塞在上、下止点时都向一个方向倾斜。原因是由于连杆大端轴承不垂直于连杆而造成的,需重新拂刮或换新大端轴承。在十字头式柴油机中,十字头销轴承偏斜所造成的倾斜与此相似。

图Ⅴ为活塞在上、下止点时向同一方向倾斜。这大都是由于曲柄销有锥度所造成的,可修整曲柄销或修整大端轴承校正。

图中Ⅵ是活塞在上、下止点时,向相反的方向倾斜。这大都是由于曲柄销中心线与曲轴中心线不平行引起的,如倾斜值超过规范值,则应修整曲柄销颈。

图Ⅶ为活塞在上、下止点时,都向一边倾斜。这是因为活塞销轴承下瓦偏磨,应采取修整活塞销轴承的方法予以修正。

第八章　柴油机曲轴开档差的调整工艺

第一节　曲轴开档差的基本概念

一、定义

开档差(臂距差)是柴油机曲轴的曲柄销在上、下、左、右位置时曲柄臂间一定距离变化的差值。它反映曲轴弹性弯曲变形的程度(曲轴的跳动量则反映曲轴塑性变形的情况)。

二、调整开档差的目的

柴油机曲轴是一个结构复杂、刚性很差的零件。它支承在主轴承上,当各道主轴承的轴心线不同心时,它将随着主轴承高低而产生弹性弯曲变形。所以,各道主轴承轴心状态,直接影响曲轴轴心线的状态。调整开档差的目的,就是通过调整各道主轴承的高低来把曲轴轴心线调到规范允许的范围内,以保证柴油机安全运转。

三、测量开档差的位置

曲轴开档差是用专用开档表测量的。在曲柄臂有偏离的情况下,开档表装于不同位置所测得的开档差值有所不同,因此在有关技术文件或说明书中,除注明规定的开档差值外,还应指出测量点的位置,即安装开档表的位置。一般规定在 $1/2(S+D)$处(S 为活塞行程,D 为主轴颈直径),如图 8-1 所示。

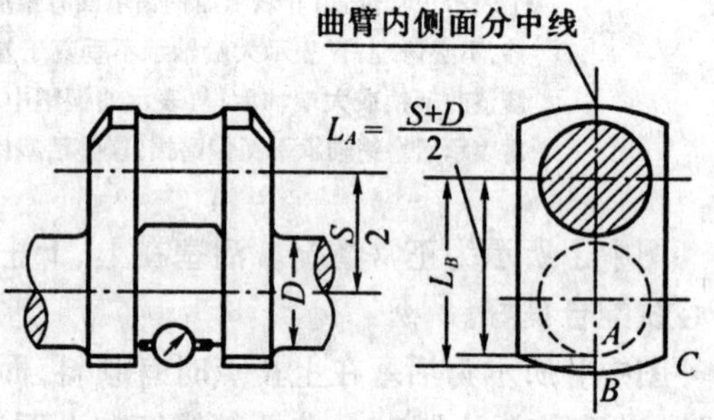

图 8-1　开档表的安装位置

若测量点不在 $1/2(S+D)$处,如图 8-1 所示,则要换算出 $1/2(S+D)$处的开档差。设 L_A 处(即 $1/2(S+D)$处)的开档差为 ΔA,在 L_B 处实测的开档差为 ΔB,则由$\frac{\Delta A}{L_A}=\frac{\Delta B}{L_B}$,得出 $\Delta A=\Delta B\cdot\frac{L_A}{L_B}$。

在需要测量曲轴开档差的柴油机中,一般都在曲柄臂内侧打好了开档差的测量冲孔。

四、测量开档差的方法

在拆除活塞连杆组的情况下,于曲柄销在下止点时安装好开档表,作为测量的始点。为了读数和计算方便,应将始点时开档表的读数调到零位。接着盘车,使曲柄销停于 90°(中左)、180°(上止点)、270°(中右)三个位置,测量三个位置的开档差数值,按表 8-1 的形式记录好。

表 8-1 "十"字开档差记录表

缸次 / 机名	1	2	3	4	5	6
	+ 左 右	+	+	+	+	+

在活塞连杆组没有拆除的情况下，曲柄销在下止点时受连杆阻碍，为了避开连杆的阻碍，一般在曲柄销处于下止点前某个位置进行测量。如图 8-2 所示，于曲柄销在下止点后约 15°～20°位置（以不碰到连杆为准）安装开档表，将表的指针调到零位，作为测量始点 1。盘正车至中左点 2、下止点 3、中右点 4 和下止点前约 15°～20°（以不碰到连杆为准）的点 5，分别记录开档表的读数于表 8-2 中。

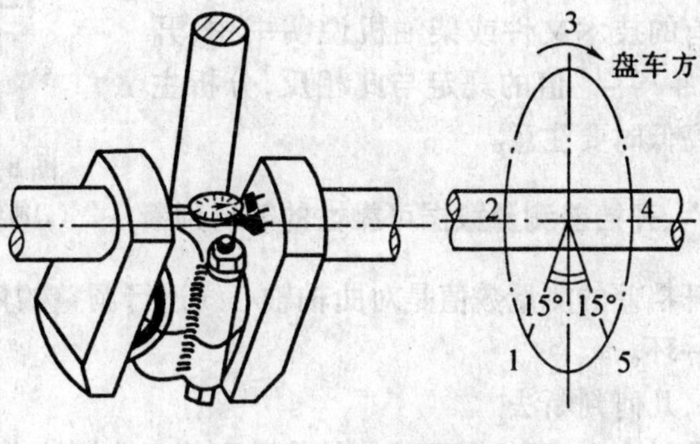

图 8-2　开档差的测量位置

表 8-2 "大"字开档差记录表

缸次 / 机名	1	2	3	4	5	6
	大 左 右	大	大	大	大	大

有些柴油机（如 6250 型）在偏离分中线一侧打有冲孔，以作未拆连杆测量之用。此外，尚有不装于冲孔中的开档表，使用时应按其说明规定安装。开档差的计算方法具体如下。

如图 8-3 所示，设曲柄销在上止点时测得的开档值为 L_1；下止点前后的开档差值为 $L_2' + L_2''$，其平均值为 $L_2 = (L_2' + L_2'')/2$；中左、中右点时的开档值为 l_1、l_2。则上、下止点的开档差 Δ 按下式计算

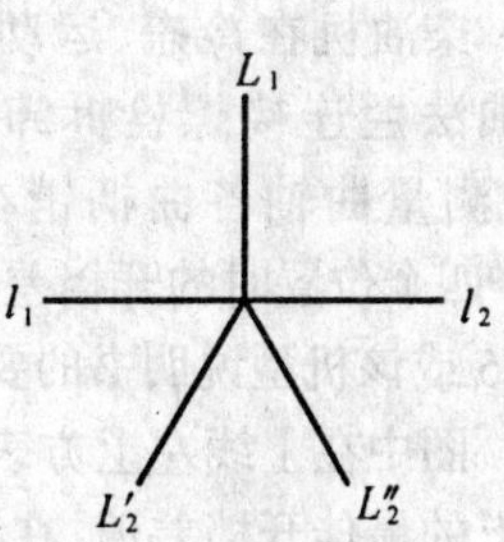

图 8-3　开档值的表示

$$\Delta = L_1 - L_2 = L_1 - \frac{L_2' + L_2''}{2}$$

左、右中点的开档差　$\Delta_{左右} = l_1 - l_2$。

习惯上所说的开档差，是指上、下止点的开档差。它是分析研究开档差问题的主要依据。左、右中点的开档差一般变化不大，不是研究重点。但有时也会超过规范要求，刮配主轴承时也应留意。

五、开档差“+”“-”值的规定

若 $\Delta = L_1 - L_2 > 0$，则开档差为“+”值，曲轴中心线下弯。曲柄销在上止点时曲臂张开，如图 8-4(a)所示。

若 $\Delta = L_1 - L_2 < 0$，则开档差为“-”值，曲轴中心线上拱。曲柄销在上止点时曲臂合拢，如图 8-4(b)所示。

有的技术文件或柴油机说明书中，开档差“+”“-”值的规定与此相反，分析主轴承高低时要注意。

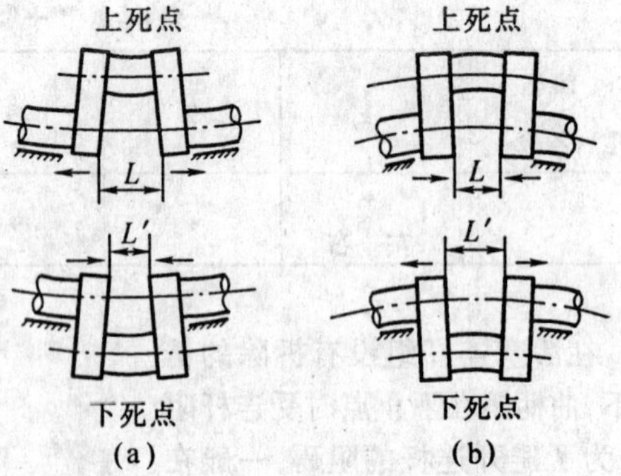

图 8-4　曲轴不同弯曲情况引起的开档差

(a)曲轴下弧线弯曲状况；(b)曲轴上弧线弯曲状况

六、开档差测量数据可靠性的简易判断

开档差的测量数值是对曲轴轴心线进行调整的依据，因此对所测数据进行判断仍是重要的一环。

1.几何判断法

曲轴在上、下止点开档值的代数和等于曲柄销在左、右开档值的代数和，即 $L_1 + L_2 = l_1 + l_2$。这是理想的情况，即曲轴转动时主轴颈中心不产生左右偏移的情况下，这个方法才是正确的。但是，实际上主轴颈在下瓦中转动时，其轴心线是变动的。因此，这个方法有一定误差，差值一般不大于 0.03 mm。然而作为开档差测量数据可靠性的简易判断还是可行的。

2.数值判断法

曲轴没有装连杆和飞轮时，其奇数缸次开档差的代数和等于偶数缸次开档差的代数和。例如对于六个缸的柴油机而言，就是

$$\Delta_1 + \Delta_3 + \Delta_5 = \Delta_2 + \Delta_4 + \Delta_6$$

七、开档差的标准［指在 1/2(*S* + *D*)的位置测量］

1.开档差的标准

柴油机在冷态、运动部件拆卸后及曲轴法兰连接螺栓拆卸后的三种情况下，测量曲轴各曲柄销在 0°、90°、180°、270°四个位置时的开档差，其值应符合图 8-5 或该机型说明书的要求。

图中在Ⅰ线左上方表示在车床或平板上的最佳开档差值，在Ⅰ、Ⅱ线之间表示在曲轴安装中的优良值，在Ⅱ、Ⅲ线之间表示柴油机营运中的合格值，Ⅲ线为柴油机营运中开档差的最大允许值。

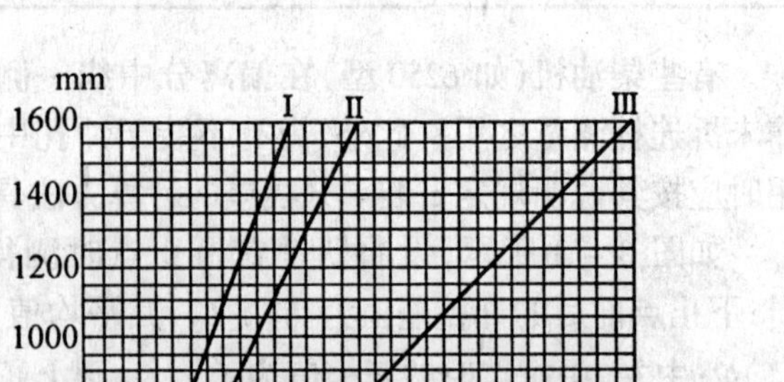

图 8-5　曲柄臂距差 ΔL

2.各国对开档差的规定

各国对曲轴开档差良好范围、许用范围、最大极限值的规定，如表 8-3 所

示。

表 8-3 各国对开档差的规定

船级社或公司	良好范围的开档差值	许用范围的开档差值
日本海事协会	0.5/10000	1/0000
M·A·N	0.575S/10000	1.255S/10000
FIAT	0.65S/10000	1.25S/10000
LR(劳氏)船级社	0.8/10000	1.25S/10000
劳联船舶登记局	0.82S/10000	1.25S/10000
B&W	0.82S/10000	1.25S/10000
G·V	0.82S/10000	1.25S/10000
SULZER	1.0S/10000	2S/10000
中国海船	0.8S/10000	1.25S/10000
美国验船协会	0.8S/10000	1.25S/10000

注:S 为活塞行程(mm)。

第二节 影响曲轴开档差的因素

一、分析影响开档差因素的目的

1.找出变化规律,更有效地掌握测量调整工作

曲轴开档差的变化是一个较复杂的问题,在安装调整时必须全面了解影响开档差变化的各种因素,找出它的变化规律,更有效地掌握其调整方法。

2.预见开档差变化趋势,提高曲轴寿命

调整开档差不但要考虑现在的工作,也要考虑到变化趋势,从而采取相应措施,使它长期处于良好状态,延长曲轴寿命。

二、影响开档差的因素

1.主轴承不均匀磨损的影响

曲轴在运行中,由于各缸功率不一、润滑不良,或由于轴承减磨合金质量不尽合格、安装质量不尽完善等原因造成轴承磨损程度不一,轴心线偏移,因而曲轴发生挠曲,开档差也随之变化。这是常见的也是主要因素之一。一般是中间几道和靠近飞轮端的一道主轴承磨损较快。各种型号柴油机有其各自的规律,在分析中应予以注意。

2.船体变形的影响

船舶进出坞,以及在各种装载情况下,船体相应产生一定的变形。在这些情况下,开档差也就相应发生一定的变化。采用大型低速柴油机作主机,且机舱在船体中部或中后部的影响较大较明显。图 8-6 示出其变化情况。在重载情况下,整个船体呈向上弯曲,机座也

相应产生类似变形。这种变形使主机中部出现较大负值开档差，或正值减小负值增加。

艉机型船影响较小，但规律相似。以大型低速柴油机作主机的船舶从空载到满载有如下参考数值

中机　0.10～0.25 mm

艉机　0.05～0.15 mm

船进出坞一般都在空载或少量压载情况下，虽也有影响，但数值较小。

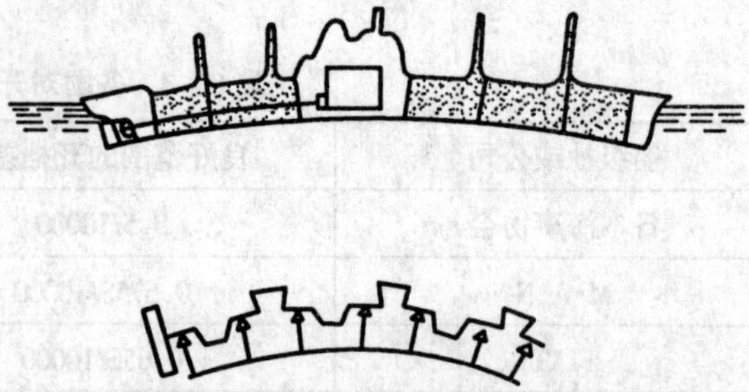

图 8－6　船舶装载时对船体和曲轴轴心线的影响

3.飞轮重力的影响

由于飞轮较重，特别是四冲程柴油机，装上飞轮后，引起曲轴开档差变化是明显的。飞轮对曲轴开档差的影响，主要是靠近飞轮那二个缸，其变化规律如下

未装飞轮开档差		装上飞轮开档差值
"＋"	⟶	"＋"↓或"－"(正值下降或变为负值)
"－"	⟶	"－"↑(负值上升)

飞轮重力对离开飞轮的第二个曲柄的开档差的影响规律与飞轮端那个曲柄相同，但影响程度没有前者那么大。飞轮重力对远离飞轮的第三个曲柄开档差影响极微，对其余各曲柄没什么影响。一般来讲，中小型柴油机飞轮重力对开档差影响较大，因为飞轮重力相对比较大。

4.自由端减振器的影响

自由端减振器对开档差的影响规律与飞轮一样，但它较轻，故影响程度较小。有的机装减振器，有的机不装，大型低速机一般不装。

5.活塞连杆重力的影响

大型低速柴油机活塞连杆机构相当重，安装在曲轴上以后，对开档差有一定的影响，其变化规律是

未装活塞连杆开档差值		装上活塞连杆开档差值
"＋"	⟶	"＋"↑
"－"	⟶	"－"↓或"＋"

如图 8－7 所示，这种变化规律是在主轴承受力均匀的情况下才正确，若主轴承受力不均匀，则曲轴应力将重新分布，就不一定符合上述变化规律。

当拆掉活塞连杆后，其开档差变化规律与上述情况相反。

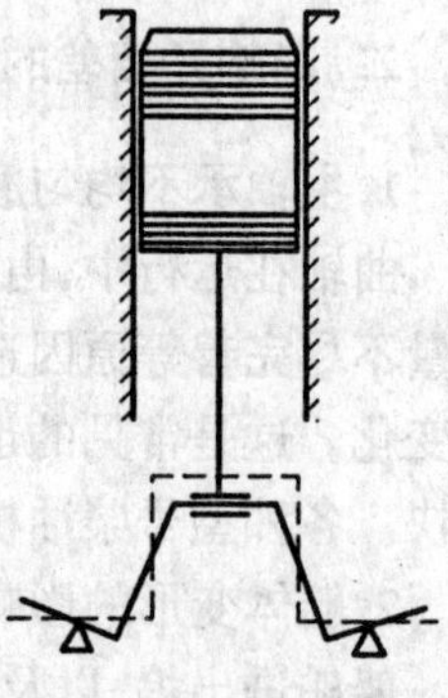

图 8－7　活塞连杆装置对开档差的影响

6.轴系连接的影响

船用柴油机曲轴与轴系一般是刚性连接，其结构形式有两种：柴油机本身带推力轴承，如图 8－8 所示；柴油机本身不带推力轴承，如图 8－9 所示。

不带推力轴承的柴油机曲轴与轴系连接一般是刚性连接，倘若它们在连接前，两个法兰之间已有曲折和位移，这个曲折和位移在法兰连接后即对开档差产生直接影响。一般主要影响飞轮端第

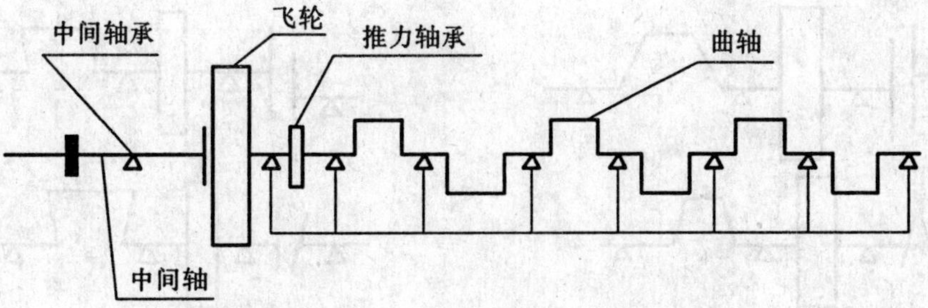

图 8-8 柴油机本身带推力轴承的轴系结构

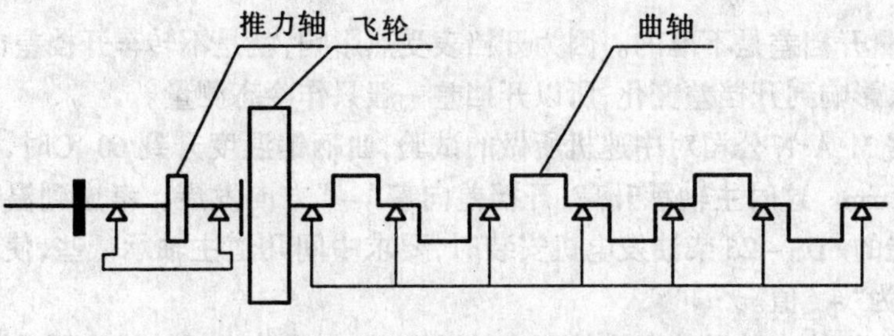

图 8-9 柴油机本身不带推力轴承的轴系结构

一个开档差,对第二个开档差影响甚微。

当轴系中心线高于曲轴中心线或两连接法兰间呈下开口时(如图 8-10 所示),连接法兰后开档差的变化

“-” ⟶ “-”↓或“+”

“+↑ ⟶ “+”↑

当轴系中心线低于曲轴中心线或两连接法兰间呈上开口时(如图 8-11 所示),连接法兰后开档差的变化

“-” ⟶ “-”↑

“+” ⟶ “+”↓或“-”

7.爆炸压力对开档差变化趋势的影响与装上活塞杆组相同,前者为瞬间冲击影响,即动影响;后者为静影响。当爆炸时开档差的变化情况如下

对本缸 ⟶ “+”↑或“-”↓

对邻缸 ⟶ “-”↑或“+”↓

8.柴油机热态和冷态的影响

在同一台柴油机内,柴油机冷态及热态所测得的开档差是不同的,其变化规律是向“-”方向发展。

冷态 ⟶ 热态

“-” ⟶ “-”↑

“+” ⟶ “+”↓

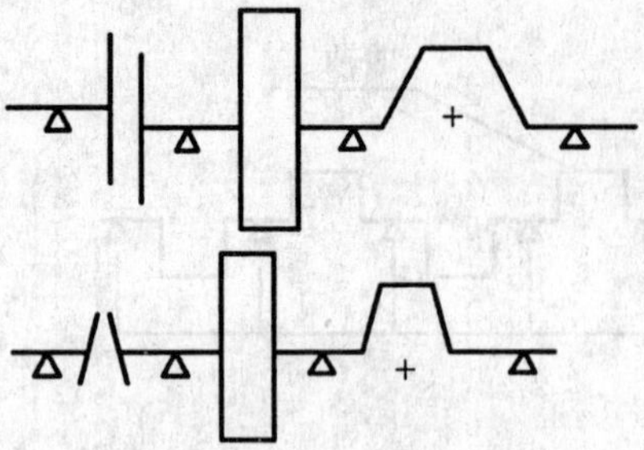

图 8-10　轴系中心线高于曲轴中心线的情形

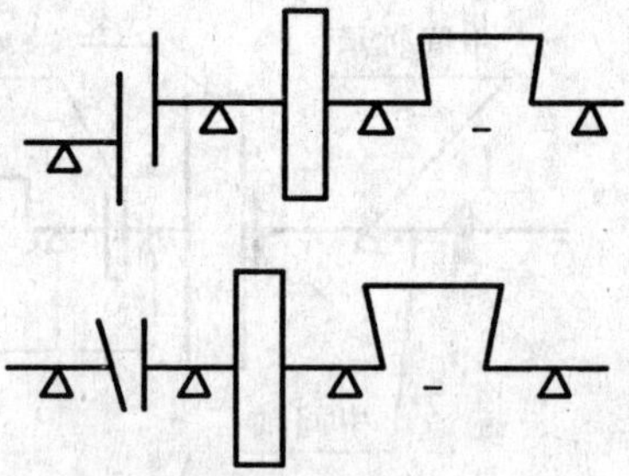

图 8-11　轴系中心线低于曲轴中心线的情形

但热态测量开档差是不准的。因为开档表受热影响，就是不转车开档差也在变化；机内温度不断变化，影响到开档差变化，所以开档差一般只作冷态测量。

此外，根据 M·A·N 公司对中速机所做的试验，曲柄销温度升到 60 ℃时，机座热变形升高 0.15～0.20 mm。这时主轴承升高，开档差向着"－"方向发展。考虑到温升对开档差的影响，日本制造的 6DS－26 柴油发电机安装时，要求中间几道主轴承低些，使曲轴呈下弧线状态。开档差为"＋"值。

由于柴油机机体内轴承的温升较两头的温升大，如果冷态时轴线为下弧线，则工作后热态时轴线会变为上弧线或接近水平线。但是从轴承磨损角度看，中间轴承磨损线两头大，为了增加主轴承寿命，冷态时将曲线调为上弧线。然而这样工作时，温升的影响使轴线更为上拱，致使开档差可能会超过规范。所以调整开档差时必须全面考虑，不管调到上弧线还是下弧线，其弯曲程度不能太大。

9. 主机垫铁的影响

(1)安装和维修柴油机时，可用主机垫铁高低来调整开档差，特别是对于薄壁轴承的柴油机。

(2)船舶航行中受风浪影响，垫铁表面被磨损，而且磨损不均匀，造成曲轴弯曲。

10. 贯穿螺栓和地脚螺栓的影响

贯穿螺栓的预紧力矩应严格按说明书规定，因预紧程度对轴承座中心线是有一定影响的。据 M·A·N 公司大型低速柴油机的统计资料，预紧力矩从 0→1 km·N 时轴承往上升，其上升值为 0.25～0.30 mm。显然对开档差是有影响的。因此在修理装配柴油机时，要想预紧贯穿螺栓或地脚螺栓，首先就应完成预紧贯穿螺栓和地脚螺栓后，再进行其他项目修理工作。

11. 其他影响因素

转动转车机、更换主轴瓦、主机传动链条的张紧程度、主机带动发电机或水泵时带动的皮带轮的张紧程度、船舶进坞或上排、靠近主机的中间轴承的状况、环境及海水的温度、拖轮拖带东西等等对曲轴开档差都有影响，有时影响是很大的。调整柴油机曲轴开档差时，必须根据船舶的具体情况进行综合性分析，将开档差调到较合理的状态。

第三节　根据开档差分析主轴承高低的方法

根据开档差分析主轴承高低的方法，有定性分析法和定量确定法。定性分析法有作图法和经验判断法；定量确定法有经验估算法和实测法。

一、根据开档差定性分析主轴承高低的方法

1.作图法

作图法是根据开档差的不同符号和大小，通过简易的作图，画出曲轴轴心线的大致状况，从而表示出各主轴承的高低趋势。为了便于说明，现举例介绍此法。

例如某台七缸柴油机，测得各曲柄开档差数据列于表 8－4 中，现用作图法判断各主轴承的高低。作图法规定：从曲轴输出端（尾）开始作图。

表 8－4　开档差

曲柄编号	7尾	6	5	4	3	2	1
开档差数值$\left(\frac{1}{100}mm\right)$	＋5	＋8	＋7	－6	－9	0	＋2

作图步骤如下。

（1）按一定比例画出曲轴的示意草图，如图 8－12（a）所示。

（2）在曲轴草图下方分别画出各汽缸中心线。另外在 1 号缸右端再作一假想的汽缸中心线。它们在图中均以细点划线表示。由于各缸中心距是相等的，故图中细点划线是等距离的平行线。

（3）按作图法规定及作图方便起见，从左端即 7 号缸开始作图。在 7 号缸左端划出与汽缸中心线垂直的直线即$\overline{0'7}$线（称为起始线），交 7 号汽缸中心线于点 7，将该线延长交 6 号汽缸中心线于 7′。

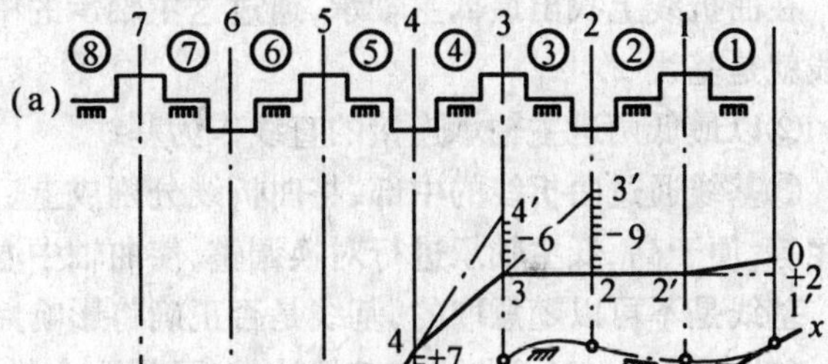

图 8－12　用制图法判断主轴承高低

（a）曲轴示意草图；（b）曲轴轴心线状况的折线图；（c）曲轴轴心状况图

假设开档差每 0.01 mm 为一个单位长度，开档差“＋”值向上量取，“－”值向下量取。即起始线为 0，其上为“＋”，其下为“－”值。因 Δ_7 = ＋0.05，故以点 7′为起点，在 6 号汽缸中心线上向上量取 5 个单位长度，得点 6，连接 7、6 两点得直线$\overline{76}$。

起始线位置的确定方法，首先要根据各汽缸开档差的“＋”“－”值，从输出端开始至自由端，按照开档差“＋”为下弯，“－”为上拱画出曲轴中心线的变化趋势曲线，根据这个趋势曲线确定起始线是在图纸的上端开始，还是在图纸的下端开始。例如本例需在图纸的下端开

始。

(4)延长$\overline{76}$线(新的起始线)交5号汽缸中心线于6′,由点6′在汽缸中心线上向上量3个单位(因为$\Delta_6 = +0.03$)得点5,连接6、5得直线$\overline{65}$……延长$\overline{54}$直线交3号汽缸中心线于点4′,由点4′向下量取6个单位长度(因为$\Delta_4 = -0.06$)得点3,连接4、3并延长交2号汽缸中心线于点3′,由点3′向下量取9个单位长度($\Delta_3 = -0.09$)得点2,连接3、2并延长交1号汽缸中心线于点2′。因为$\Delta_2 = 0$,所以点2′也就是点1,继续延长$\overline{21}$交于假想汽缸中心线于点1′,由点1′向上量取2个单位长度($\Delta_1 = +0.02$)得点0,连接1、0得直线$\overline{10}$。这样即得出0′76543210折线,如图8-12(b)所示。这折线常称为曲折线。

(5)按这条折线形状画出一条连续的曲线,如图8-12(c)所示。这条曲线大致上表示了曲轴中心线的状态。

(6)为了判断比较各道主轴承的高低,先在曲折线上画出各道主轴承的中点,并注明各主轴承的编号。根据这条曲折线画出一条直的基线 $x-x$。以基线为基准量取各道主轴承中点到基线的距离,即可判断各道主轴承的相对高低。

画基线时,一般按下列三个原则之一来选。

①调整后的曲轴中心线与机座上平面平行。要达到此要求基线本身应与机座上平面相平行,为此应这样确定基线:测出曲轴两端主轴颈的桥规值,将此值与出厂时的原始桥规值相比较。若有变化,则求出它们两次数值之差值 a 和 b,即它们的下沉量,然后将 a 和 b 数值加上测取的桥规值得出数值 A 和 B,分别在图中两端主轴承中点向上量取 A 和 B 长度(即补回磨损下沉量),得两点,连接这两点所得到的直线与机座上平面平行。

在曲折线上找出最低主轴承,通过这主轴承的中点画一条与上述直线相平行的直线,这直线就是基线 $x-x$。

②以最低两道主轴承连接的直线作为基线。

③基线通过曲折线的中部,将曲折线分割成上、下两部,而且尽量使上、下两部分的主轴承相等,便于高、低主轴承进行对换调整,使曲轴中心线合乎要求。

基线是不可以随意取的,基线是否正确将影响判断主轴承高低的结果。

(7)由图8-12(c)曲线与基线比较(可量取主轴承中点到基线的垂直距离)可知,②、③和④主轴承都比较高,应该刮低;①、⑥和⑦主轴承较低,应该提高。经这样调整后,整条曲轴中心线就可以趋于平直,各曲柄开档差符合要求。

2.经验判断法

在熟悉掌握作图法的基础上,也可以直接从开档差的符号和大小,由整体到局部或由局部到整体或重点地判断各主轴承的高低。

柴油机的曲轴开档差通常是分别有几个曲柄是"+"值,几个曲柄是"-"值和"0"值,也可能全部是"+"值或"-"值。全部是"0"值的情况极少。突然地相差很大是不正常的。一般的正负与大小的变化与主轴承高低之间有一定的关系。现将它们关系的一般规定列于表8-5中,根据这一规律,就能判断各主轴承的高低,以便定出相应的调整曲轴开档差的方案。读者还可以根据自己的生产实践经验,进行类推扩展。举例说明如下。

某船大型低速十字头式柴油机,修理时所测的曲轴开档差列于表8-6。曲轴结构如图8-13所示。

从表8-6中开档差数据看出:第5、6两曲轴开档差符号相反,数据又相差悬殊,则在这两个曲柄邻近主轴承当中，必有一两道主轴承与轴颈接触不良，甚至离空。

按表 8－5 进行分析，从 1、2、3 曲柄看，符合表中(7)情况，即主轴③比②高。

表 8－5　用经验判断法判断主轴承高低图示表

顺号	开档差状况	主轴承高低判断	曲轴状况简图	备注
1	$\Delta=+$	②比①低		以②为基准，且无离空
2	$\Delta=-$	②比①高		同上
3	$\Delta=0$	①与②等高		
4	$\Delta_n=+$ $\Delta_{n+1}=+$	②最低	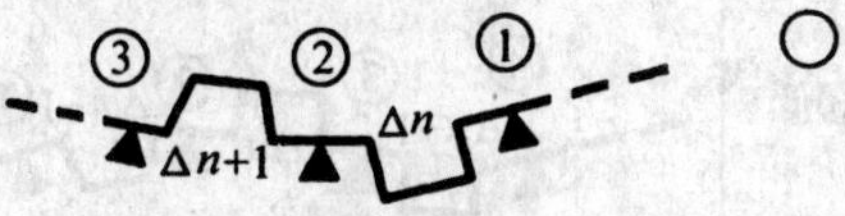	以①、③为基准
5	$\Delta_n=-$ $\Delta_{n+1}=-$	②最高	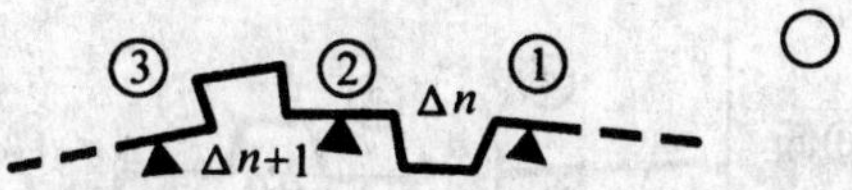	同上
6	$\Delta_{n+1}=+K$ $\Delta_n=+$大 $\Delta_{n-1}=+$小	③最低	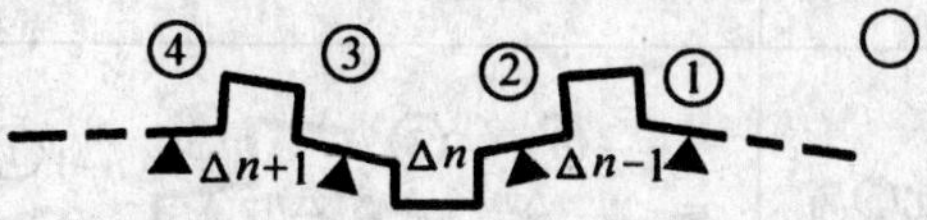	
7	$\Delta_{n+1}=-$中 $\Delta_n=-$大 $\Delta_{n-1}=-$小	③最高	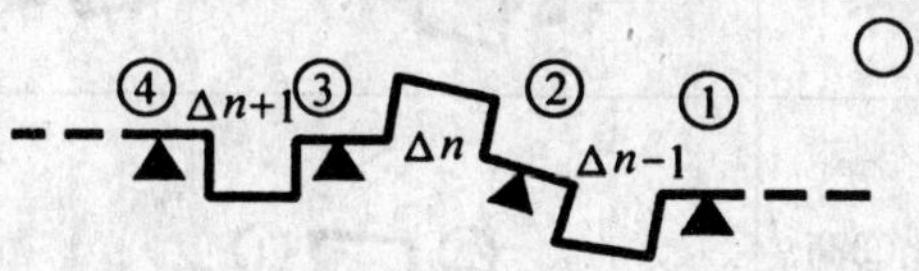	
8	$\Delta_{n+1}=-$小 $\Delta_n=+$ $\Delta_{n-1}=-$大	②比③高	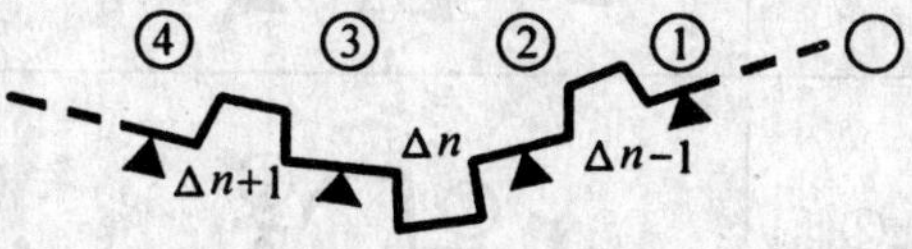	以①、④为基准
9	$\Delta_{n+1}=+$小 $\Delta_n=-$ $\Delta_{n-1}=+$大	②比③低	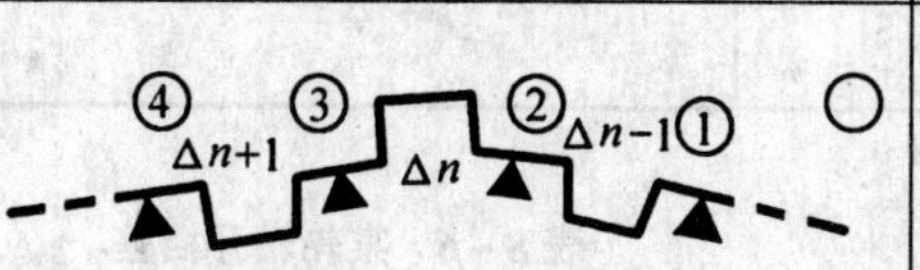	同上
10	$\Delta_{n+1}=+$ $\Delta_n=0$ $\Delta_{n-1}=-$	②比③高	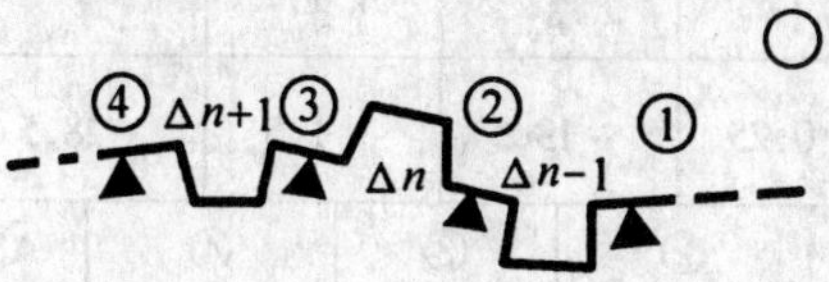	同上

表 8-5(续)

顺号	开档差状况	主轴承高低判断	曲轴状况简图	备注
11	$\Delta_{n+1}=0$ $\Delta_n=+$ $\Delta_{n-1}=+$	②比③低	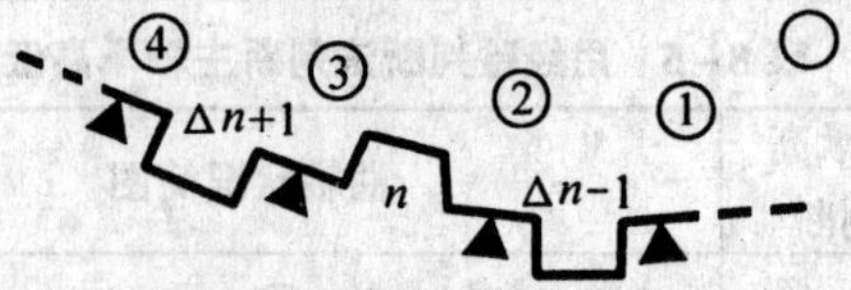	以③、④为基准
12	$\Delta_{n+1}=0$ $\Delta_n=-$ $\Delta_{n-1}=-$	②比③高	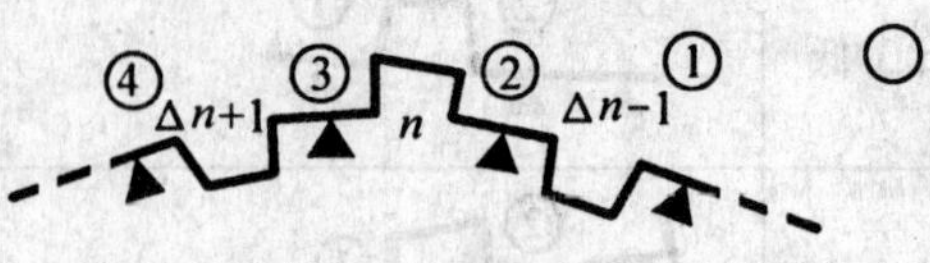	同上
13	$\Delta_{n+1}=0$ $\Delta_n=+$ $\Delta_{n-1}=-$	②比③高	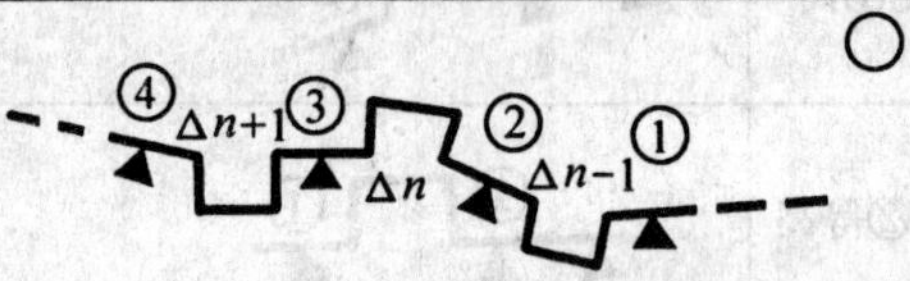	同上
14	$\Delta_{n+1}=0$ $\Delta_n=-$ $\Delta_{n-1}=+$	②比③低	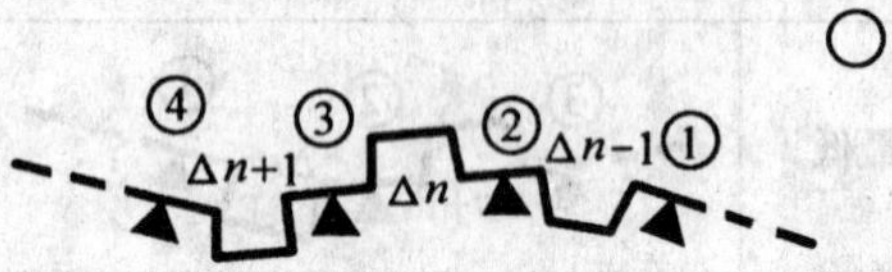	同上
15	$\Delta_{n+1}=-$ $\Delta_n=+$ $\Delta_{n-1}=+$	②比③低	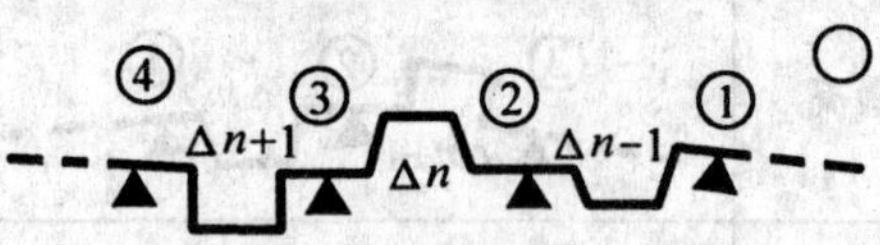	以①、④为基准
16	$\Delta_{n+1}=+$ $\Delta_n=+$ $\Delta_{n-1}=-$	②比③高	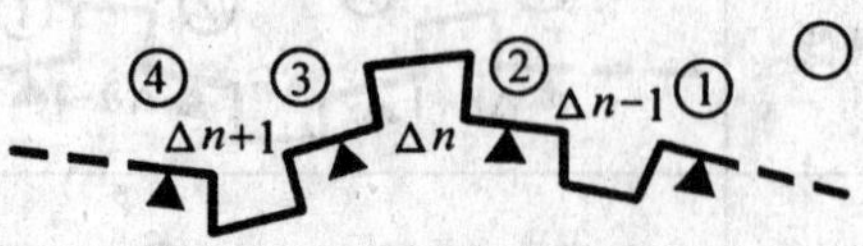	同上
17	$\Delta_1=+$	①比②高	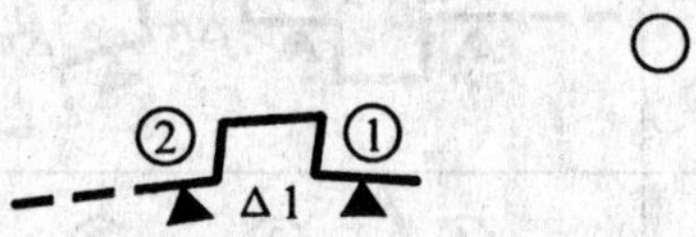	①为自由端或不装飞轮的飞轮端
18	$\Delta_1=-$	①比②低	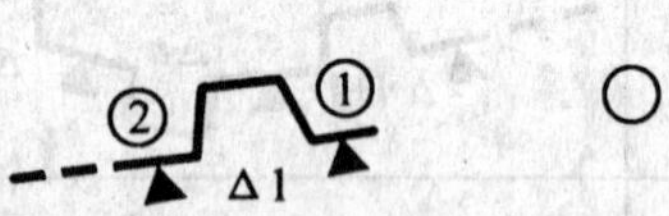	同上

表 8-6 某轮轴开档差

曲柄编号	1	2	3	4	5	6	7
开档差数值$\left(\frac{1}{100}\text{mm}\right)$	-0.25	-19.5	-1.5	+28.5	+14.25	-12.5	+12

主轴承编号	①	②	③	④	⑤⑥	⑦	⑧	⑨

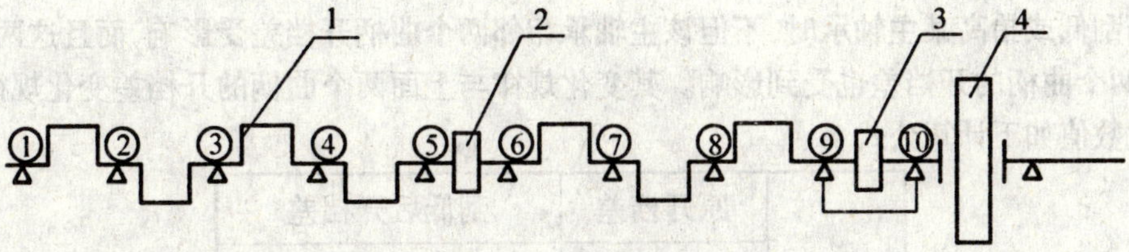

图 8-13　曲轴结构示意图

1—曲轴;2—链轮;3—推力轴承;4—飞轮

从 2、3、4 曲柄看,亦类似表(16)情况,即主轴承③比④高。

从 3、4、5 曲柄看,符合表(15)情况,即主轴承⑤⑥比④低。

从 4、5、6 曲柄看,亦类似表(15)情况,即主轴承⑤⑥比⑦低。

从 5、6、7 曲柄看,符合表(9)情况,即主轴承⑦比⑧低。

结论:从上面分析可知,主轴承③最高,⑤⑥最低。4#、5# 两曲柄开档差数值相差较大,故宜首先检查主轴承⑤⑥。

调整步骤:首先分别转出主轴承⑥和⑤。证实已严重离空,主轴颈已与上瓦接触,且⑥更严重。更换加厚的主轴承⑥和⑤,同时拂刮低主轴承③。经过这样处理后,开档差达到正常。

二、根据开档差定量确定主轴承高低的方法

1.经验估算法(适用于缸径为 600~800 mm 的低速柴油机)

(1)当刮低或抬高某一主轴承时,主轴承相邻两个曲柄开档差会发生变化,其变化数值可以用下式计算

$$y=(1.3\sim1.6)\Delta_a$$

式中　y——主轴承刮低或抬高量(mm);

Δ_a——相邻两个曲柄开档差变化的数值(mm)。

例如当刮低或抬高某一主轴承 0.10 mm 时,求其相邻两曲柄开档差的变化数值,可由上公式求得

$$\Delta_a=\frac{\eta}{1.3\sim1.6}=\frac{0.10}{1.3\sim1.6}=0.062\,5\sim0.076\,9$$

其变化规律为

	原开档差	刮低后开档差
刮低	"–" "+"	"–"↓或变为"+" "+"↑
	原开档差	抬高后开档差
抬高	"–" "+"	"–"↑ "+"↓或变为"–"

(2)刮低或抬高某主轴承后,位于该主轴承相邻两个曲柄前后的两个曲柄开档差也会产

生变化。

当刮低或抬高某主轴承时，不但该主轴承相邻两个曲柄开档差受影响，而且这两个曲柄前、后两个曲柄的开档差也受到影响。其变化规律与上面两个曲柄的开档差变化规律相反。其变化数值如下计算公式

<table>
<tr><td rowspan="2">刮低</td><td>原开档差</td><td>刮低后开档差</td></tr>
<tr><td>“－”
“＋”</td><td>“－”↓或变为“＋”
“＋”↑</td></tr>
<tr><td rowspan="2">抬高</td><td>原开档差</td><td>抬高后开档差</td></tr>
<tr><td>“－”
“＋”</td><td>“－”↑
“＋”↓或变为“－”</td></tr>
</table>

$$\Delta'_a=(0.7\sim0.8)\Delta_a$$

例如当抬高或刮低某主轴承 0.10 mm 时，前、后两个曲柄的开档差变化数值是

$$\Delta'_a=(0.7\sim0.8)\times(0.0625\sim0.0769)$$
$$=0.0438\sim0.0615$$

其变化规律是

<table>
<tr><td rowspan="2">刮低</td><td>原开档差</td><td>刮低后开档差</td></tr>
<tr><td>“－”
“＋”</td><td>“－”↑
“＋”↓或变为“－”</td></tr>
<tr><td rowspan="2">抬高</td><td>原开档差</td><td>抬高后开档差</td></tr>
<tr><td>“－”
“＋”</td><td>“－”↓或变为“－”
“＋”↑</td></tr>
</table>

综上所述，当刮低或抬高某主轴承 0.10 mm 后，其相邻两个曲柄开档差的变化约为 0.06～0.08 mm，而这个曲柄前后两个曲柄的开档差变化数约为 0.04～0.06 mm，但两者的变化规律相反。

2.实侧法

(1)定义　实测法就是对所要调整开档差的柴油机曲轴，由实际测量所得的数据，确定主轴承刮低或抬高量与其相邻几个曲柄开档差变化之间的数值关系，从而用计算方法调整柴油机曲轴开档差的一种方法。

(2)刮低或抬高主轴承前后桥规差与开档差之间的数值变化关系

①降低主轴承(即转出主轴承下瓦)　首先，拆去主轴承上盖与上瓦，测得主轴承下沉量，并测量前后相邻四个曲柄开档差数值。其次，转出下瓦，测量下沉量及前后相邻四个曲柄的开档差数值。

通过测量这两桥规值之差值(即该主轴承的下沉量)与这两次开档差的差值，就可以建立起主轴承刮低量(或抬高量)与开档差变化数值之间的关系。主轴承的下沉量相当于主轴承的刮低量。

设 δ_1——第一次测量的桥规值；

Δ_a、Δ_b——第一次测量相邻两缸开档差数值；

δ_2——第二次测量的桥规值；

Δ_{a_2}、Δ_{b_2}——第二次测量相邻两缸开档差数值；

K——主轴承拂刮量(或抬高量)与相邻各曲柄开档差变化数值的比值。

则

$$K=\frac{\delta_2-\delta_1}{\Delta_{a_2}-\Delta_{a_1}} \text{ 或 } K=\frac{\delta_2-\delta_1}{\Delta_{b_2}-\Delta_{b_1}}$$

因此当要降低某相邻两个缸开档差的绝对值时，即 $|\Delta| = |\Delta_{a_2}-\Delta_{a_1}|$，则主轴承的刮低量(或抬高量)为 $K|\Delta|$。

同理，可以建立主轴承刮低量(或抬高量)与相邻两曲柄前后两个曲柄开档差变化数值间的关系。

例如某船主机修理时，转出主轴承⑤下瓦之前后，该主轴承的桥规值和相邻两曲柄开档差数值列于表 8－7。求主轴承⑤下瓦拂刮量 4、5 号曲柄开档差变化的数值关系。

表 8－7　主轴承转出前后的开档差和桥规值

序号	名称	开档差			桥规值
	曲柄编号	5	4	3	
	主轴承编号 / 状况	⑦　⑥	⑤④	③	主轴颈
1	没转出主轴承⑤下瓦	+0.085	−0.195	+0.08	$\delta_1 = 11.67$
2	转出主轴承⑤下瓦	+0.015	−0.075	+0.015	$\delta_2 = 11.85$

主轴承⑤下瓦转出前后桥规之差为

$$\delta_2-\delta_1 = 11.85-11.67 = 0.18 \quad (\text{mm})$$

主轴承⑤下瓦转出前后，相邻曲柄 4 号开档差变化数值为

$$\Delta = \Delta_{a_2}-\Delta_{a_1} = \Delta_{42}-\Delta_{41} = -0.075-(-0.195) = 0.12 \quad (\text{mm})$$

则第⑤道主轴承下瓦下沉量变化数值与 4 号曲柄开档差变化量的比值为

$$K=\frac{\delta_2-\delta_1}{\Delta_{a_2}-\Delta_{a_1}}=\frac{0.18}{0.12}=1.5$$

主轴承⑤刮低或抬高量为 1.5×0.12＝0.18，即主轴承刮低或抬高 0.18 mm 时，相邻曲柄开档差变化 0.12 mm。就是说，开档差变化了 0.12 mm 时，主轴承下瓦的厚度变化为 0.18 mm。

同理，主轴承⑤下瓦转出前后，5 号曲柄开档差的变化数值为

$$\Delta_{a_2}-\Delta_{a_1} = 0.15-0.085 = -0.07 \quad (\text{mm})$$

$$K=\frac{0.18}{-0.07}=-2.6$$

即当主轴承⑤刮低 0.18 mm 时，5 号曲柄开档差数值变化 0.07 mm。

同理，主轴承⑤下瓦转出前后，3 号曲柄开档差的变化数值为

$$\Delta_{a_2}-\Delta_{a_1}=0.015-0.08=-0.065\quad(\text{mm})$$

$$K=\frac{0.18}{0.065}=2.8$$

即当主轴承⑤刮低 0.18 mm 时，3 号曲柄开档差变化 0.065 mm。

求出主轴承刮低量与开档差变化数值之间的关系后，可根据这种变化关系来预测刮低或抬高主轴承后开档差的变化趋势，从而可把开档差调到适合要求的状态。

注意：实测法只对所测的柴油机适合，对其他柴油机，则又必须重新进行测量。即使同一台柴油机各主轴承实测法建立的桥规值变化与开档差变化的关系式也不一样，而且即使是同一道主轴承，本次测量所建立的关系与上次的也不一样。

②抬高主轴承　抬高主轴承所建立的桥规与开档差变化的关系式，可参照降低主轴承的方法进行运算，在此不多述。

三、调整开档差过程中应注意的几个问题

1. 保证曲柄中心线与汽缸中心线垂直且相交，并与导板工作面平行。

2. 除了调整本缸开档外，还需注意其他各缸开档差及其他运动部件对本缸开档差的影响。

3. 如果调整多道主轴承时，则必须考虑曲轴对其所附带的齿轮、链条、轴系等的影响，以及曲轴中心线与汽缸中心线不垂直相交度和导板工作面不平行度的影响。必要时，要对它们相应进行检验。

4. 对于柴油发电机组，若柴油机与发电机转子轴是刚性连接，转子轴上是单道式双道轴承，当用抬高转子轴承改善飞轮端开档差时，抬高后应检查发电机转子与定子之间首尾的上、下位置的间隙，即，$\delta_上$，$\delta_下$、$\delta'_上$、$\delta'_下$，如图 8－14 所示。

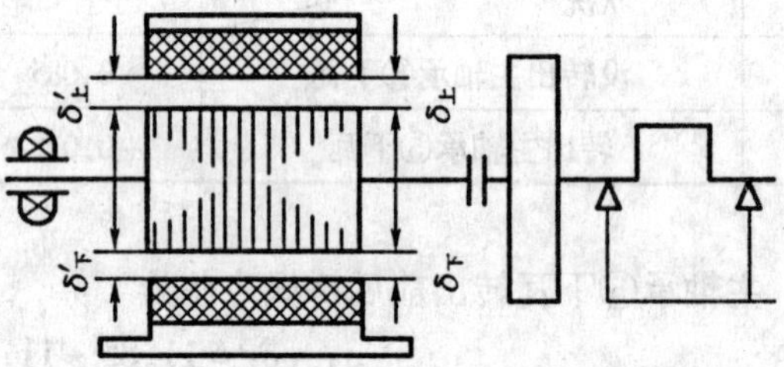

图 8－14　发电机转子与定子之间间隙的测量

对于新的或大修的机器，$\delta_上$、$\delta_下$、$\delta'_上$、$\delta'_下$与它们的平均值之差的绝对值应小于或等于平均间隙的 5%；对于旧的或中、小修的机器可放宽到 10%。

5. 当换新厚壁轴承下瓦时，可将下瓦适当加厚些，约加厚 0.02～0.05 mm。大型机取大值，中型机取小值。这样换新主轴承相邻相邻两曲柄的开档差比实际要求稍有变化，“＋”值稍微减少，“－”值稍微增加。运转一段时间后即达到要求。

6. 调整开档差过程中，不但应保证开档差达到要求，同时要保证主轴颈与主轴瓦接触良好。

7. 在调整开档差的过程中，若发现曲轴有不大的弯曲、不大的不圆度和不柱度并一时不能消除时，允许用曲轴本身拂刮主轴承，调整开档差。轴承间隙可根据实际情况适当加大。对于曲轴本身的缺陷应尽早采取措施加以解决。

第四节　曲轴开档差调整工艺

一、曲轴开档差的调整原则

除上面所讲的从开档差判断主轴承的高低外，在调整整根曲轴的开档差时，还需遵守下面三个原则。

(1)全局观点。在调整开档差的过程中，由于刮低或抬高某道主轴承时会影响其两端四个曲柄开档差的变化。因此在选择调整方案时，要考虑不仅对被调的开档差有利，也要对未被调整到的相邻几个曲柄的开档差有利(或不利影响甚少)，以免顾此失彼。

另外还需考虑到推力轴承和轴系的影响。有时会出现这样的情况，从理论上分析飞轮端曲柄开档差而确定最后一道主轴承的高低时，其结论是高了(或低了)，但经实际检查却是相反。出现这种情况，主要是轴系或推力轴承影响的结果。

(2)尽量将开档差调整到理想状态。

(3)尽量做到工作量最小，如调整主轴承数目最小、主轴承拂刮量最少等。

二、曲轴开档差调整工艺

1.对整台机器开档差全面调整的工艺

(1)对于不允许拂刮的薄壁轴瓦的柴油机，主轴承座孔轴心线的不同轴度符合要求时，即机座主轴承座孔经镗孔或经校直后，装上等厚度的薄壁轴瓦即可使开档差达到标准允许值。

(2)利用各开档差数值进行全面调整。将各道厚度基本相同的下轴瓦分别转入主轴承座孔，测量各开档差，然后按此开档差判断各道主轴承高低，将高的适当拂刮低直到开档差符合标准要求。对开档差作全面调整多见于中小型柴油机修理中。

2.单个或数个曲柄开档差的调整工艺

大型低速柴油机或一些中型柴油机，在修理中较多的是作单个或数个曲柄开档差调整，调整工艺如下。

(1)测量开档差。大型低速柴油机调整开档差过程中，飞轮一般是不脱开的。若要预紧贯穿螺栓或地脚螺栓，则预紧前、后要各测量一次开档差；若要拆活塞连杆，则拆开前、后要各测量一次开档差，以便在调整时考虑。

(2)用作图法或根据经验判断主轴承的高低，并计算出数据。

(3)将要调整的主轴承的上瓦拆开后，测量桥规值。

(4)判别下轴瓦是否离空或烧毁。若相邻两个曲柄开档差符号相反，数值相差又悬殊，则它们附近必然有一两道主轴承特别低，甚至有可能离空或烧熔。

(5)转出下瓦检查，并测量桥规值。

(6)从全局观点与工作量最小观点选择调整最佳方案。

(7)计算主轴承拂刮量及有关曲柄开档差的变化趋势。测量记录轴瓦的厚度。

(8)为了保险起见，刮低轴瓦时应比计算值刮得小些(抬高则相反)。

(9)装回下瓦时，再测量下沉量和开档差，了解它们的变化是否达到预期效果。

(10)若没有达到要求,再进行调整。

(11)调整结束后,检查附近主轴承是否与主轴颈贴合,全部贴合良好才算合格。

(12)再全面测量一次开档差,并作好记录。

例如某轮主机功率为 5 400 kW,转速为 115 r/min,行程为 1 600 mm,曲轴结构如图 8 - 15 所示。实测的开档差列于表 8 - 8。

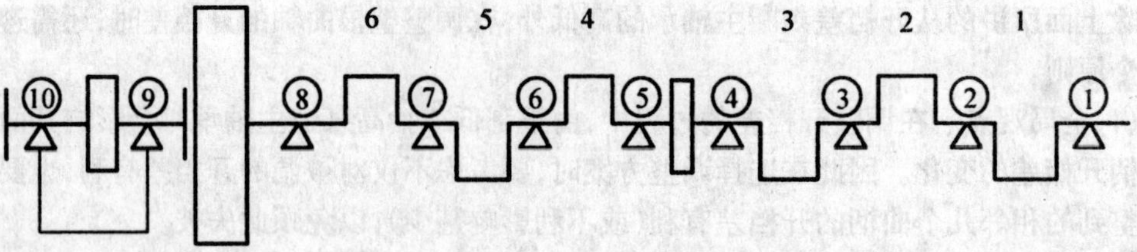

图 8 - 15 某轮主机曲轴结构示意图

表 8 - 8 开档差

曲柄编号	6尾	5	4	3	2	1
开档差数值$\left(\frac{1}{100}mm\right)$	+21	+12.5	-23.5	+13	+3.5	+3.5

主轴承编号	⑧	⑦	⑥	⑤④	③	②	①

[分析]

取开档差标准值为 $\Delta = 1\ S/10000 = 0.16$ mm。

对照标准值,则 Δ_4、Δ_6 都超过了标准,需要调整;Δ_1、Δ_2、Δ_3、Δ_5 没有超过标准,故不需调整。

用经验判断法进行分析:从 Δ_4、Δ_5、Δ_6 看,(参照表 8 - 5 中的 15),主轴承⑦比⑥低,也比⑧低,因此主轴承⑦最低。

从 Δ_3、Δ_4 看,符号相反,大小相差悬殊,主轴承⑤可能偏高

[调整]

a.转出主轴承⑦下瓦,发现已高空。

b.主轴承⑦下瓦底厚 49.31 mm,将其换上新备件(底厚 49.76 mm)。换上后,测得 Δ_4、Δ_5、Δ_6 开档差如表 8 - 9。

表 8 - 9 主轴承⑦换新后开档差

曲柄编号	6	5	4
开档差数值$\left(\frac{1}{100}mm\right)$	+8.5	-3.5	-9

c.将主轴承⑦刮到良好接触后,测得开档差为表 8 - 10。

表 8-10　主轴承⑦拂刮后开档差

曲柄编号	6	5	4
开档差数值$\left(\frac{1}{100}mm\right)$	+10	-1.5	-10

d.刮低主轴承⑤，使其相邻的3、4号曲柄开档差的“-”值减小0.04~0.05 mm。

根据经验估算法计算出主轴承⑤的刮低量为0.055~0.08 mm。刮低后，最后测得的开档差如8-11。

表 8-11　调整后开档差

曲柄编号	6	5	4	3	2	1
开档差数值$\left(\frac{1}{100}mm\right)$	+11	+2.5	-8	+6	0	+1

第九章　柴油机的试验和故障分析

第一节　概　述

船舶柴油机经修理安装完毕后，必须经各种规定的试验，以鉴定柴油机修理后的技术性能和施工质量。一般柴油机发电机组必须进行空载试验、负荷试验、并车试验和突变负荷试验；主机必须进行系泊试验和航行试验。船舶柴油机试验的内容、顺序和要求必须严格遵照试验大纲进行，各方面技术指标达到规范要求后才能交付使用。试验大纲一般由设计单位提出，并征得验船部门、工厂及船方的同意。

船舶柴油机试验的目的，是为了检验柴油机各部分装置的修理装配工作质量，检查各种装置、系统以及检测仪表的正确性、可靠性及经济性，从而对柴油机作一次全面的考核和鉴定，以满足航行和使用的需要。

柴油机试验前应做好各方面的准备工作，统一指挥，分工合作，细致周到，不得有任何疏忽大意。特别是为船舶主机服务的各个系统，例如燃油、机油、冷却和启动系统以及各种监控装置，一定要在主机试验前进行充分的调试，最好请质检部门到现场进行监督，直到符合要求为止。同时做到文明生产，将待试机器及周围环境进行清洁整理。

第二节　柴油发电机的试验

一、空车试验

1.打开淡水箱截止阀或启动淡水泵对柴油机进行充水，检查各处是否漏水。

2.启动备用机油泵(或手摇泵)，盘车向运动部件配合面输送润滑油，检查主轴承等处的出油情况。

3.开启燃油进油阀，向燃油系统充油，打开系统中的放气阀进行疏气，逐个扳动高压油泵泵芯向喷油器充油，同时将高压油泵中及高压油管喷油器中的气体驱除掉。

4.检查有关仪表工作是否正常，特别是自动控制及监控装置要进行模拟试验，并符合要求。

5.检查柴油发电机组上面及周围有无不利于试车的异物，确保周围环境安全后打开示功阀，冲车两三次。

6.关闭示功阀，进行启动试验。启动试验成功两三次后，将启动空气瓶充至工作压力，在空气瓶不补充空气的情况下，使柴油机从冷态开始连续启动至空气压力下降到柴油机不能启动为止，记录其启动次数及最低启动压力值，要求启动次数不少于六次。对于用蓄电池启动的柴油机，当蓄电池充至额定电压时，在蓄电池不中途充电的情况下，柴油机冷态开始连续启动，其启动次数应不少于十次。

7.空车运转 10~15 min,停车检查轴承等部件是否发热。

8.经上述检查正常后,可继续空车运转 2~6 h,若更换零件较多,则运转时间应更长些。在空车试验过程中,要记录好油、水的压力、温度及各缸排气温度等参数。空车运转 1 h 后即可测量压缩压力和最高燃烧压力(爆炸压力),作为调整各缸功率平衡的重要依据之一。若测得各缸参数差异较大,则要进行功率平衡调整。调整以后继续试验,重新测量和记录上述参数。

空车试验完毕后,停车打开道门检查各轴承等部件发热情况,各方面情况正常便可进行负荷试验。

二、负荷试验

1.试验规范

柴油发电机组的负荷试验工况及试验时间可参考行业最新标准,如表 9-1。

表 9-1 柴油发电机组负荷试验工况和时间要求

工 况 序 号	发电机负荷/%	试验时间/h
1	20	$\frac{1}{4}$
2	50	$\frac{1}{4}$
3	100	4
4	110	1

一般使用五年后修理的柴油机,额定负荷的 80%就是出厂满负荷试验的负荷。

作好各参数的记录,随时观察运转情况。满负荷运转 1 h 后即可测量压缩压力和最高燃烧压力,并作好记录。各主要参数对各自平均值的差数不得大于下面规定。

压缩压力 ±2.5%

最高燃烧压力 ±4%

排气温度 中、高速柴油机±7%,低速机±5%

2.调速器特性试验

(1)突变负荷试验 一般修理后的柴油发电机,其突变负荷试验是在 80%额定负荷下进行。对于新安装的柴油发电机组则在额定负荷工况下突卸或突增全部负荷。必须注意的是,对于高增压柴油机和 300 kW 以上柴油机,允许先突增 70%负荷,稳定后再突增至 100%负荷。其方法是:满负荷突卸至零,转速稳定后从零突增至满负荷。在这个过程中,记录下述参数。

n_1——突变负荷前的转速;

n_2——突变负荷时最高或最低转速;

n_3——突变负荷后的稳定转速;

n_H——额定转速。

记录转速突变起到转速稳定时的时间 t(s)。

记录突变前、后负荷值及电频率变化。

计算瞬时(动态)调速率 δ_d 和稳定(静态)调速率 δ_{st}。

瞬时调速率是指柴油机在额定负荷工况下突然卸去负荷时,转速的最大变化与额定转速的比值,即

$$\delta_d = \frac{n_2 - n_1}{n_H} \times 100\%$$

稳定调速率是指柴油机负荷突变前、后两个稳定速度之差与额定转速的比值,即

$$\delta_{st} = \frac{n_3 - n_1}{n_H} \times 100\%$$

(2)转速波动试验　在额定工况下运转一段时间后,测定转速的波动率 ν

$$\nu = \frac{n_{max} - n_c}{n_c} \times 100\% \text{或} \frac{n_{min} - n_c}{n_c} \times 100\%$$

式中　n_{max}——试验时间内最高转速;

n_{min}——试验时间内最低转速;

$n_c = (n_{max} - n_{min})/2$——平均速度。

调速器特性应符合验船部门认可的出厂指标或参照下列数值:

瞬时调速率 $\delta_d \leqslant 10\%$

稳定调速率 $\delta_{st} \leqslant 5\%$

稳定时间 $t \leqslant 7$ s

转速波动率 $\nu \leqslant 0.5\%$

3.满负荷和调速性能试验后,停车,打开曲轴箱道门检查轴承等温度。

4.试验完毕后在冷态下测量曲轴开档差,并作好记录存档和交船方(业主)。

三、并车试验

船舶电网的并车,通常有两种不同目的和要求。一种是电网中任何一台发电机组都能单独供电。为了机组的转换休息,在一台机组在带负荷的情况下,将另一台机组并入电网,然后卸去原来机组的负荷。这样的并车,目的在于"负荷转换"。由于机组在短时间内并联运行,所以对各机组的特性平衡要求不高。只要有关工作机构正常,单机调速率和稳定性试验符合规范,一般都能使机组在并车时获得短时间的电压、电流、频率平衡,也就能把机组并上,并满足使用要求。

另一种是双机组甚至三机组或多机组并联供电的系统。这种类型的船舶电网,一般都配备三台以上的发电机组。当船舶用电量较大或船舶进出港时,常常需要两台或两台以上机组参与长时间的并联运行。因此,除要求每台机组能满足单机使用要求外,还要求每台机组并入电网后,能保持在不同总负荷下自动按各机组的额定功率比例分配,即功率大者按比例多承担负荷,功率小者按比例少承担负荷。

要使并联供电时获得较好的比例分配负荷,必须使每一台机组在单机试验时,尽量有平直而且相互接近、相似的调速特性曲线。

1.单机特性试验

投入并联的柴油机组各单机的瞬时调速率、速度波动率、稳定调速率等特性必须在规定要求之内,特别是稳定调速率要基本相同。调速特性曲线试验步骤如下。

(1)在空车工况下,把机组转速调至比额定转速高出约 2%,然后按本机额定功率分阶

段按顺序增减负荷:20%→40%→60%→80%→100%→80%→60%→40%→20%→0。

(2)试验过程中,分别记录各负荷点相应的稳定转速、电压、频率等。

(3)根据上述测量记录,以负荷为纵坐标,转速为横坐标,将各负荷的相应点一一标在这一直角坐标系中,然后用曲线板将其相交点连接起来,此曲线便是该机组的调速特性曲线(如图5-19所示)。

待作并车试验的各机组,均必须按上述方法作出调速特性曲线。若各机组的调速特性曲线图形很近似,则可以作并车试验;若各机组的调速特性曲线图形相差很大,则应先对单机调速特性曲线调整相近后才能进行并车试验。对于交流发电机组,除了各机组调速特性曲线相近外,还必须使各机组的频率差小于0.3 Hz,电压相差不超过5%~10%,相位差小于10°,以及相序相同,才能进行并车试验。

2.并联供电试验

具体操作程序如下。

(1)将待并联的发电机组启动、运转,原动机各参数正常后就可以进行并车。

(2)任选一台待并机组先带上负荷(并车起始负荷,各国有不同的做法,我国采取各机20%额定负荷),然后通过并车机构调整待并机组的电压、频率和功率因数等参数。当机组各参数趋于一致时即合闸,进行并车运行。

(3)合闸并联后,各机组的负荷可能会不平衡,一般是后并入电网的机组负荷稍低。此时可通过并车马达重新调整机组的转速,使各台机组均在按比例分配的负荷下稳定运转。

(4)按预算满载负荷的20%→40%→60%→80%→100%分阶段增加负荷,直至满载;然后又反向从100%→80%→60%→40%→20%→0分阶段减少负荷,直至空载。在以上各阶段中分别测量记录各机组实际负载功率、功率因数和并联电压、电流、频率等参数。

(5)分析各参数是否符合规范要求,若不符合要求,则要对各机组的调速特性进行调整。

3.并联供电中常见故障及处理方法

(1)并不上车。待并发电机组并不上车的原因除了各机的调速特性相差较远之外,还有以下四个方面的原因。

①频率相差超过0.3 Hz以上。要求频率绝对相同是不可能的,并车时的允许误差是小于等于0.3 Hz。

②电压相差超过10%。并车时要求电压相差在5%~10%范围内,一般不需要调整,只要观察一下电压是否正常即可。

③相位相差超过10°以上。并车时寻找同相位是困难的,一般允许相差10°以内。

④相序不同。相序不同就不能并车,因而在安装时就必须注意相序。

根据上述分析,要使待并发电机组顺利并上车,除了相序不允许有任何差别之外,其他均允许有一定误差。只要控制误差在允许范围内,就能顺利进行并车。对于原动机来说,关键问题在于调速系统和燃油,必须使这两个系统都处于良好的工作状态。

(2)并联运行的各台机,其各自负荷不能按原比例分配,有的机负荷一直上升(上升到满负荷就跳闸),有的机负荷下降;增加负荷时,有的机将负荷抢过来,而其他机一动不动;减少负荷时,有的机马上降下来,而其他机停止不动。产生这些现象的根本原因是柴油机调速器灵敏度的高低。影响调速器灵敏度的因素如下。

①机械式调速器主要是飞铁机构和调速弹簧。

②液压调速器主要是感应部分、补偿部分和速度降机构。感应部分与机械式调速器一

样，补偿部分和速度降机构主要在于调整。

③电子调速器主要是测速传感器和电子调速控制器中的增益(Gain)。增益是一个从0~100%顺时针旋转的电位器。顺时针旋转将缩短负载变化时调速器的响应时间。

第三节 主机系泊试验

系泊试验是船舶系在船厂码头上，处于静止状态下对主机进行的试验。它是航行试验前的一种试验，其目的在于检验修理质量，测定各项参数，以便解决尚存的缺陷。

系泊试验之前为主机服务的所有辅机和各个系统都要能随时进行正常的工作，即供电用的发电机组、启动和操纵用的压缩空气或电瓶、润滑用的润滑油系统、冷却用的冷却水(或油)系统、预热用的加热系统、安全用的各警报及连锁系统、自动监控及自动停车系统、燃用油用的加热分油排渣系统以及操舵系统等等均能正常工作。

一、主机启动前的准备工作

1.启动淡水泵或打开日用淡水箱出水阀，对主机进行充水，观察各处是否存在漏水现象。

2.启动润滑油泵或手摇油泵，对主机进行充油，观察各轴承、缸套等处的出油情况。检查各处是否存在漏油及滑油压力是否符合要求。在这之前必须彻底清除滑油管路系统中的杂质，通常的做法是：拆去进、出主机滑油短管，并接上临时连通油管；在滑油泵处接上临时大流量油泵，并在临时油泵的进、出口处装上细过滤铜网；开动临时油泵进行数小时的运油；用手锤敲击油管对接的焊缝；检查滤网的杂质，当杂质极少时，运油结束；接回原油管系。

3.对于非整机吊运安装的主机，试车前应再次检查一下安装质量。特别应复核主机的定时是否符合要求，操纵机构是否正确、灵活、可靠。

4.启动燃油系统油泵(或打开主机日用燃油柜的出油阀)，对主机的高压油泵进行充油、驱气。

5.对一些重要的系统，如滑油系统、活塞冷却系统、缸套冷却系统等的低压报警及自动停车进行模拟试验，确保试车安全。

6.检查盘车机装置及其连锁机构是否可靠，主机试验前应盘车15~20 min，检查各运动部件是否正常。如果正常，则将转车机脱开。

7.清除主机各种障碍物，打扫干净，形成一个良好的试车环境。通知驾驶台，正式进行主机系泊试验。

二、主机系泊试验的内容与要求

1.启动试验

启动试验的目的主要是检查主机的启动能力，同时也检查动力装置中空气瓶的贮气量(或蓄电池的容量)是否符合船舶规范的要求。柴油机的启动试验是保证船舶安全航行的条件之一，故厂方和船方对该项目的试验，一贯予以重视。

对于用压缩空气启动的柴油主机，当空气瓶压力充至额定工作压力时，在中途不充气的情况下，应能冷态启动主机，启动次数应不少于12次；对于不可逆转的主机，亦应不少于6

次。对于可逆转主机,启动试验应正、倒车交替进行。当环境温度低于技术条件要求时,允许将滑油及冷却水加热至技术条件要求的温度后启动。

以电为动力启动的主机,当供启动用蓄电池充至额定电压时,在中途不充电的情况下,冷机连续启动的次数应不少于12次。

2.换向试验

换向试验的目的主要是检查可逆转主机换向机构的可靠性和操纵性。一般要求进行不少于4次换向试验,并记录主机在最低稳定工作转速下,从操纵开始到主机启动并反向运转(以燃油工作)为止所需的时间,一般要求不超过15 s。

3.运转试验

系泊试验中的主机运转试验,其目的是初步检查主机的安装质量以及为主机服务的各系统是否符合设计要求,为航行试验作准备。试验应严格按船舶检验机构认可的试验大纲进行。由于柴油机种类繁多,结构也不尽相同,故运行工况及试验时间也不一样,表9-2列出了一般柴油机系泊试验的试验工况及时间,可供参考。

表9-2 试验工况和时间(CB/T3498-93)

序号	主机转速/(r/min)	试验时间/h 主机功率/kW <370	试验时间/h 主机功率/kW >370
1	$n_H\times50\%$	0.25	0.5
2	$n_H\times70\%$	0.5	1
3	$n_H\times80\%$	1.5	2
4	倒车 $n_H\times70\%$	0.25	0.25

n_H—主机航行中常用最高转速。

主机运转试验时,应注意下列问题。

(1)主机启动后,应密切注意操纵台上各种仪表的指示数字是否符合规定要求。对于不带低压自动停机装置的主机,尤其要注意滑油压力和冷却水压力的变化,如发现失压,应立即停车检查。

(2)在每一个工况运行过程中,都要记录燃油、滑油、冷却水、排气温度、压力等热工参数。在进行重负荷工况运行时,应每隔一小时测量一次。

(3)在 $n_H\times80\%$工况运行0.5 h后测量各缸的压缩压力、最大爆发压力,作好记录。同时记录各参数,如表9-3所示。若各主要参数的不均匀度超过规范要求,应进行调整,调整后继续进行试验。必要时测取示功图,以便进行有效的调整。

柴油机主要参数的不均匀度列于表9-4中。

表 9-3　测取各项参数值(CB/T3498-93)

序号	参数名称	序号	参数名称
1	柴油机转速/(r/min)	9	滑油压力/MPa
2	废气增压器转速/(r/min)	10	废气涡轮后废气温度/℃
3	压缩压力/MPa	11	废气涡轮后废气温度/℃
4	各缸最大爆发压力/MPa	12	空冷器前气体温度/℃
5	各缸排气温度/℃	13	空冷器后气体温度/℃
6	冷却水温度/℃	14	扫气压力或增加压力/MPa
7	冷却水压力/MPa	15	空冷器前冷却水温度/℃
8	滑油温度/℃	16	空冷器后冷却水温度/℃

表 9-4　各参数的不均匀度(CB/T3498-93)

各缸工作参数		不均匀度/%
压缩压力		±2.5
最大爆发压力		±4.0
排气温度	低速机	±5.0
	中、高速机	±7.0

(4)柴油主机运行试验结束时,应进行个别部件的检验。通常是在热态下打开曲轴箱盖,直接测量各轴承温度(可用点温计)。按说明书要求检查一二道主轴承、连杆轴承、十字头轴承,以检查轴瓦工作情况。

(5)试验结束后,应进行盘车,并使滑油及冷却水继续循环工作,使主机热量得以散发。

(6)试验结束后,冷态下测量曲轴开档差,作好记录,存档,交给船方。

4.遥控及自动化系统试验

(1)主机遥控操纵系统的效用试验,可根据设计要求,分别从驾驶室或集控室直接操纵主机启动、调速、停车、换向、紧急停车各 2~3 次。操纵时主机自动工作程序必须准确、可靠,对各项遥控所需的时间作出记录。

(2)按说明书要求试验驾驶台遥控转换为机舱操纵的性能,同时检查它们之间连锁装置的功能是否符合要求,要求动作灵敏、可靠、准确。

(3)自动化船舶中为主机服务的泵、辅助装置及备用设备,应作自动启动、转换和运转试验。

5.安全报警装置试验

凡经修理、换新的安全报警装置应按主机说明书或有关规范的规定进行试验,动作应灵敏、可靠、准确。试验次数不少于 2 次。

第四节　主机航行试验

航行试验是对船舶主机出厂前的最后一次试验，它是系泊试验的继续和最后鉴定。其目的是全面检验动力装置的安装质量、工作性能及可靠性。其试验结果将作为交船的主要依据。

主机的航行试验一般在规定海域进行，试验的环境条件要比系泊试验困难得多。为了确保试验的安全及顺利进行，必须做好各方面充分的准备。对于在系泊试验中出现的各种缺陷，在航行试验前均应得到解决，保证主机自身和各系统都能正常工作。主机航行试验项目的内容、方法和计划，均要按其试验大纲进行。主机的试验程序、工况和持续时间，应严格按照大纲规定，也可按下表执行。

表 9－5　试验工况与时间（CB/T3498－93）

序号	主机转速/(r/min)	试验时间/h 主机功率/kW < 370	 > 370
1	$n_H \times 80\%$	0.5	0.5
2	$n_H \times 91\%$	1	1
3	$n_H \times 100\%$	3	4
4	倒车 $n_H \times 85\%$	0.25	0.25

n_H—主机航行中常用最高转速。

1.试验时转速 n_H 应尽量达到额定值，对旧船主机（12 年以上机龄）确有困难的可适当降低，但不得低于航行中常用最大负荷时转速。

2.检查主机在各工况运行中有无漏水、漏油、漏气，以及不正常的杂声等现象。

3.在 $n_H \times 100\%$工况运行 1.0 h 后，测量主机各缸的压缩压力、最大爆发压力，并作好记录。

4.在 $n_H \times 100\%$工况下，按表 9－3 列出项目测取各参数值，记录于标准表格中。

5.主机各缸工作参数不均匀应符合表 9－4 或说明书的规定。若不符合规定要求，应进行调整，直至合格为止。

6.最低稳定转速试验。航行试验时，应作最低稳定转速试验，时间为 15 min，记录转速值。一般低速机不高于额定转速的 30%，中速机不高于 40%，高速机不高于 45%，说明书有规定的按说明考核。

7.进行主机换向试验时，可按系泊试验时的规定要求。检查遥控及自动化功能的灵敏、可靠、准确性。

8.航行试验时，应检查轴系各装置的工作情况。

9.航行试验过程中的负荷试验应连续进行，因故停机不得超过 30 min，否则应重新试验。

10.航行试验结束后,应打开主机曲轴箱道门,检查测量主轴承、连杆轴承、十字头轴承等温度。

11.航行试验结束后,冷态下测量主机曲轴开档差,作好记录,存档,交给船方。

12.主机航行试验结束后,按说明书要求拆检一至二组活塞连杆运动部件及主轴承、连杆轴承、十字头轴承。一般由厂方、船方、验船部门共同商定拆检的项目。只要各参数正常,一般都不作吊缸检查。只有在试航中出现故障时才进行吊缸检查。对于轴承全部或部分换新者,试航后酌情抽查,一般只抽查温度最高的那一道。

第五节　柴油机常见故障及排除方法

柴油机运转中的故障,大多是由于装配和修理质量不良、开车前的准备工作不周以及操作中的错误等造成的。此外,柴油机发生某种事故的原因可能是多方面的,在处理时要从调查和分析研究着手,然后逐一加以排除。

柴油机可能发生的故障很多,下面仅介绍一些常见故障及排除方法。

一、柴油机启动不了

柴油机启动不了,是指当操纵手柄或手轮推到启动位置时,柴油机没有转动起来。其主要原因及排除方法如下。

1.盘车机没脱开,盘车机连锁阀尚在关闭位置,启动空气不能通过连锁阀。脱开盘车机即可。

2.空气瓶出口处主停气阀没有打开或没有开足,启动空气没有通过或通过量很少,柴油机因没有启动或空气量不足而无法启动。应将该阀开足。

3.主启动阀卡死,或没有操纵空气进入主启动阀,启动空气不能通过。对于自动主启动阀,可旋转手柄,使之从“自动”变为“手动”,或用手柄把阀撬起。对于非自动主启动阀,可用手锤轻轻敲击启动阀阀体或用其他方法把阀撬起,甚至将主启动阀拆出检查。

4.启动控制阀阀芯咬死或因长期磨损而变短,操纵空气不能通过。可轻轻敲击阀体或拆出检查清洗。

5.启动空气分配器调整不当,配气错乱,而使汽缸启动阀不能按规定时刻开启。应拆出空气分配器重新调整空气定时。

6.启动空气分配器阀芯磨损严重,造成大量漏气,使气压降低,打不开汽缸启动阀。应拆开换新滑阀。

7.汽缸启动阀杆卡死或动作不灵,大量启动空气不能进入汽缸。可轻轻敲击阀体外壳或拆出检查阀杆有无弯曲变形,清洁后装复,人力压下检查其灵敏度。

8.启动空气压力不足,应按各机型要求充足压缩空气,然后再进行启动。刚修理后的柴油机启动压力要高些,因新安装的机器,运动部件尚未跑合,摩擦系数较大。

9.启动空气管路系统或接头大量漏气。应该更换管子和接头,并上紧之。

10.启动空气管路系统堵塞,如棉纱头或烂布塞在管内或管路法兰接头处的垫床没开孔等都会使管路堵塞。管子安装时需用压缩空气吹通。

11.换向不到位。换向手轮虽然从正车换到倒车启动位置(或相反),但换向不到位使有关阀件没打开,空气管路不通,应检查换向操纵系统。

12.进、排气阀或汽缸盖垫床漏气严重。进、排气阀与阀座拂磨不好,有东西卡住或弹簧断裂而使之长开,进、排气阀定时错乱等使漏气严重。应逐一进行排除,重新拂磨、更换弹簧,重新调整定时,换新缸盖垫床。

13.润滑油黏度太大,造成冷天启动困难。对于大型低速机,可用提高滑油和冷却水温度,暖缸后再启动。

14.各运动部件的安装间隙过小,而使运动部件不能运转自如。

二、柴油机不发火或个别缸不发火

用压缩空气启动的柴油机,若燃油杆已放到供油位置,而柴油机不发火或个别缸不发火,柴油机同样启动不了。其主要原因及排除方法如下。

1.日用油柜没油;燃油中混入大量残水;某一进油阀没开;燃油管严重漏油。应依次检查日用油柜、管路和进油阀。

2.燃油滤器堵塞。应拆出清洗。

3.燃油管路中有空气。应将燃油管上喷油泵、喷油器和管路中放气阀打开,充油驱气。

4.启动操作过快,发动机尚未达到启动转速,此时汽缸内温度、压力太低不足以发火。应重新启动。

5.燃油黏度太大、油质不好或油中含有水分。应根据具体情况将燃油加温或用分油机分油排渣。

6.从调速器到油量调节杆卡死或动作不灵活。应给予活络加润滑油。

7.设有油水安全装置的柴油机,因油或水压力不足,安全保护装置未解除对燃油供应的控制(处于停油状态)。应将油水安全装置中的油压、水压提高到正常值。

8.超速安全保险装置发生动作后尚未复位,燃油供应被切断。应将该装置复位。

9.喷油泵排压低、不供油或供油不够。产生这些现象的原因是:柱塞与套筒的配合间隙过大;排油阀和排油阀座泄漏;吸油弹簧和排油阀弹簧断裂或失效等。应根据实际情况加以排除,并做泵压和保压试验。

10.喷油定时不正常。应重新检查和调整喷油定时。

三、柴油机在运转过程中转速自行下降或自行停车

正在运行的柴油机,在燃油手柄没有移动的情况下,转速自行下降或自行停车。除了日用油柜油量太少、燃油用完或燃油含水分过多等原因外,还可能由于下列因素造成。

1.个别缸不发火工作,使柴油机转速下降。找出不发火的汽缸,并排除故障。

2.个别汽缸活塞咬死。此时可用手触摸各缸温度,特别热的那一缸就是活塞咬死的,应对那一缸进行吊缸检查。

3.个别主轴承或曲轴承安装间隙过小或失油,造成过热以至咬死。可通过检查轴承温度而确定哪一道轴承出故障,从而进行拆检修复。

4.废气涡轮增压器扫气压力太低。应检查增压系统的工作情况,如增压器是否出故障、进气滤网是否堵塞、中冷器是否堵塞、气口结炭是否严重等,并给予处理。

5.十字头轴承内失油过热而咬死。应停车检查润滑系统是否堵塞、失油,根据检查结果

进行修理。

6.连杆或曲轴折断。柴油机连杆或曲轴折断属于大的机损事故。发生这类事故时会发出剧烈响声,发动机突然停车。连杆或曲轴折断必须进厂大修。

7.水面浮游物缠绕螺旋桨。应停车,设法排除。

8.中间轴或艉轴与轴承烧损咬死。应停车检查轴系轴承情况,特别是润滑装置及管路,并进行修复。

9.燃油系统堵塞或喷油泵吸入空气、个别喷油器损坏。设有油水安全保护装置的柴油机,油水安全保护装置因油水压力不足而使燃油供应被切断。应查明情况给予消除。

四、柴油机不能停车

当燃油手柄或手轮已经推到停车位置时,柴油机仍在继续运转。这是因为燃油手柄或手轮虽然已放回停车位置,但油泵偏心轴(或齿条)仍处在供油位置。此时应迅速关闭燃油总管上的截止阀或速闭阀以迅速切断燃油供给,使柴油机停车。然后检查油量调节系统,若无故障,应重新进行喷油泵与油门拉杆的零位调整。

五、柴油机的敲缸

在柴油机运行中突然发生敲击声。这种敲击现象的发生,主要起因于两个方面:一是燃烧状态引起的,称为燃油敲缸;二是运动部件的轴承间隙过大以及零件的碎裂引起的,称为机械敲缸。其检查与鉴别方法如下。

停油法　对发生敲击声的汽缸停止燃油供给,听敲击声是否停止。

测功法　测取示功图或最高爆发压力,视其燃烧状态和最高压力。

手感与观察法　用手感触汽缸的振动,观察从示功阀冲出的火焰,测试排气和冷却水的温度,用手触摸高压油管的脉动等,将它们与正常状态进行比较。

一般说来,只在燃烧时期发生敲击,发出的是金属的尖锐声音,可以认为起因于燃烧状态。活塞在上、下止点时发生敲击,发出的是沉重的钝音,可认为起因于运动部件的轴承间隙过大或紧固螺栓松弛。

下面分别介绍敲缸的原因和处理方法。

1.在燃烧室内发出金属般尖锐的敲击声

(1)燃油喷射过早——早燃　应重新调整燃油定时。

(2)喷油量过多——消化不良　因喷油时这多而造成着火延迟并发生敲击。应检查喷油器,特别检查喷孔的扩大和针阀的黏着,检查喷油和供油量并进行调整。

(3)压缩压力增高　因后燃使增压器转速升高,进气压力升高,而造成压缩压力增高。

(4)汽缸过热——早燃　因汽缸过热而引起过早着火,可增加冷却水量。

2.运动部件在上、下止点时发出沉重的钝音

(1)运动件轴承配合间隙过大。应按照说明书或有关规范重新调整轴承间隙。

(2)曲轴承或十字头轴承的紧固螺栓松弛。应按规定力矩上紧,并上好保险装置。

(3)汽缸严重磨损而造成活塞与汽缸的配合间隙过大。可镗缸换新活塞,或车正活塞换新缸套。

(4)活塞环折断或汽缸里掉进异物。应吊缸检查,换新活塞环。

六、排气烟色不正常

从烟囱观察柴油机的排气。若是正常的排气烟色应该是隐约可见的淡灰色;若发现排气颜色有变化,则需要根据烟色的不同判断其故障原因并排除之。一般不正常排气烟色有如下几种情况。

1.排气呈黑色

排气呈黑色主要是由于燃油不完全燃烧所引起。其原因如下。

(1)喷油器启阀压力低,喷油量太大,喷油器漏油,喷孔磨大,油头结炭造成雾化和燃烧不良。应通过对喷油器雾化试验酌情修复或更换新油头。

(2)燃油喷射过迟。应重新调整喷油定时。

(3)汽缸或气阀漏气,压缩压力太低。应吊缸检查活塞环状况、研磨气阀及阀座。

(4)增压器工作不正常,中冷器堵塞或冷却效果不好,扫气压力太低。应检查增压器扫气系统(如消音器、中冷器、进气箱、气口等)的工作情况,并决定修复措施。

(5)进、排气口结炭严重,气流不畅通。应及时进行清洁。

(6)由于各缸负荷分配不均匀而造成柴油机超负荷。应对各缸负荷进行平衡调整。

2.排烟呈蓝色

排烟呈蓝色是由于大量润滑油在汽缸内燃烧造成的。对二冲程柴油机,应减少汽缸注油量,检查增压器轴封是否漏油;对四冲程柴油机,应检查刮油环是否因磨损严重而失效;对吊缸换新活塞环的柴油机,应检查刮油环方向是否装反;同时增压与非增压柴油机中,有的刮油环也不相同,若用错了也会造成刮油不良使滑油在汽缸中燃烧;检查柴油机油底壳(俗称马肚)储油量是否过多等等。

3.排烟呈白色

排烟呈白色主要是燃油中含有水分或有水漏入汽缸或扫气空气过于潮湿,使排烟中含有过多的水蒸气所致。应检查是否有冷却水漏入汽缸中。汽缸盖或汽缸套有裂纹、空气冷却器管束破裂等都会造成冷却水漏入汽缸。根据具体情况修复或是换新。

七、润滑油压力下降

1.由于振动使油管破裂,滑油大量流出,油压急剧下降。这种情况少见。

2.滑油滤器沉积污垢。应经常清洗滤油网,清除滤网上的尘埃和油渣。不能用棉纱头或烂布清洗,应用轻柴油或化学剂清洗,然后用压缩空气吹净。清洗时对于滤器附着物要仔细观察,若有金属碎末附着,则说明柴油机内部有失常之处,必须查明其原因。

3.滑油泵的油压调节阀或管路中的安全阀工作失常,如阀因磨损而产生泄漏、调节弹簧折断或松弛均可引起供油量减少,油压下降。应对阀芯与阀座进行研磨和更换调压弹簧,并进行调整。

4.由于冷却器脏污、冷却效果不好造成的油温过高,黏度变低,压力下降。应对冷却器进行化学清洗。

5.循环油量不足,滑油泵吸空,压力降低。应注意油量,添加足够油量,但也不能增加太多。

6.滑油系统中进入空气。如因油量不足从底座吸入口中吸进空气,或管中破裂,或更换滤网、解体油泵时驱气工作不彻底都会使空气进入系统中。应进行充油,打开放气口放出空气。

7.滑油泵进口阀因柴油机振动过大而关小,进口滤网堵塞。应打开油泵进口阀及检查滤网。

8.滑油冷却器漏油。应更换漏油管子或封堵漏油管,严重的整个冷却器换新。

9.柴油机轴承损坏,轴承间隙过大,都会使油压降低。应检查轴承,安装时轴承间隙符合要求。

10.滑油泵本身的输出压力降低。应对泵进行拆检修理。

柴油机在运行过程中,若系统压力不足,可调节滑油泵压力调节阀来升高油压。但压力还是不能升高时,则必须停车查明原因予以修复,否则容易产生机损事故。

八、柴油机工作参数不正常

1.各缸最高爆发压力不一致

柴油机运行过程中,最高爆发压力不一致时,则各缸功率不均匀,柴油机振动大;最高爆发压力过高的缸产生敲缸;过低的缸后燃增多,排温升高。这种状况对柴油机的运行极其不利。影响最高爆发压力的因素很多,但最主要的是喷油提前角。现简述如下。

(1)个别缸压缩压力正常,最高爆发压力太高,排气温度偏低。其原因有:

①喷油提前角太大,喷油过早。应重调喷油定时,减小喷油提前角。

②喷油量偏多。可适当减少喷油量。

(2)个别缸压缩压力正常,最高爆发压力偏低、排温升高。其原因具体如下。

①喷油提前角太小,喷油迟后,后燃严重。应重调喷油定时,增大喷油提前角。

②喷油器雾化不良造成后燃。应对喷油器进行拆检,并进行雾化试验。

2.压缩压力不一致

(1)各缸压缩室高度(存气)不一致。应检查压缩室高度。

(2)压缩室漏气。应检查汽缸盖各阀及汽缸盖与缸套接触面是否漏气,对漏气者逐一进行排除;吊起活塞,检查活塞与汽缸的配合间隙、活塞环的装配间隙,检查活塞环的质量。

3.各缸排气温度相差较大

排温的调整应与调整爆压一起进行,一般从增减油量和喷油定时着手进行调整。必要时还应检查排气定时。

九、柴油机不能换向

柴油机不能换向,是指换向手柄或手轮从正车位置推到倒车位置(或相反)时,柴油机未能从正车状态转入倒车状态,其主要原因是换向机构本身的故障。应根据不同换向机构的特点进行调整。

1.对于双凸轮机构,其主要原因如下。

(1)换向油缸(或汽缸)漏油(或漏气)。应对油缸(汽缸)进行检查。

(2)操纵空气漏泄,无法打开凸轮轴止动销。应检查操纵空气系统。

2.对于单凸轮机构,其主要原因如下。

(1)某些阀件咬死。应清洁、活络。

(2)换向空气管路漏泄。应检查排除。

(3)换向伺服器转子由于控制油路堵塞或漏油不能转动。应检查换向伺服器转子管路。

(4)换向伺服器在极端位置咬死或不能到位。应给予检查消除。

十、低速运行时熄火

柴油机在最低稳定转速运行时,汽缸内发出的热量减少,冷却水和润滑油的温度均较低,这使汽缸的温度降低,不利于燃油的燃烧。由于转速低,喷油泵的柱塞升起速度减慢,喷油质量差,雾化不良,这会形成后燃。另外,燃油有时会形成继续喷射,或完全不喷射,都可能产生熄火现象。对于低速运行时熄火的排除方法如下。

1.控制冷却水和润滑油的温度,不使汽缸的温度过度降低。

2.调整各缸喷油器和喷油泵的喷油量完全一致。减小喷油提前角。若有针阀升程调整装置,应尽可能地减小升程,这是低速运行的要点。

3.经常对喷油泵喷油器进行雾化试验,使它们保持良好的状态。

4.保持燃烧室的气密,从而保证压缩压力不下降。

十一、飞车

飞车是一种可怕的故障。飞车时,振动和噪声剧增,转速上升到超过机器所能容许的范围。若不及时制止,将会造成机件的严重磨损,甚至使整台机报废。若遇飞车,应立即停车,如停不死车则应采取切断油路或堵死空气滤清器进风口等应急措施来迫使柴油机停车。飞车可分为柴油飞车和机油飞车两类,其产生原因如下。

1.从调速器到高压油泵的连接机构松脱,造成高压油泵供油无法控制。应检查这一机构,并妥当装复和检查其工作的可靠性及安全保险性。

2.调速器内的调速弹簧断裂,失去控制。应检查换新弹簧。

3.曲轴箱内润滑油过多,大量激溅到汽缸壁上,造成大量的机油进入燃烧室,形成机油飞车。应保持曲轴箱正常油位。